U0917157

- 全国教育科学“十三五”规划 2017 年度教育部重点课题
- 课题名称：基于实践的校园足球可持续发展研究
- 课题批准号：DLA170411

校园足球可持续发展研究

基于实践的探索

徐兴国　著

镇　江

图书在版编目(CIP)数据

校园足球可持续发展研究：基于实践的探索 / 徐兴国著. — 镇江：江苏大学出版社，2020.4
ISBN 978-7-5684-1278-0

Ⅰ. ①校… Ⅱ. ①徐… Ⅲ. ①青少年－足球运动－研究－中国 Ⅳ. ①G843

中国版本图书馆 CIP 数据核字(2019)第 285730 号

校园足球可持续发展研究：基于实践的探索
Xiaoyuan Zuqiu Kechixu Fazhan Yanjiu: Jiyu Shijian de Tansuo

著　　者/徐兴国
责任编辑/张　平
出版发行/江苏大学出版社
地　　址/江苏省镇江市梦溪园巷 30 号(邮编：212003)
电　　话/0511-84446464(传真)
网　　址/http://press.ujs.edu.cn
排　　版/镇江文苑制版印刷有限责任公司
印　　刷/镇江文苑制版印刷有限责任公司
开　　本/718 mm×1 000 mm　1/16
印　　张/19.5
字　　数/365 千字
版　　次/2020 年 4 月第 1 版　2020 年 4 月第 1 次印刷
书　　号/ISBN 978-7-5684-1278-0
定　　价/52.00 元

如有印装质量问题请与本社营销部联系(电话：0511-84440882)

序一

校园足球是学校体育改革的探路工程，也是中国足球改革发展的一项基础性工程。把校园足球工作作为整个学校体育教育事业发展和中国足球腾飞的一个重要抓手，是学校体育改革发展中的一个重要引路环节，也是为了提高中国足球的普及程度和竞技水平，为中国足球的发展和腾飞奠定扎实的人才根基。校园足球活动的开展对提高学生体质健康水平、发挥足球的育人价值、促进足球运动在学校的普及与推广、促进学校体育教育教学的改革发展、提高校园足球人口的数量与质量、培养全面发展和特长突出的青少年足球后备人才、丰富校园体育文化等方面具有重要作用。

党中央、国务院高度重视青少年校园足球改革发展，习近平总书记多次做出重要指示批示，强调青少年足球事关长远，涉及基础，工作要抓细抓实。2015 年，《教育部等 6 部门关于加快发展青少年校园足球的实施意见》提出了校园足球工作的主导思想，要“把发展青少年校园足球作为落实立德树人的根本任务、培养和践行社会主义核心价值观的重要举措，作为推进素质教育、引领学校体育改革创新的重要突破口，充分发挥足球的育人功能，遵循人才培养和足球发展规律，理顺管理体制，优化发展环境，大力普及足球运动，培养健康足球文化，弘扬阳光向上的体育精神，促进青少年身心健康、体魄强健、全面发展，为提升人口素质、推动足球事业发展、振奋民族精神提供有力支撑”。2018 年，教育部召开新闻发布会，介绍了 2015—2017 年全国青少年校园足球发展情况和 2018 年校园足球重点工作。2019 年，全国青少年校园足球工作领导小组办公室专门发布《全国青少年校园足球工作报告（2015—2019）》，对校园足球工作情况进行了总结，并按照习近平总书记对新时代学校体育的“四位一体”目标定位进行了总体工作部署。中央改革办也曾先后两次对校园足球进行督察，充分肯定了校园足球在推广布局、教学训练、竞赛选拔体系和师资、场地、科研、经费等保障条件上取得的成绩。

校园足球取得的突出成绩一方面得益于顶层设计的政策红利；另一方面与地方政府和基层学校积极贯彻落实习近平总书记关于振兴和发展中国足球系列讲话精神及文件要求密不可分。通过健全组织领导，建章立制，夯实了校园足球改革的基础；通过足球课程改革，丰富了校园足球的课程体系；通过完善竞赛体系，创新联赛机制，加大了普及力度，提升了竞赛水平；通过师资队伍建设，健全了训练机制，建立了精英培养模式；通过校园足球软硬件和校园足球文化建设，优化了校园足球发展的社会环境……校园足球现已成为发展学生核心素养的重要抓手、落实立德树人根本任务的重要措施、提高我国学校体育整体质量的“突破口”。但是，校园足球的作用也不是一蹴而就的，需要经过长期科学、系统和有效的实践才能实现，校园足球的可持续发展也需要广大一线体育教师积极投身于校园足球的教育实践、潜心教学研究。

徐兴国老师从事基层学校体育工作近三十年，多年如一日勤奋工作在体育教学和校园足球改革第一线，将自己的工作经验和研究成果汇聚成这部《校园足球可持续发展研究——基于实践的探索》。这部著作立足于目前基层学校足球活动实践中普遍存在的足球课程、训练与竞赛、后备人才培养、师资队伍建设、校园足球文化建设、特色学校管理机制等方面的实际，对校园足球可持续发展的影响开展了研究，研究成果对促进基层足球特色学校足球活动的有效开展、提升区域特色学校的足球发展水平、深化足球教学的改革与发展等方面都具有积极意义。

徐兴国老师1992年毕业于苏州大学体育系，2009年获得苏州大学体育硕士专业学位。作为普通中学的体育教师能在繁重工作之余坚持学校体育教育教学研究，持之以恒，从不放弃自己的教育理想，所体现出的教育情怀是难能可贵的。祝愿兴国老师能有更多高品质学术成果呈现。

是为序。

王家宏

2020年5月19日

王家宏　教授、博导

国务院学位评定委员会评议组成员

苏州大学体育学院原院长

序 二

校园足球是当前中国足球事业改革发展的基础工程，是普及与推广足球运动、夯实人才根基的工程，对当前学校体育改革与发展具有积极意义。2014年，教育部《关于全面深化课程改革 落实立德树人根本任务的意见》提出“围绕学生全面发展为中心的核心素养体系”，把全面发展推进素质教育作为最高目标。2015年《教育部等6部门关于加快校园足球的实施意见》提出要“把发展青少年校园足球作为落实立德树人的根本任务、培养和践行社会主义核心价值观的重要举措，作为推进素质教育、引领学校体育改革创新的重要突破口，充分发挥足球的育人功能，促进青少年身心健康、体魄强健、全面发展，为提升人口素质、推动足球事业发展、振奋民族精神提供有力支撑”。校园足球已成为发展学生核心素养的重要抓手、落实立德树人根本任务的重要措施，也是逐步实现高水平体育竞技后备人才培养回归学校体育的转型工程。

徐兴国同志作为基层中学的体育教师，坚持理论联系实际，在实践中理解和体验当今世界青少年足球训练理念，结合我国校园足球发展现状，对校园足球可持续发展的种种问题进行了深入思考。他的研究有几个显著特点：

一是接地气。校园足球经过十年的发展，取得了很大成绩，但同时在课程体系、训练与竞赛、后备人才培养、师资队伍建设、足球文化建设、特色学校管理机制等方面也存在着亟需解决的问题，围绕这些问题已经涌现出了很多研究成果，但从实践的角度思考这些问题的不多。徐兴国同志通过多年来在实践中的不断探索，总结出了校园足球活动实践中需要解决的主要问题，又从实践的角度提出了自己的观点并形成了理论体系，这对促进基层足球特色学校工作、提升本地区特色学校足球发展水平，以及深化足球教育教学改革都具有积极意义。

第二是慢工出细活。徐兴国同志是一名具有三十年基层学校工作经历的体育教师，曾经与我同事，且同住一间宿舍三年，结下了深厚友情。徐老师工作极其认真，善学习，好钻研，不服输，有韧性。记得他参加工作不久就组织了学校历史上第一届班级联赛，深受学生欢迎并成为学校的品牌赛事。20 世纪 90 年代初期就能够根据学生对足球比赛的喜爱和需求组织班级足球联赛，反映出他当时就具有根据体育教育教学实践的需要创造性开展工作的思维，这也是专心研究体育教育精神的一种体现。一名普通中学的体育教师能在繁重工作之余坚持研究是很不容易的，他能够持之以恒，三十年来从不放弃自己的教育理想，这才有了这边沉甸甸的专著。

第三是全面。校园足球的研究成果很多，但是从实践的角度对校园足球进行全面系统研究的成果不多。徐兴国同志从课程与教学的改革、校内和校外的联动、普通教育与专门教育的区分、日常教学与训练比赛的协调、有形的教育与无形的文化等多个角度进行全方位的梳理与思考，为我们提供了全景式的扫描，这将为我们更好地理解校园足球活动及其建设提供更客观全面的参考。

岁月匆匆，往事如昨，多年的工作经历使我认识到，学校教育的改革与发展离不开那些秉持教育情怀坚守在一线潜心教学研究的广大基层优秀教师，作为其中一员的徐兴国同志，通过不懈的努力将自己三十年的工作经验和研究成果汇聚成这本专著，一定可以为同样关心校园足球事业的同仁带来有益的帮助和启发。在这个如约而至的春天，我相信，在无数教育工作者的共同努力下，我们的体育教育事业一定会蒸蒸日上。

黄科文
2020 年 6 月

黄科文　镇江市教育局副局长
镇江市校园足球办公室主任

目录

第三章　核心素养视野下校园足球课余训练大纲

第四章　校园足球课余训练体系

第五章　校园足球师资队伍建设

第六章　校园足球高水平竞技后备人才培养体系

第七章　校园足球特色学校管理

第八章　校园足球文化体系的构建

第九章　幼儿足球

第十章　中等职业学校足球

附　录

绪论

青少年校园足球活动自2009年6月在全国范围内正式启动以来，已经走过了十余年的发展历程。这一发展过程随着校园足球活动主导部门的改变，分成了两个不同的发展阶段：第一阶段，校园足球探索发展（2009—2014年）；第二阶段，校园足球改革发展（2015—）。两个发展阶段由于主导部门发生改变呈现出不同的特点，也体现出校园足球不断发展与创新的趋势。当前，校园足球工作的主要指导思想是：把发展青少年校园足球作为落实立德树人的根本任务、培育和践行社会主义核心价值观的重要举措，作为推进素质教育、引领学校体育改革创新的重要突破口，充分发挥足球育人功能，遵循人才培养和足球发展规律，理顺管理体制，完善激励机制，优化发展环境，大力普及足球运动，培育健康足球文化，弘扬阳光向上的体育精神，促进青少年身心健康、体魄强健、全面发展，为提升人口素质、推动足球事业发展、振奋民族精神提供有力支撑。经过10年的发展，校园足球工作取得丰硕的成果，初步形成了自己的发展体系，校园足球的理论也得到了进一步发展，国家顶层设计理论的发展已经有了较为完整的体系，但从基础学校实践的角度来看，还有一些地方不完善、不健全，对校园足球可持续、高质量发展会产生一定的不利影响，需要加以研究完善。本书从实践的视角，根据10年来基层学校足球发展实践中遇到的问题和困难，结合自身的实践积累和实地调研情况，从基层学校开展足球教育实践需求的角度开展研究，以期为校园足球可持续发展提供实践理论方面的支持，对基层足球特色学校足球教师的实践给予指导，以提高足球特色学校足球教育教学的质量，为校园足球的可持续发展奠定基础。

本书共有十章：

第一章，校园足球发展现状与分析。本章主要通过介绍当前校园足球的发展现状及10年来取得的成绩，分析当前校园足球发展过程中在实践方面存在的问题和需要改进的方面，阐述了从实践的角度研究校园足球可持续发展的目的和意义。

第二章，校园足球运动课程。在当前校园足球发展过程中，足球课程建设是足球教学实践的一个薄弱环节。本章根据校园足球课堂教学实践的需要，结合运动教育理论和核心素养的发展理论构建校园足球运动课程，主要从足球运动课程的性质与基本理念、学科核心素养与运动课程目标之间的内在关系、足球运动课程结构与组成内容、足球运动课程的教学模式与方法、足球运动课程实施建议、足球运动课程实施的保障机制等方面来初步构建完整的校园足球运动课程理论体系，希望能够对基层足球特色学校开展足球课堂教学提供指导，以促进足球课堂教学改革与实践的发展。

第三章，核心素养视野下校园足球课余训练大纲。目前，基层足球特色学校在足球课余训练方面缺乏科学完整的校园足球训练大纲体系。本章结合学生核心素养发展理论和足球运动训练理论，根据当前校园足球课余训练发展与创新的需求，设计完成了核心素养视野下的校园足球训练大纲体系，具体内容主要包括三个方面：第一，校园足球训练大纲与核心素养，主要阐述核心素养视野下校园足球训练大纲的结构设计，以及不同领域的核心素养概念与理论界定；第二，核心素养视野下青少年校园足球课余训练大纲设计的原则；第三，核心素养视野下青少年校园足球训练大纲的内容。这主要包括 8 个部分：校园足球专业核心素养训练的阶段性重点；校园足球课余训练阶段性目标和内容的设计；校园足球训练比赛原则；校园足球技术、战术训练发展原则；足球运动员身体素质发展关键期的研究；校园足球课余训练周期的设计；校园足球课余训练课的结构；校园足球课余训练大纲评价体系。通过这一章内容的阐述，我们希望能够为青少年校园足球的课余训练提供理论方面的指导，为提高校园足球课余训练效益、提高基层足球特色学校教练员训练水平和执教能力提供理论方面的支撑。

第四章，青少年校园足球课余训练体系的研究。本章的内容主要有：校园足球课余训练发展现状及研究的目的、意义；校园足球课余训练体系的目标、任务及内容；校园足球教练员综合素质和执教能力的培养；校园足球运动员参赛的行为准则；课余训练过程管理和运动员成长记录档案管理；校园足球课余训练的评价；校园足球课余训练的保障机制；校园足球课余训练“精英”培训制度；校园足球课余训练与竞赛的网上数据交流平台。本章从校园足球课余训练的整体角度进行思考，使校园足球课余训练体系朝着深层次、专业化和精细化方向发展，希望能够解决校园足球课余训练实践中出现的部分问题，为校园足球后备人才队伍竞技水平的高质量发展提供一定的保障。

第五章，校园足球师资队伍的建设。师资队伍建设是校园足球可持续发展的重要保障。本章结合开展校园足球实践活动对师资队伍建设的要求，分析校园足球师资队伍建设的主要内容：校园足球管理干部队伍建设与管理，主要包括校长队伍的建设与管理、校园足球办公室工作人员队伍的建设与管理两个方面；足球教师队伍专业能力的发展；校园足球教练员队伍的建设与培养；校园足球教练员讲师队伍和裁判员队伍的建设与管理；家长队伍的建设；校园足球社会发展综合人才队伍的建设与管理。通过本章的论述，我们希望能够为加强校园足球师资队伍建设提供一些创造性的思路，从师资培训方面为校园足球可持续发展提供理论支撑。

第六章，校园足球高水平竞技后备人才培养体系。足球普及与提高并重是校园足球发展的必由之路，也是振兴校园足球的必由之路。当前，校园足球高水平竞技后备人才培养的质量和人才总量，与校园足球可持续发展需求不相适应是一个需要解决的重要问题，其中一个关键的原因在于缺乏结构良好的高水平竞技后备人才科学化、系统化培养体系。本章从发展高水平竞技后备人才培养的现状和意义来阐述校园足球高水平竞技后备人才培养体系的构建。体系建设主要包括：校园足球高水平竞技后备人才培养目标规划；构建校园足球课余训练理论体系，加强跨学科训练理论研究，提高课余训练整体效益；建立高质量、多元化的校园足球联赛体系；实施校园足球“精英教练员”培养工程和基层教练员培训工程；健全裁判队伍和竞赛组织人才队伍培养与管理机制；健全校园足球后备人才的选拔机制；加强校园足球环境的建设研究，构建后备人才培养与发展的生态环境。构建系统化、科学化的校园足球高水平竞技后备人才的培养体系，能够促进校园足球可持续发展，培养中国足球高水平竞技后备人才。

第七章，校园足球特色学校管理。本章主要内容为：完善校园足球特色学校发展的监管机制，明确相关部门的管理责任，整合教育系统与体育系统的优势资源；完善教育部门、体育部门职责，构建科学、完善的校园足球管理机制，构建教育部门、体育部门密切协作的校园足球管理体制和运行机制；成立第三方校园足球社会评估机构，以中立、公正客观为价值追求，对校园足球工作的评估与管理提出更高的要求。

第八章，校园足球文化体系的构建。校园足球文化是校园足球可持续发展软实力的体现，加强校园足球文化建设理应是校园足球工作的重要方面。本章从校园足球文化概念、校园足球文化的内容体系、校园足球文化建设的建议与对策三个方面对校园足球文化体系的构建进行阐述，希望能够完善校园足球文化体系，促进校园足球向深层次、高水平方向发展，提高校园足球发展的文化软实力，为校园足球可持续发展提供足球文化理论支撑。

第九章，幼儿足球。当前，在幼儿园开展的足球教学活动中，幼儿教师面临着教什么、教谁、怎么教的问题。根据《3—6 岁儿童学习与发展指南》的精神，整合幼儿体育教育、幼儿健康和社会发展教育、足球教育三方面的知识，构建幼儿足球教育的知识体系，为提高幼儿教师开展室外体育活动和足球活动的综合能力提供理论知识，为幼儿足球的发展奠定理论基础。本章内容主要包括以下几个方面：第一，幼儿足球与幼儿教育两个相关领域知识体系，以及幼儿足球与幼儿教育之间的关系研究。第二，幼儿健康领域的核心素养知识体系，主要有幼儿运动核心素养发展领域的知识、幼儿生活领域的核心素养知识、幼儿情绪管理能力发展。第三，幼儿社会领域的知识体系，主要有幼儿社会领域学习与发展的意义、目标、建议。第四，幼儿足球能够促进幼儿健康的发展，经常参加足球活动能够促进幼儿运动能力、生活能力和身心健康的发展。第五，幼儿足球能够促进幼儿的社会发展，经常参加足球活动能够促进幼儿人际交往能力和社会适应能力的发展。第六，幼儿足球游戏课程主要内容包括幼儿足球游戏课程的性质、基本理念、目标、教学内容和教学方法。第七，幼儿足球关键期训练课程内容包括幼儿关键期足球训练课程的理念、目标、内容、结构和评价。第八，幼儿足球教学的内容包括教学目标、教学过程、教学决策。

第十章，中等职业学校足球。目前，对职业学校开展足球活动的研究不多。中等职业学校与普通高中是我国教育发展的两个平行的教育阶段，也应该是校园足球的一部分，加强对职业学校足球发展的研究，对促进中等职业学校体育教育的发展具有积极的意义。本章的主要内容有：中等职业学校足球运动课程建设；中等职业学校足球课余训练体系的构建；中等职业学校班级足球联赛体制研究；中等职业学校足球社团建设；中等职业学校开展足球活动对中职学生核心素养发展影响的研究；等等。其中，关于中等职业学校学生核心素养的研究，重点是中等职业学校学生核心素养框架构建。核心素养框架内容主要包括创新能力、批判性思维、公民素养、合作与交流能力、自主发展素养、信息素养等 6 个方面的素质。

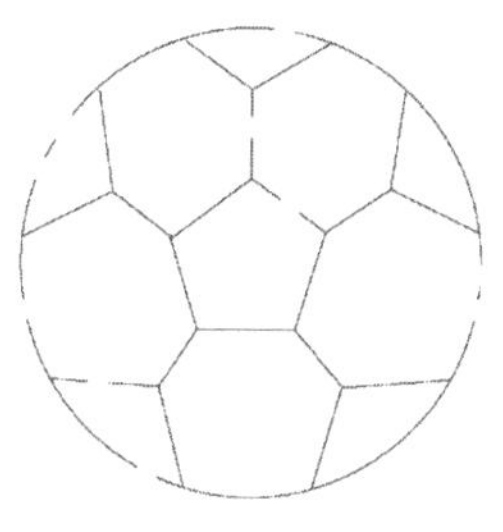

第一章

校园足球发展现状与分析

第一节　校园足球发展现状

青少年校园足球活动自2009年6月在全国范围内正式启动以来，已经走过了十余年的发展历程。这一发展过程随着校园足球活动主导部门的改变，分成了两个不同的发展阶段：第一阶段，校园足球的探索发展（2009—2014年）；第二阶段，校园足球的改革发展（2015—）。两个发展阶段由于主导部门发生改变呈现出不同的特点，也体现出校园足球不断发展与创新的趋势。

一、校园足球探索发展阶段（2009—2014年）

2009年4月，国家体育总局与教育部联合下发了《关于开展青少年校园足球活动的通知》，同年6月正式启动青少年校园足球活动。这一阶段的校园足球工作由国家体育总局主导负责，中国足协和各级体育行政部门实施垂直型管理，教育部门协助配合，投入资金主要以国家体育总局为主，地方政府投入相应的配套资金。校园足球工作的目标是通过整合体育系统和教育系统的资源，在中小学普及与推广足球运动，增强学生体质，培养青少年拼搏进取、团结协作的精神，扩大和提高校园足球人口的数量和质量，发现和培养有天赋和潜力的优秀足球后备人才，实现青少年足球竞技后备人才的全面突破和可持续发展。① 通过5年的发展，在国家体育总局主导和国家有关部门的协同配合下，加上中小学校的积极探索和实践，校园足球工作取得了很大的成绩。截至2012年，全国已有49个国家级布局城市、3个国家级试点县，省级校园足球开展省份11个，省级布局城市82个；注册人数191766人，6236所大、中、小学校2700504名学生参与其中②，初步完成了校园足球四级联赛体制，师资队伍得到了加强，保障力度也得到了加大，竞赛规模不断拓展，为社会足球输送了一批人才，所取得的成绩和经验为校园足球可持续发展打下了良好的基础。这一阶段的工作主要存在两个方面的不足：一是校园足球管理方面存在管

① 国家体育总局、教育部：《关于开展全国青少年校园足球活动的通知》，体群字〔2009〕54号，2009年。

② 国家体育总局：《稳步推进　健康有序——校园足球的2014》［2015-01-01］，http://www.sport.gov.cn/n16/n1152/n2069890/6058084.html。

理主体越位、机构设置不合理、管理错位等问题。① 这主要体现为：体育与教育分属不同系统，其系统性分离问题比较严重，虽然由国家体育总局与教育部联合发起校园足球活动，但真正投入的主体却只有国家体育总局，各级足协和体育部门要管理属于教育系统的各级校园足球特色学校，必然面临政令难行、监管不易等问题。② 因此，校园足球管理体制改革与创新是这一阶段面临的主要问题之一。二是校园足球普及与提高出现偏重。由于是体育部门为主导，因而校园足球在发展过程中学校处于弱势地位，体育部门占有教练、资金、场地、竞赛和人才选拔等方面的优势。虽然校园足球的宗旨是足球普及与提高并重，共同发展，但在具体的实践中，体育部门的竞技足球思维还是占据了主导地位，把发现和培养优秀的足球竞技后备人才作为自己工作的重点，在对校园足球工作的指导和支持上，往往重视校足球队的建设，注重教练员的培养与足球课余训练的发展，把学校组队参赛的成绩作为主要评价指标，忽视全校足球的普及与推广工作，导致学校足球的发展局面没有得到根本性的改变，足球在学校还是少数人参与的运动项目，校园内的足球人口没有得到有效增加。由于缺乏群众基础，竞技足球后备人才培养方面没有取得较大的发展，再加上基层学校对开展校园足球活动积极性不高，因而校园足球的可持续发展受到了严重影响。纠正校园足球发展的方向和提高基层学校的积极性，也是这一发展阶段需要解决的主要问题。

随着校园足球发展的不断推进，探索与发展成为这一阶段的主要特点。足球教学、课余训练、联赛机制、人才选拔、管理机制等方面暴露出诸多问题，因而需要进行改革与创新。这 5 年来取得的经验和成绩为下一阶段校园足球的发展奠定了基础，从而开启了机遇和挑战并存的新校园足球的征程。

二、校园足球改革发展阶段（2015 年—）

2014 年 11 月 6 日，国务院召开全国青少年校园足球工作电视电话会议，时任国务院副总理刘延东在会议上强调，发展校园足球是成就中国足球梦想、建设体育强国的基础工程，对于深化教育改革、振奋民族精神具有重要意义。会议明确了下一步校园足球活动将由教育部主导，国家体育总局、国家发展改革委、财政部等相关部委提供支持，并指出这次调整是理顺管理、扩大平台、

① 李纪霞，何志林，董众鸣，等：《全国青少年校园足球活动发展瓶颈及突破策略》，《上海体育学院学报》，2012 年第 3 期。

② 胡庆山，曾丽娟，朱珈萱，等：《校园足球热的审思——兼论中国青少年足球后备人才的培养》，《北京体育大学学报》，2016 年第 1 期。

持续发展的需要。自此，校园足球主导牵头部门由国家体育总局转变为教育部①，校园足球迎来改革发展的新阶段。

2015年1月8日，全国青少年校园足球工作领导小组成立，这是校园足球牵头管理部门由国家体育总局转变为教育部后成立的第一个校园足球管理组织。② 2015年1月27日，国务院办公厅颁布了《中国足球改革发展总体方案》，方案明确提出了“教育部应当履行好校园足球的主管责任”，并提出中期目标要实现青少年足球人口的大幅增加；在“改革推进校园足球发展”的第22条中更明确指出“要促进青少年人才的规模化成长，推动成立大、中、小学校园足球队，抓紧完善常态化纵横贯通的大学、高中、初中、小学四级足球联赛体系，探索将高校足球竞赛成绩纳入高校体育工作评价体系”。③ 2015年7月27日，教育部印发《教育部等6部门关于加快发展青少年校园足球的实施意见》（教体艺〔2015〕6号）。这是教育部对校园足球管理的顶层设计。它在指导思想、基本原则、工作目标、重点任务、保障措施和组织领导等方面都提出了具体要求，是对校园足球目标的进一步明确，为完善校园足球定位、确定校园足球发展的出发点和落脚点，将发展校园足球由培养全国发展的、特长突出的青少年后备人才转化为以“足球育人”为主导思想奠定了基础。

在教育部履行校园足球主管责任的前提下，从2015年开始，校园足球进入了改革发展的时期。在《中国足球改革发展总体方案》的基础上，财政部、国家发展改革委和国家体育总局等相关部门也先后颁布了一系列配套文件。随着这些文件的实施，校园足球被定位为中国足球事业改革发展的基础性工程。为普及推广、扩大青少年足球人口和夯实人才根基，相关部门加强了校园足球的顶层设计并逐步完善了相关政策体系。在推进校园足球普及方面，通过扶持特色，我国初步构建了“特色学校+高校高水平足球运动队+试点县（区）+改革试验区”的“四位一体”的校园足球立体普及体系，并提前3年完成了该方案提出的2万所特色学校的要求，逐步形成了四级青少年校园足球联赛体系，同时在师资队伍、校园足球投入和校园足球场地建设等方面较之前有了新的突破。④

---

① 刘延东：《推进校园足球普及促进青少年健康成长　为足球振兴奠定基础》［2018－04－25］，http：//politics. people. com. cn/n/2014/1126/c100I－26100486. html。

② 教育部：《教育部关于成立全国青少年校园足球工作领导小组的通知教体艺函》，〔2015〕1号，2015年。

③ 国务院办公厅：《中国足球改革发展总体方案》，《人民日报》，2015年3月17日，第6版。

④ 崔乐泉：《中国校园足球发展的历史考察与经验启示》，《上海体育学院学报》，2018年第4期。

教育部体育卫生与艺术教育司王登峰司长在《全国青少年校园足球工作报告（2015—2019）》中，对校园足球2015年以来取得的成绩从4个方面进行了总结。①

1. 普及做“实”

经过2015—2019年5年的努力，现在已经在全国以中小学为主遴选认定了24126所校园足球特色校，已经建成了地市级和省级校园足球试验区38个，已经认定了135个校园足球试点县，也已经在全国第一批建立了47个校园足球“满天星”训练营，这为整个校园足球普及工作打下了一个坚实的基础。其中，最基础的是24126所校园足球特色校，这些特色校的选定就是把普及做实。校园足球特色校每班每周至少要开设一节足球课，同时要组织全员参与足球训练活动，组织全员参与校园足球校内竞赛活动。这也就意味着这24126所校园足球特色校的每一个学生都能够学会踢足球，还能经常练足球，而且至少要参加班级内部的足球竞赛活动。这是把普及做实的一个最重要的举措，也是遴选认定校园足球特色校的最基础的条件。这一条达不到，根本不可能认定为校园足球特色校，之前个别没有达到这方面要求的学校被摘了牌。所以，这项工作应该做得非常扎实。校园足球“满天星”训练营的主要目的是在特色校、试点县和试验区的基础上，在校园足球教学、训练和竞赛方面去做得更加扎实，能够有更高水平的专家参与指导，能够把教学工作、训练工作和竞赛工作做得更到位，成为一个示范和引领的典范。整个校园足球第一方面的进展，就是普及，就是做“实”。

2. 体系做“全”

这一体系包括校园足球的教学体系、训练体系和竞赛体系。

一是教学体系。全国青少年校园足球工作领导小组办公室（简称“校足办”）组织国内外专家共同研究制定了中国校园足球教学指南，这项工作2014年启动，2015年下半年已经完成。在教学指南的基础上，全国校足办又组织编制了校园足球教学大纲，细化到从小学一年级到高中三年级每周一节足球课。按照这个教学大纲的要求，义务教育阶段一共是360堂足球课：将老师现场上课的视频录下来，经过后期剪辑和专门介绍，做成教学视频。目前，这360堂校园足球教学课的视频已经全部制作完成。这就意味着校园足球的教学不仅有了指南有了大纲，还有了优秀教师如何上课的视频，这便为做好校园足

① 王登峰：《全国青少年校园足球工作报告（2015—2019）》，中华人民共和国教育部网站，2019年7月。

球教学工作提供了非常丰富、有效的资源支持。

二是训练体系。校园足球的训练体系立足于班级，校园足球特色校要班班有球队，周周有比赛。尽管这一目标到目前为止还没有完全达到，但大部分特色校已经达到，因此，校队的训练、班级的训练，还有高水平教练对区域内优秀队员进行的训练，已经形成了体系和制度。

三是竞赛体系。竞赛体系立足于校园足球特色校校内联赛，在校内联赛的基础上，组建各个组别的校队，校队再参加校际联赛。目前，小学的校际联赛进行到地市级，即以学校为单位组织的小学比赛进行到地市级就不再往上进行了，不进行全省的比赛；初中和高中除了地市的比赛之外，还有全省的比赛；初中不再组织全国范围内的以学校为单位的比赛，高中和大学省内比赛之后还有全国的比赛。这是校际联赛。

在校际联赛的基础上，一方面对各个区域内的优秀队员进行课余训练，另一方面把各省最佳阵容再拉出来进行全国比赛，这就是包括小学、初中、高中全学段的选拔性竞赛。在夏令营基础上产生的全国最佳阵容，从 2019 年 1 月开始进行了冬训，冬训的结果旨在组建各个组别的校园足球国家队。校园足球国家队在一年范围内将会参加国际国内相应级别的校园足球竞赛活动，这就为最优秀的校园足球队运动员提供了一个更广阔的参与竞赛的舞台和平台。这是竞赛体系。

2015 年第一次全国联赛只有 10 个省参加，从 2018 年开始联赛就已经全覆盖（除港、澳、台地区），31 个省（区、市）加上新疆生产建设兵团。从第一届只有 3 个组别到现在已经建立了完整的 13 个组别，全国联赛组建了完善的竞赛体系。

3. 保障做“真”

这个保障主要涉及三个方面：师资队伍建设；场地设施建设；扶持政策的不断出台和完善。

一是师资队伍建设。2015—2018 年，教育部要求每一所特色校至少要培训 1 名校园足球教师，目前已经培训了 4 万名校园足球教师。同时，教育部对校园足球教师中的优秀人员进行了教练员的培训，到 2018 年，已经拿到 D 级教练员证书的有 8000 多人。2015—2018 年，教育部派出 1500 名校园足球教师到英国和法国进行为期 3 个月的学习和训练。其中，800 多人拿到了英足总的 D 级和 C 级教练证书，500 多人可以做校园足球教师培训的讲师。2014—2018 年，各省（区、市）加上地市校园足球培训接近 40 万人次。

二是场地设施建设。截至 2018 年 9 月，教育系统内校园里共有 12 万多片足球场，其中包括5人制、7人制、11人制足球场。统计数据标准为在校学生300人以上的学校，即每个学校平均0.5片足球场。“十三五”期间，国家发改委、教育部和国家体育总局出台了关于足球场地建设的规划，规划中，“十三五”期间要新建、改建、扩建6万片足球场，其中校园里4万片、社会上2万片。校园足球的扶持资金，各省级政府加起来投入超过100亿，其中绝大多数资金都已经投到了场地设施建设中。

三是扶持政策。中央有专项扶持经费，各省（区、市）也都建立了专项扶持经费。这一扶持经费主要用于组织校园足球的教学、训练和竞赛活动，包括教师培训和教练员培训。教育部与中国足协合作建立了校园足球运动员等级制度，小学省级最佳阵容成员授予三级运动员称号，初中和高中省级最佳阵容成员授予二级运动员称号，初中和高中全国最佳阵容成员授予一级运动员称号。一级运动员在高考中有特殊扶持政策，这样便极大地调动了高中阶段学生的积极性，而且由此延伸到了小学、初中，孩子们踢球的积极性大增。目前，全国已经建立了小学特色校对口升学到初中及初中对口升学到高中的升学机制，而且很多校园足球改革试验区已经在招生升学政策方面出台了更有利的扶持政策。同时，各地建立和完善了学生体育运动意外风险防控和意外伤害保险制度，这些都解除了学生家长和学校的后顾之忧。

4. 融合做“足”

在校园足球的基础上，如何能够建立更有效的青训体系，如何能够更好地畅通优秀运动员成长通道，这就涉及教育和体育要有更紧密的融合的问题。经过努力，全国校足办和中国足协、国家体育总局进行了密切沟通，形成了良好的融合和合作机制，目前主要体现在以下几个方面：

一是初中和高中阶段的青少年足球超级联赛。原来，青少年足球联赛是职业俱乐部的梯队进行比赛，现在是职业俱乐部梯队的比赛和校园足球的比赛开始进行一体化设计和一体化推进，即将其分成两个阶段，职业俱乐部的梯队单独组织第一阶段的比赛，校园足球的队伍也单独组织第一阶段的比赛。这个比赛就是夏令营的比赛，并以此组建每个组别的最佳阵容。第二阶段：夏令营全国最佳阵容、省级最佳阵容、高中全国联赛前八名和初中各个省联赛的第一名，都以某种方式加入第二阶段青少联赛。这样，校园足球的竞赛体系是完整的，职业俱乐部的梯队比赛也是完整的。两个完整的竞赛进行完第一阶段之后再合在一起，组织校园队伍和俱乐部梯队进行巅峰对决，这已经成为教育部与中国足协合作的固定模式。

二是教育部和中国足协组织的女子乙级联赛。联赛主体是大学生女足，也分两个阶段：俱乐部女足进行第一阶段比赛产生排序，校园足球大学生女队也进行联赛产生名次；第二阶段，两个比赛的优胜者再进行比赛。这就是女乙联赛的情况，也是由全国校足办和中国足协共同来组织的。

三是目前全国校足办已经与上海申花和广州富力签约。上海申花在上海市浦东新区，广州富力在广东省梅州市，二者承担共建校园足球的工作，职业俱乐部派出教练并给予经费支持，共同做好区域的校园足球教学训练和竞赛活动，以及“满天星”训练营活动。这两个区域内产生的优秀足球后备人才，优先进入两个职业俱乐部梯队，这也是教体融合迈出的坚实一步。总体上讲，目前教体融合遵循的是一体化设计、一体化推进、自成体系、相互支撑的融合原则。另外，校园足球夏令营活动在每年 7、8 月份举行，这期间中国足协不再组织同龄组的比赛，在赛事上可以事先做好约定，体育部门和教育部门相互支撑就可以做到。

第二节　校园足球发展现状分析

2015 年开始，校园足球工作由国家体育总局和教育部推进转由教育部会同国家发改委、财政部、国家体育总局、广播电视总局、共青团中央和中国足协 7 个部门共同推进。这 5 年来，在党中央、国务院的战略部署之下，在教育部党组的坚强领导下，各个部委通力合作，校园足球工作取得了显著的进展，在各个方面都取得了较好的成绩，但在具体实践中还存在理论与实际相脱离、顶层设计与具体实践融合不畅等问题。

一、校园足球教学体系方面存在的问题

校园足球目前在教学指南、教学大纲、教学视频课等方面取得了较大成绩，也形成了物化成果，对当前校园足球课堂教学起到了很好的指导作用。然而，随着校园足球课堂教学的不断深化，目前中小学足球教学体系仍存在着以下几个方面的问题：

1. 教学内容的选取不全面，内容选择与评价的重点是足球技战术的教学设计，忽略了足球体能、心理、社会交往方面内容的选取和设计；足球课程体系尚未形成，足球课堂教学中体能、心理、社会交往的教学内容和目标不明确，也没有根据学生生长发育的特点进行科学设计并形成体系。

2. 足球课堂教学组织形式比较单一，没有突出足球运动形式的核心。足

球运动形式的核心是游戏和比赛，校园足球教学设计上缺乏根据不同学段设计的完整教学游戏和教学比赛。

3. 足球教学上对学生参加比赛的能力培养普遍不重视，课堂教学以足球技术教学为主，这对学生形成参与足球活动的兴趣和爱好极为不利，需要改变。

4. 校园足球学科核心素养的建设研究相对滞后（足球教学整体设计与发展学生核心素养联系不紧密），没有体现出足球教学与当前我国教育改革发展方向的一致性，缺乏教育科研的元素，足球课堂教学改革没有突破，没有跟上当前我国中小学课程改革发展的潮流。这是目前校园足球教学体系需要加强研究的方面。

5. 校园足球多元化的教学评价体系尚未建成，教学的有效性、针对性、趣味性等方面有待进一步提高。

6. 校园足球教学课程体系尚未建成，目前只完成了教学指南、教学大纲、教学视频等局部的课程建设，没有形成校园足球自身完整的课程体系，在跨学科的课程理论研究方面还比较薄弱，缺乏精品课程的打造，校园足球课程体系建设有待进一步提高。

二、校园足球运动训练体系方面存在的问题

1. 随着校园足球联赛体制的不断完善和竞赛水平的不断提高，校园足球在训练理念的更新和训练方法上没有得到根本性改变的现状更加突出。目前，校园足球的课余训练理念还是以比赛成绩作为训练水平评价的唯一标准，这种旧有的思维习惯的惯性还将持续，这是校园足球目前亟须解决的问题。

2. 校园足球缺乏完整的训练课程体系。目前，校园足球没有自己的课余训练大纲和训练教程，学校开展的足球课余训练没有形成统一的训练要求和训练风格，这对学生球员的系统训练和未来发展会造成不利影响，同时也会使基层学校的教练员失去科学化训练的指导和未来训练发展的方向。因此，需要加快青少年校园足球训练课程体系的建设，以满足校园足球竞技水平发展的需要。

3. 校园足球缺乏科学完整的训练评价体系。没有目标，训练将失去方向，特别是基层足球特色学校，教练员训练没有可参照的标准。这也是校园足球训练体系需要加快完善的方面。

4. 校园足球高水平竞技后备人才培养缺乏明确的目标和发展规划。特别是为实现中国足球打进世界杯、取得好成绩的目标，校园足球在为国家培养具

有国际竞争力的足球竞技后备人才队伍方面，目前没有科学合理的中长期发展规划。校园足球可对照亚洲足球强国日本和韩国的足球青训体系，制定校园足球高水平竞技后备人才培养的目标和规划，从参加国内 U 系列青少年足球比赛开始，分步实现校园足球参加世少赛、世青赛并取得好成绩，为国家培养高水平的足球竞技后备人才做出贡献。

5. 校园足球在训练方面还缺乏自己的足球体能训练教程，在围绕足球体能训练研究方面目前与世界足球强国还存在巨大的差距。这也是我国足球发展的短板，是亟须解决的问题。

6. 校园足球科研水平有待进一步提高。目前，校园足球训练与竞赛发展体系中，一方面，科研力量比较薄弱，在对学生球员训练、比赛中的技术、体能、心理和社会交往等方面进行科学分析的能力较弱，且缺乏完整的体系；另一方面，对足球运动营养学研究不够重视。这对培养高水平的竞技后备人才队伍极为不利，需要加快建设和完善。

三、校园足球联赛体系方面存在的问题

1. 缺乏适应中国国情的校园足球比赛管理体制和治理机制。目前，校园足球学生球员参加的足球比赛种类繁多，有教育部门组织的比赛、体育部门组织的比赛、职业足球俱乐部组织的比赛、社会青少年足球俱乐部组织的比赛等。青少年足球比赛的市场巨大，各方都想在这里取得经济利益和社会影响，因此整个青少年足球比赛市场比较混乱，鱼龙混杂，急需出台政策规范化管理，以保障校园足球的可持续发展。

2. 校园足球缺乏自己的具有较大社会影响的品牌赛事。目前，校园足球四级联赛在社会上影响力有限，媒体关注度不高，在联赛的组织水平、对外宣传的力度、比赛的质量等方面均存在很大的提升空间。校园足球要想扩大社会影响力，取得社会、经济效益，必须打造自己的品牌赛事，这需要国家多个部门协作才能实现。品牌赛事的打造是当前校园足球需要解决的问题之一。

3. 足球特色学校校内班级足球联赛工作有待进一步提高。部分特色学校由于文化学业成绩的压力，每学年至少举行一次的班级足球联赛落实不到位，往往以组建一支校足球队为首要任务，忽略了足球的普及工作。因此，要加强对足球特色学校校内班级足球联赛工作的监督与管理。

四、校园足球师资队伍建设方面存在的问题

1. 在校园足球管理干部队伍建设上，需要加强管理干部专业业务能力的

培养，提高校园足球的管理水平。目前，校园足球管理干部管理考核评价机制缺乏，需要加快完善。

2. 足球教师队伍培训、培养专业化水平不高。应根据不同学段的教学要求，对参加培训的教师进行有针对性的培训，体现出学科阶段性特点，提高培训的有效性和系统性。通过培训切实提高教师的执教水平，提高课堂教学的效益。

3. 校园足球缺乏一支高水平的“精英教练员”队伍，这是目前阻碍校园足球竞技水平向高水平发展的主要因素之一。“精英教练员”队伍建设要求向世界足球强国高水平青训教练员水平看齐，因此，急需加强研究、加速发展，这是校园足球未来走向世界的必备条件。

4. 校园足球裁判员队伍的质量和数量有待进一步的提高。足球比赛的赛场环境对学生球员的影响至关重要，裁判员是赛场执法者和赛场环境治理的决定者，因此，加快校园足球裁判员队伍建设也是需要解决的问题。

5. 校园足球还缺乏一支集比赛策划、宣传、体育经济人为一体的综合性足球产业人才队伍。这是校园足球打造知名品牌赛事不可或缺的人才队伍，也是校园足球未来向高层次水平发展的需要。国家在这一方面需要加以重视，通过政策来鼓励更多的人才加入校园足球事业，为中国足球做出贡献。

五、校园足球文化建设方面存在的问题

校园足球文化建设包括物质文化、制度文化、行为文化、精神文化4个方面。在物质文化建设方面，主要问题是足球场地、设备、器材比较缺乏，不能满足校园足球发展的需求。在制度文化建设方面，国家的顶层设计较为完善，但在微观上缺乏细致的设计，顶层设计与基层实践存在差距；在政策执行与管理过程中，落实与管理不到位的现象大量存在，需要加大管理的力度，健全校园足球正常运行的多维保障体系，提高校园足球绩效评价信息的获取能力。在行为文化建设方面，主要问题是对足球育人价值挖掘不够，没有将发展学生的核心素养与校园足球活动的开展紧密相连；相关研究不多，层次也不高。在精神文化建设方面，主要问题是没有形成地区特色，足球文化和本地区的特色体育文化联系不紧密，因而也需要加强研究。

六、幼儿足球研究的方向

幼儿园足球活动的开展一直以来就是足球研究领域的一个较为复杂的问题。幼儿教育不同于中小学教育，幼儿体育教育也不同于中小学体育教育，幼

儿园开展足球教学活动，不仅需要幼儿教师具备足球知识与技能发展方面的知识，而且要具备幼儿健康和社会发展领域方面的知识。这对幼儿教师的要求比较高，是绝大多数幼儿教师目前不具备的能力，因而也是目前幼儿园有效开展足球活动所面临的一大难题。如何将足球运动知识与技能发展和幼儿健康与社会发展领域知识相结合，深入研究幼儿足球教育，构建幼儿足球活动课程体系，有效指导幼儿教师开展幼儿足球活动和幼儿足球教学，创新幼儿体育教育，拓展幼儿接受体育教育的途径，保障幼儿足球的健康发展，是迫切需要解决的课题。

七、中等职业学校足球活动研究的匮乏

校园足球应该包括职业学校的足球发展。目前这一方面的研究不多，有的地区在高中组比赛中纳入中等职业学校，但总的来说，职业学校参与校园足球的相关研究缺乏。这也是校园足球研究的薄弱方面，需要加快研究，为部分初中足球队员升入职业学校后自身足球发展的需要提供支持，同时也是为校园足球的发展拓宽人才培养渠道，为培养社会足球人才做贡献。

八、校园足球管理制度不健全、特色学校退出机制落实不到位

截至 2019 年 5 月，教育部已遴选和认定 24126 所校园足球特色学校。随着校园足球活动不断深入推进与发展，新问题不断呈现，主要体现为：校园足球特色学校学段布局不合理，存在“重申报轻建设”“以次充好”等现象，各级校园足球管理部门监督管理不到位；校园足球退出机制落实不到位，特色学校存在的自身建设行动难以持续、缺乏内涵式建设、参与群体不广等问题得不到有效解决和监督与管理①；在整个校园足球管理体系中，各级省、市校园足球管理办公室的职能与责任不明确，职责与管理不到位，缺乏对其部门工作进行管理与评价的机制，从而导致校园足球办公室工作积极性不高，以应付任务为主，缺乏开拓创新精神。特别是对基础特色学校足球工作的指导与管理严重不足，致使校园足球特色学校退出机制落实不到位，对校园足球工作的进一步发展极为不利，因此，需要加强对校园足球管理部门的监督与管理。

---

① 王登峰：《全国青少年校园足球工作报告（2015—2019）》，中华人民共和国教育部网站，2019 年 7 月。

第三节　校园足球可持续发展研究的目的和意义

校园足球经过十余年的发展，在各个方面均取得了较大成绩，但随着校园足球活动的不断深入开展，在实践过程中也逐步暴露出一些发展的问题，并且这些问题已成为目前校园足球发展亟须解决的问题，也是校园足球可持续发展必须要完成的任务，对校园足球未来发展和振兴中国足球具有重要影响。因此，从实践的角度对校园足球可持续发展进行研究是十分值得和必要的。本课题组在理论与实践的基础上，通过自身的实践和对校园足球特色学校实践工作情况的调查与研究，从与校园足球具体实践紧密相关的方面进行了有针对性的研究，为解决这些问题提供了自己的观点和研究成果，目的是能够为校园足球的可持续发展提供理论支撑。

一、研究目的

1. 促进足球运动在中小学普及推广，提高学生足球人口的数量和质量，为校园足球普及与推广的可持续发展提供理论支持。

2. 丰富校园足球文化内容，提升校园足球文化内涵，充分挖掘足球运动的育人价值，将足球育人功能与发展学生核心素养理论结合起来，初步形成校园足球文化发展体系，提高校园足球文化水平，增强校园足球的软实力，为校园足球可持续发展奠定文化基础。

3. 促进中小学足球教育教学的发展，把学生核心素养发展理论融入足球课程建设中，构建校园足球运动课程体系，希望能够为足球课堂教学的改革与创新提供新思路，提高足球课堂教学效率，培养学生的足球运动技能和兴趣，提高学生的身体素质和体质健康水平。

4. 提高青少年足球人才培养的水平，充分挖掘和培养具有足球运动天赋的青少年人才，促进校园足球竞技水平的发展，实现足球竞技后备人才培养回归教育、回归校园，实现校园足球逐步发展成为我国高水平竞技足球后备人才培养的重要渠道，逐步形成具有中国特色的校园足球高水平后备人才培养体系。

5. 打造一支业务能力强、理论水平高、思想品德高尚的校园足球师资队伍，在校园足球师资队伍发展与培养理论研究方面做出贡献。

6. 拓展校园足球的研究领域。

（1）开展幼儿足球的研究，通过幼儿足球游戏课程建设，为幼儿园开展足球活动提供指导，促进幼儿教师的能力发展，为足球特色幼儿园开展足球活动提供有益的借鉴，为校园足球的可持续发展尽微薄之力。

（2）探索中等职业学校开展足球活动的研究，为职业学校开展足球教育教学活动提供课程、训练与竞赛、足球社团建设、足球的育人价值和发展职业学校学生的核心素养等方面的理论指导，促进中等职业学校体育教育的改革与发展，为培养现代社会所需的全面发展的综合性技术人才提供借鉴。

二、研究意义

从实践的角度对校园足球进行可持续发展研究，就是为了实现以校园足球为突破口、培养青少年对足球的兴趣、发掘培养足球后备人才、打牢足球运动的根基、推动足球事业可持续发展的任务，为实现伟大的中国足球梦奠定基础。

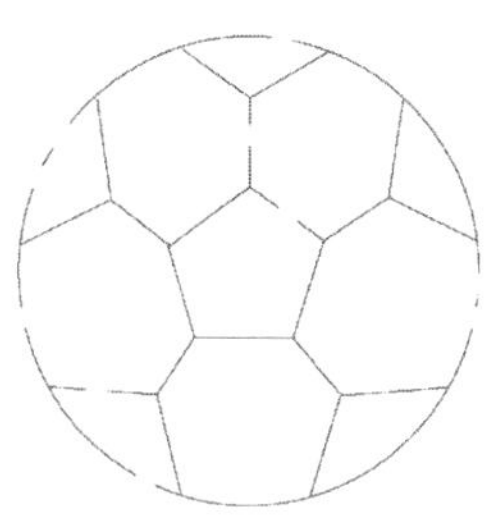

第二章

校园足球运动课程

第一节　校园足球运动课程的性质与基本理念

一、校园足球运动课程的性质

校园足球运动课程以学生身心发育发展特点和足球运动技能形成规律为依据，以美国著名体育教育家西登托普教授的运动教育理论、学校体育学、运动教育课程与教学论、健康教育学为基础，同时还涉及运动生理学、体育心理学、体育社会学、运动训练学、体育核心素养等学科知识。校园足球运动课程作为中小学足球特色学校的课程，作为基于生命、指向生命、提升生命质量的学科，对于促进学生身心健康、体魄强健，推进“健康中国”建设，增强中华民族的旺盛生命力，促进社会文明步，培养德智体美全面发展的社会主义建设者和接班人，以及培养我国优秀的足球竞技人才，都具有不可替代的重要作用。①

本课程是一门以足球技战术学习和足球比赛为主线，以校园足球知识、技能和比赛方法为主要学习内容，以培养中小学学生的体育学科核心素养和增进中小学学生身心健康为主要目标的课程。本课程是中小学体育与健康课程体系的重要组成部分，是面向足球特色学校全体学生的足球教育，对落实立德树人根本任务、发展素质教育和培养全面发展的人具有独特的功能和价值。本课程具有基础性、实践性、选择性和综合性的特点。基础性强调全面提高学生的学科核心素养，为学生终身体育锻炼和保持健康奠定坚实的基础；实践性强调以身体练习和足球技能发展为主要手段，关注学生通过适宜的运动负荷和方法进行体能练习和足球运动技能学习，积极参加课内足球运动技能的学习和比赛，以及课外体育锻炼、体育社团活动和体育竞赛活动；选择性强调学生根据自身的特点和需求，在学校开设的足球运动课程中进行自主选择，培养足球爱好和特长，养成体育锻炼习惯；综合性强调关注多种内容和方法的整合，以体育教育为主，融合健康教育，注重学科德育，培养学生的健康意识和行为，促进学生全面发展。

① 中华人民共和国教育部制定：《普通高中体育与健康课程标准（2017 年版）》，人民教育出版社，2018 年。

二、校园足球运动课程的基本理念

1. 落实立德树人根本任务和健康第一指导思想，促进学生健康与全面发展①

课程贯彻和落实立德树人根本任务，以健康第一为指导思想，强调运动教育的功能，高度重视培养学生的学科核心素养，注重设置足球运动知识与技能、过程与方法、情感态度与价值观有机整合的课程目标和课程结构；在强调体能、运动技能和体育文化学习的同时，融合与学生成长相关的健康教育知识和方法，关注学生健康与安全意识的培养，以及健康文明生活方式的形成，重视培养学生积极进取、不怕困难、挑战自我、顽强拼搏、追求卓越、团结合作、公平竞争和遵守规则等体育品德，促进学生身心健康、体魄强健，获得全面发展。

2. 适应学生的足球学习需求，培养学生对足球运动的喜爱

课程强调以学生发展为中心，从课程设计到课程实施的各个环节都遵循中小学学生的身心发展规律，充分关注学生的足球学习兴趣和需求，在发挥教师主导作用的同时，突出学生的主体地位；创设师生和谐互动、形式灵活多样、气氛热烈活泼的足球课堂教学氛围，注重课堂教学的实际效果，充分调动学生学习的积极性，增强学生内在的学习动力，引导学生深刻体验足球运动的乐趣和理解足球运动的价值，促使学生由被动运动向主动运动转变，喜爱学习，乐于参与课外足球活动和竞赛，养成良好的运动习惯，形成积极的体育消费观，使足球成为学生生活中不可或缺的重要组成部分。

3. 改革足球课程内容与教学方式，发展学生的学科核心素养

课程在继承中华优秀传统体育文化的基础上，与时俱进，开拓创新，努力体现时代性。② 在课程内容方面，要改变以往足球教学以技术动作教学为主的课堂教学模式，以比赛为主线，课程内容包括体能、运动技能、心理、社会交往 4 个方面，强调以“学生为中心”的足球运动教育课程模式，强调为学生提供最真实、最完整的足球运动体验，促进学生成为有足球运动能力、有足球运动文化、有足球运动激情的运动参与者。③ 在教学方式方面，力求避免过于注重单一知识点，以及把结构化的知识和技能割裂开来的灌输式教学模式，倡

---

① 中华人民共和国教育部制定：《普通高中体育与健康课程标准（2017 年版）》，人民教育出版社，2018 年。

② 中华人民共和国教育部制定：《普通高中体育与健康课程标准（2017 年版）》，人民教育出版社，2018 年。

③ 季浏：《中国健康体育课程模式的思考与构建》，《北京体育大学学报》，2015 年第 9 期。

导多样化的游戏和比赛的教学方式，重视与信息技术的深度融合，注重学生的自主学习、合作学习和探究学习，将知识点的教学置于复杂的游戏和比赛情境之中，引导学生用结构化的知识和技能去解决足球比赛中的实际问题，促进学生体育学科核心素养的发展，培养学生的创新精神、综合能力和优良品格。

4. 注重学生足球专项技能的培养，奠定学生终身体育的基础

课程重视培养学生足球运动技能和比赛能力，强调学生系统地学习足球基本技能和参与足球比赛，积极参与日常足球教学活动、体育社团活动和形式多样的课外足球竞赛活动，形成良好的运动习惯，发展体育学科核心素养。因此，学习目标的确定、教学内容的选择和教学方法的选用，应遵循足球运动技能形成规律，关注学生的足球技战术发展基础和足球文化认知，促使学生形成足球爱好，积极主动参与足球教学与竞赛活动，全面提高足球的技能水平，充分体验足球学习的成功感，树立积极的体育价值观，为形成终身体育的习惯和能力奠定良好的基础。

5. 建立多元学习评价体系，激励学生更好地学习和发展

课程重视促进学生更好地达成课程目标和形成学科核心素养，注重评价的激励、反馈和发展功能，构建主体多元、内容全面、方法多样的评价体系。在评价主体方面，提倡在以教师评价为主的基础上，引导学生积极进行自我评价和相互评价；在评价内容方面，重视对学生的运动能力、健康行为和体育品德进行综合评价；在评价方法方面，倡导将定量评价与定性评价、相对性评价与绝对性评价、过程性评价与终结性评价相结合。评价中特别要关注那些运动基础相对较弱但学习态度认真的学生，真正体现评价的激励和发展功能，增强他们对足球学习的自信心和自尊心。多元的足球学习评价体系应注重与教学质量标准紧密联系，使学业质量水平标准的使用更有助于学生形成学科核心素养、获得全面发展。①

第二节　学科核心素养与校园足球运动课程的目标

一、学科核心素养

学科核心素养是学科育人价值的集中体现，是学生通过学科学习而逐步形

① 中华人民共和国教育部制定：《普通高中体育与健康课程标准（2017 年版）》，人民教育出版社，2018 年，第 3－4 页。

成的正确价值观念、必备品格与关键能力。① 校园足球运动课程学科核心素养主要包括运动能力、健康行为和体育品德。②

1. 运动能力

运动能力是体能、技战术能力和心理能力等在身体活动中的综合表现，是人类身体活动的基础。运动能力分为基本运动能力和专项运动能力。基本运动能力是从事生活、劳动和运动所必需的能力；专项运动能力是参与某项运动所需要的能力。运动能力的具体表现形式为体能状况、运动认知与技战术运用、体育展示与比赛。

2. 健康行为

健康行为是增进身心健康和积极适应外部环境的综合表现，是提高健康意识、改善健康状况，并逐渐形成健康文明生活方式的关键。健康行为包括养成良好的锻炼、饮食、作息和卫生习惯，控制体重，远离不良嗜好，预防运动损伤和疾病，消除运动疲劳，保持良好心态，提升适应自然和社会环境的能力，等等。健康行为的具体表现形式为体育锻炼意识与习惯、健康知识掌握与运用、情绪调控和环境适应。

3. 体育品德

体育品德是指在体育运动中应当遵循的行为规范，以及形成的价值追求和精神风貌，对维护社会规范、树立良好的社会风尚具有积极作用。体育品德包括体育精神、体育道德和体育品格三个方面：体育精神包括自尊自信、勇敢顽强、积极进取、超越自我等；体育道德包括遵守规则、诚信自律、公平正义等；体育品格包括文明礼貌、相互尊重、团队合作、社会责任感、正确的胜负观等。体育品德的具体表现形式为体育精神、体育道德和体育品格。

上述三个方面的学科核心素养联系密切、相互影响，在足球课堂教学过程中得以全面发展，并在解决游戏和竞赛情境的实际问题过程中整体发挥作用。

二、校园足球运动课程目标

（一）足球运动课程总目标

足球运动课程总目标为：通过本课程的学习，学生喜爱足球，积极主动地参与足球运动；学会自主学习与发展足球运动技能，增强科学精神、创新意识

① 中华人民共和国教育部制定：《普通高中体育与健康课程标准（2017 年版）》，人民教育出版社，2018 年，第 5－6 页。

② 中华人民共和国教育部制定：《普通高中体育与健康课程标准（2017 年版）》，人民教育出版社，2018 年，第 5－6 页。

和参与足球比赛的能力；树立健康观念，形成健康文明的生活方式；遵守体育道德规范和行为准则，塑造良好的体育品格，发扬体育精神，增强责任感和规则意识。足球运动能力、健康行为和体育品德三个方面学科核心素养应协调和全面发展，培养学生在未来体育素养发展中应具备的参与足球比赛的正确价值观念、必备品格与关键能力，形成乐观开朗、积极进取、充满活力的人生态度，身心健康、体魄强健，让学生真正成为有足球运动能力、有足球运动文化、有足球运动热情的足球运动爱好者和参与者，为自己一生形成健康文明生活方式做好准备。

（二）校园足球运动课程分目标

1. 运动能力

中小学生足球运动能力发展的重点是发展专项体能和足球比赛中运用技术的能力，提高对足球比赛的认知。通过本课程的学习，学生能够运用所学的足球运动知识、技能和方法，参加足球竞赛活动，显著提高体能与足球技能水平，掌握和运用足球比赛的裁判知识和规则，增强批判性思维与创造性思维的发展，提高发现问题、分析问题和解决问题的能力；能够独立或合作制订和实施足球课堂团队组织教学计划、班级足球联赛和学校足球社团活动计划，并对班级足球文化的建设提出合理的建议；了解和分析国内外的重大足球赛事和重大体育事件，具有欣赏足球比赛的能力。

2. 健康行为

中小学生健康行为养成的重点是锻炼习惯、情绪调控和适应能力。[①] 通过本课程的学习，学生能够积极主动地参与校内外的足球活动和竞赛，掌握科学踢球的方法，养成良好的足球比赛习惯，形成基本的比赛技能；学会自我管理，情绪稳定、包容豁达、乐观开朗，善于交往与合作，适应环境的能力强；关注健康，珍爱生命，热爱生活，养成健康文明的生活方式，提高身心健康水平，提高生存和生活的能力。

3. 体育品德

中小学生体育品德培养的重点是积极进取、遵守规则和社会责任感。通过本课程的学习，学生能够自尊自强，主动克服内外困难，具有自信、勇敢顽强、积极进取、挑战自我、追求卓越的精神；正确对待比赛的胜负，胜不骄、败不馁；胜任不同的运动角色，表现出团队合作与负责任的行为；遵守规则、

---

① 中华人民共和国教育部制定：《普通高中体育与健康课程标准（2017 年版）》，人民教育出版社，2018 年。

文明礼貌、尊重他人，具有公平竞争的意识和行为。

第三节　校园足球运动课程的结构

一、校园足球运动课程设计依据

1. 根据《中国足球改革发展总体方案》和《教育部等6部门关于加快发展青少年校园足球的实施意见》两项文件的要求，结合美国著名体育教育家西登托普教授的运动教育理论和《体育与健康课程标准》理念，在《全国青少年校园足球教学指南（试行）》的基础上综合设计出校园足球运动课程。

为贯彻落实《中国足球改革发展总体方案》和《教育部等6部门关于加快发展青少年校园足球的实施意见》两项文件精神，进一步深化校园足球教学改革，形成内容丰富、形式多样、因材施教的校园足球教学与评价体系，规范和指导校园足球特色学校积极开展足球教学活动，大力提升校园足球教学质量，培养德智体全面发展的足球人才，在足球教学实践的基础上，把运动教育模式引入校园足球特色学校的课堂教学实践中，开展足球课堂教学改革与实践的研究。通过近几年的实践与研究，我国完成了校园足球运动课程体系的构建，确立了本课程模式的课程结构、课程内容、教学模式、评价体系和课程资源管理。本课程的设计理念是保证基础、强调特长、关注融合、重在运用。保证基础是指促进学生体能、运动技能，以及健康教育知识、技能与方法的学习和提高，为终身体育和形成健康文明生活方式奠定基础；强调特长是指重视让学生根据自己的特长和兴趣选择足球比赛场上的不同位置，进行专项技能学习，深刻体验足球运动中的成功感，提高自尊心和自信心，获得个性发展；关注融合是指注重足球知识、体能与技能、比赛能力等方面的有机结合，提高学生足球知识与技能融会贯通的能力；重在运用指将足球知识、技能和比赛方法运用到比赛中去，提高学生的足球比赛实战能力。

2. 校园足球运动课程课堂教学的特点。校园足球运动课程的主要特点是以足球游戏和比赛为主，以团队协作为教学组织形式，具有很强的实践性。本课程期望通过参与运动季课堂教学中开展的足球游戏和比赛来培养学生的学科核心素养，促进学生体能、技能、心理和社会交往的全面发展。因此，本课程的主体是足球技能、体能、心理发展和社会交往4个方面的发展与提高。

3. 满足中小学学生成长过程中足球兴趣爱好和足球运动能力发展的需求。

为了满足中小学生学习足球的不同需求，激发学生参与足球运动的兴趣和内驱力，促进学生的个性发展，培养学生终身体育的意识和能力，课程重视趣味性和有效性、基础性与系统性的有机统一。因此，本课程充分体现了足球教学与比赛的特点，学生在小学、初中、高中三个阶段系统的足球课学习过程中，根据足球特色学校足球课教学实践的具体情况进行较为系统和全面的学习，从而学会、学精，培养足球爱好和专长，以及积极进取、追求卓越的精神。

4. 在足球教学与比赛中发现与培养优秀足球竞技后备人才，为中国足球腾飞奠定人才基础。这也是学校体育改革的一个重要目标，即在国民教育体系中通过体育课、课余训练和校园足球比赛为足球高水平竞技人才成长提供新的途径。

二、校园足球运动课程的结构

校园足球运动课程是根据足球特色学校学生足球课教学的需要设计的，足球特色学校所有学生都必须学习。课程结构的特点是以学科核心素养统领课程的目标、内容、方法和评价，即课程目标、课程内容、教学方法、学习评价等都紧密围绕学科核心素养来设计和构建（见图 2-1）。学科核心素养形成的途径不仅包括足球课，还有课外体育锻炼、体育竞赛活动和体育社团活动等。校园足球运动课程的内容包括体能、运动技能、心理发展和社会交往 4 个部分。

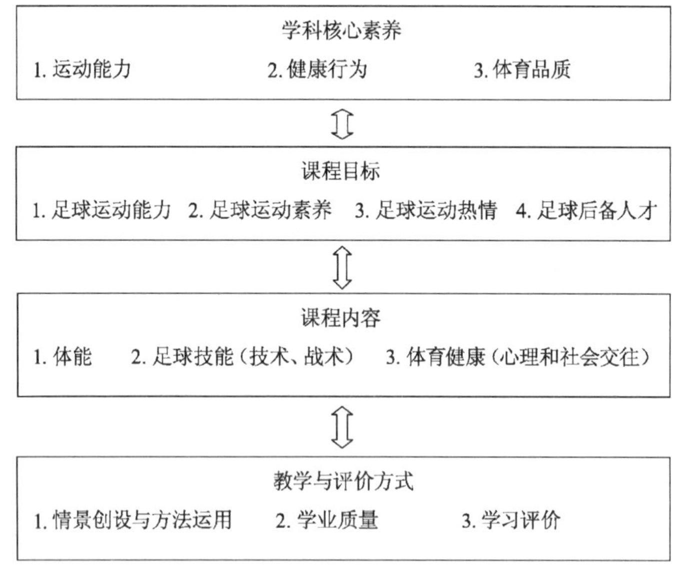

图 2-1　校园足球运动课程结构

三、校园足球运动课程的学业水平设计

校园足球运动课程是中小学足球特色学校的必修课程，课程内容包括小学、初中、高中三个学段 5 种水平（见图 2-2）。

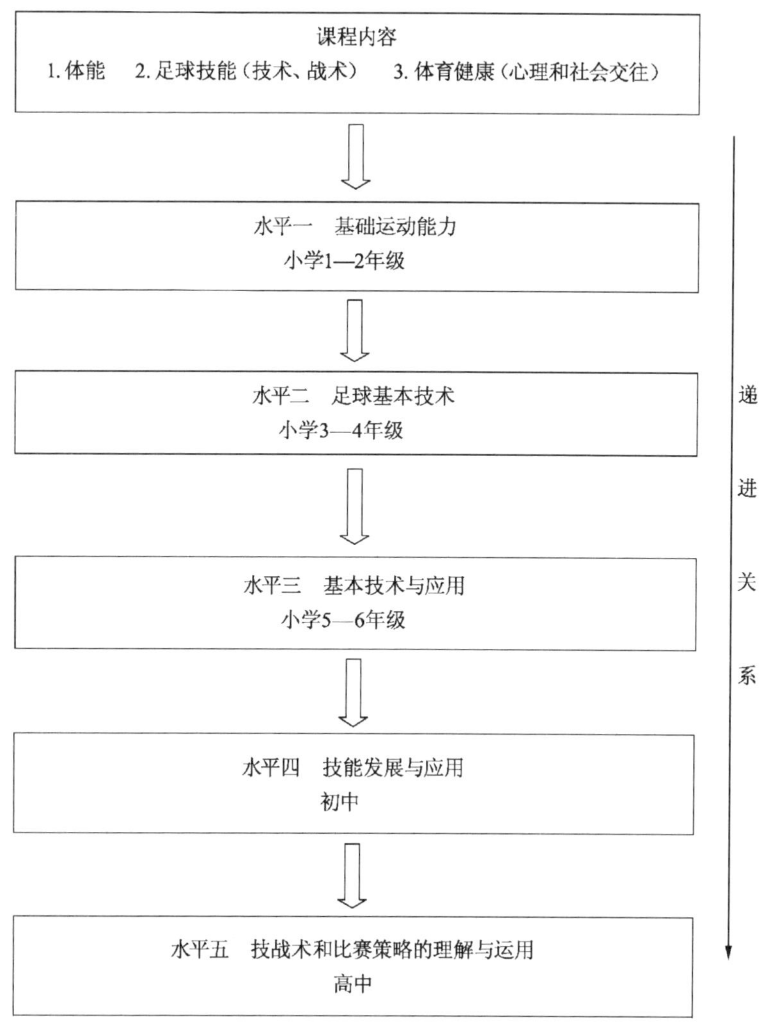

图 2-2　校园足球运动课程内容之间的关系

四、校园足球运动课程的内容

校园足球运动课程教学大纲学习内容设计见表 2-1。

表 2-1　校园足球运动课程教学大纲

学业水平	课程学习目标	课程学习内容				
		体能	运动技能		健康教育	
			技术	战术	心理	社会交往
水平一 小学 1—2 年级	1. 参与足球游戏和比赛，培养球感。 2. 体验足球活动的乐趣。 3. 学习运球、踢球、接球等基本技术动作，培养球感。	1. 走、跑、跳等基本运动能力。 2. 平衡能力、协调性、灵活性、反应。	1. 球感（踩、拉、拨、跨球）、运球。 2. 传球与接球。 3. 射门。	游戏与比赛中能够在场上站好位置。	1. 兴趣。 2. 自信。	1. 游戏与比赛中知道规则和意识。 2. 有输与赢的概念。
水平二 小学 3—4 年级	1. 乐于学习和展示简单的足球动作。 2. 发展运球、踢球、接球等基本组合技术能力及基础战术意识。 3. 培养合作意识和规则意识。	1. 柔韧性。 2. 灵敏性、协调性。 3. 平衡能力。	1. 球感（踩、拉、拨、扣、跨、挑、颠球等）。 2. 运球及运球过人。 3. 脚内侧传接球。 4. 射门。	1. 1vs1。 2. 二过一。 3. 比赛：5 vs 5。	1. 动机。 2. 专注力。 3. 自信。	1. 合作。 2. 安全的环境。 3. 尊重与风纪。
水平三 小学 5—6 年级	1. 主动参与足球学习。 2. 进一步提高学生在比赛中技战术的运用能力。 3. 强化规则意识，学会调节情绪的方法。	1. 速度、力量。 2. 柔韧性。 3. 灵敏性、协调性。 4. 平衡能力。 5. 伤害预防与自我保护。	1. 球感、假动作。 2. 运球及运球过人。 3. 脚内侧传接球。 4. 射门。 5. 头球。	1. 1vs1。 2. 二过一。 3. 3 vs 2、3 vs 3 等攻防。 4. 比赛：5 vs 5、8 vs 8。	1. 动机。 2. 自信。 3. 观察力。 4. 创造力。	1. 合作能力。 2. 交流与沟通。 3. 团队协作。 4. 尊重与风纪。

续表

学业水平	课程学习目标	课程学习内容				
		体能	运动技能		健康教育	
			技术	战术	心理	社会交往
水平四 初中	1. 积极参与足球活动。 2. 提高组合技术能力和战术运用能力。 3. 培养顽强拼搏的精神，树立自尊和自信。	1. 协调性与平衡能力。 2. 身体各个关节的灵活性和柔韧性。 3. 速度、力量、耐力素质。 4. 伤害预防与自我保护。	1. 活动中的综合球感。 2. 运球及运球过人。 3. 运动中的踢、接地滚球、空中球、反弹球等。 4. 结合射门的组合技术。 5. 对抗中的运球过人。 6. 技术综合运用。	1. 1 vs 1、2 vs 2、3 vs 3等攻防。 2. 角球、任意球攻防。 3. 比赛：8 vs 8、11 vs 11。	1. 动机。 2. 自信。 3. 创造力。 4. 竞争力。 5. 决策能力。 6. 培养顽强拼搏的精神。 7. 树立自尊和自信。	1. 交流与沟通。 2. 批判性思维。 3. 解决问题能力。 4. 责任与忠诚。 5. 团队协作。 6. 尊重与风纪。
水平五 高中	1. 通过足球养成良好的体育锻炼的习惯。 2. 提高学生对抗中技战术的综合运用能力。 3. 在足球活动中表现出良好的进取和合作精神。	1. 柔韧性。 2. 灵敏性、协调性。 3. 速度、反应、核心力量、有氧耐力、速度耐力。 4. 不同位置的专项身体素质练习。 5. 身体感知与伤病预防。	1. 传球与接球。 2. 射门。 3. 头球。 4. 接球转身。 5. 1 vs 1 进攻。 6. 1 vs 1 防守。 7. 防守技术（紧逼、抢断、冲撞、铲球盯人、掩护等）。	1. 进攻、防守原则。 2. 攻守转换原则。 3. 观察。 4. 快速和准确地传球（短传与长传相结合）。 5. 控球。 6. 跑动。 7. 个人突破。 8. 转移换边。	1. 动机。 2. 自信。 3. 创新能力。 4. 合作能力。 5. 竞争能力。 6. 决策能力。	1. 沟通与交流。 2. 批判性思维。 3. 解决问题能力。 4. 责任与忠诚。 5. 团队协作。 6. 尊重与风纪。

续表

学业水平	课程学习目标	课程学习内容				
		体能	运动技能		健康教育	
			技术	战术	心理	社会交往
				9. 撞墙式2过1（加入第三名球员的配合，传球和跑位的连贯，以便再次要球）。 10. 创造局部人数优势。 11. 区域防守、防守逼人、回防、压缩空间。 12. 语言交流。 13. 利用三条线之间的距离，保持攻守平衡。 14. 比赛：8 vs 8、11 vs 11；阵型：4：4：2或4：3：3。		

第四节　校园足球运动课程的教学模式

一、校园足球运动课程教学模式的概念

校园足球运动课程教学模式是以美国当代著名体育教育家西登托普教授的运动教育理论为指导思想，以教师直接指导、合作学习和伙伴学习为教学方法，以固定的分组、角色扮演为组织形式，在整个足球教学过程中以比赛为主线，为不同运动水平的学生提供真实、丰富的足球运动体验，把学生培养成为有足球运动能力、懂足球运动文化、热衷于足球运动的校园足球爱好者和参与者，提高校园足球人口的质量，提升校园足球课堂教学效率的足球课程教学模式。

二、校园足球运动课程教学模式的教育目标

通过校园足球运动课程的系统学习，学生应该达到的目标如下：发展足球专项技能和体能；在参与足球运动中，具有评价和运用战术的能力；有能力参与适合自身发展水平的足球运动和比赛；有和其他同学一起共同制订运动策略和管理运动学习的能力；担任领导角色时具有责任感；学习中具有团队精神；具有欣赏所学运动项目仪式和习俗的能力；具有发现和解决运动中的问题的能力；具备一定的裁判知识；形成课余自觉参与运动的习惯。①

三、校园足球运动课程教学模式的特点

校园足球运动课程教学有 6 个主要的特征（见图 2-3），即赛季、团队、记录、比赛、季后赛与庆祝活动。这 6 个特征是传统足球课教学所不具备的优势。②

1. 赛季

运动课程教学模式中使用的是赛季，不是传统的体育教学单元。一个赛季包括练习期、季前赛期、正式比赛、季后赛期和庆祝活动，赛季长度一般在 18 节课左右。

---

① 高航，章荣江，高嵘：《当代运动教育模式研究》，《体育科学》，2005 年第 6 期。
② 高航，章荣江，高嵘：《当代运动教育模式研究》，《体育科学》，2005 年第 6 期。

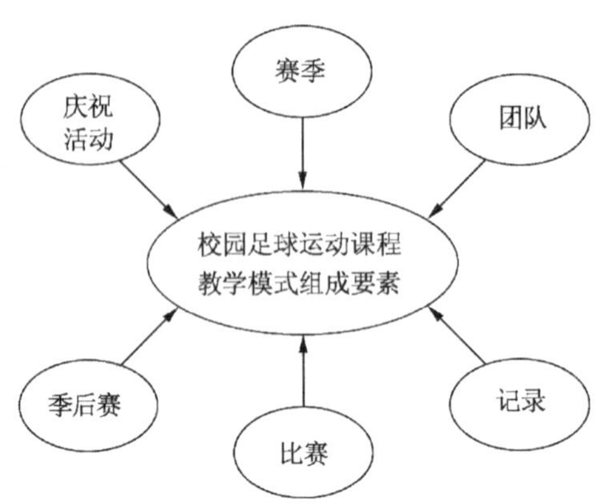

图 2-3　校园足球运动课程教学特征

2. 团队

学生在赛季里根据班级学生实际运动水平进行均衡分组，组成团队，在整个赛季以固定的团队进行学习，他们一起拟定比赛策略、练习技术、体味成功与失败、创造团队特色文化、捍卫团队荣誉。这种形式有助于学生“团队意识”的培养。

3. 正规比赛

运动季主要由正式比赛赋予真正含义，这种正式比赛穿插在各个部分的练习中，并且比赛主要采用对抗练习、循环竞赛、联赛等形式。

4. 季后赛

运动课程教学模式要求以季后赛结束整个赛季，季后赛要营造欢庆的气氛和提供全体成员参与的机会。

5. 成绩记录

足球运动教学中记录的方式多种多样，如课堂常规的表现、练习与比赛的表现、运动参与的态度、比赛的名次和积分、技战术学习、团队协作、比赛结果、技能测试等方面。记录有助于对个人和团队表现提供反馈，帮助制定标准和目标。

6. 庆祝活动

庆祝活动的内容主要包括运动员的宣誓、邀请特别来宾、颁奖典礼、比赛场地的装饰、拍照或拍录像等。在运动教育中，教师应与学生一起努力，创设一系列的庆祝活动。因为正规的比赛就是一种节日的庆祝，这些活动可以丰富参与者的运动文化和有力地提高参与者积极参加活动的热情，培养团队归属感。

四、校园足球运动课程的教学过程结构

校园足球运动课程的教学过程结构为：建立教学常规—实力均衡分组—明确角色分配和职责—学习基本技术和战术—学习裁判规则—小组自我评价与复习—比赛—奖励与庆祝活动。①

在教学中，足球运动教学模式的课堂常规包括 8 个部分：检查每次课参与者担任的角色和责任；检查小组的热身运动；复习上次课的技术和战术；学习新的技术和战术；小组练习；比赛；课的结束部分；学习日志和总结报告。这 8 个方面在赛季不同阶段的时间比例是不同的。

五、校园足球运动课程的教学方法

直接指导、合作学习和伙伴学习是美国学校体育中 3 种不同的教学模式，西登托普教授在运动教育模式的教学中将 3 种教学方法融为一体，综合应用，形成了一套效果独特的运动教育的教学方法。

1. 直接指导

所谓直接指导教学是指教师对学生进行当面指导的学习方法，它相当于传统体育教学中的教师讲授教学内容和辅导学生学习。直接指导教学在运动教育模式中是不可缺少的，尤其是在赛季的开始阶段，这种直接指导的教学方法是主要的教学手段。

2. 合作学习

当运动员和队长为实现本队的目标而制订和履行策略时，该小组就会进行合作学习。合作学习中，小组内强调民主，没有绝对权威，因此解决意见分歧也是合作学习的一部分。

3. 伙伴学习

为了提高小组的整体的运动水平，技术水平高的学生会主动帮助技术水平低的学生学习，因为所有人都会认识到只有拧成一股绳，才能在季后赛中获得胜利。

这 3 种教学方法在整个赛季运用的时间比例前后不一样。在前期阶段，教师直接指导的时间所占比例较大；在中后期，合作学习和伙伴学习的时间所占比例较大。

---

① 高航，章荣江，高嵘：《当代运动教育模式研究》，《体育科学》，2005 年第 6 期。

六、校园足球运动课程的实施策略

对于首次运用运动教学模式的教师或不太熟悉运动教学模式的教师来说，在开始以足球为教学项目时，教学班级要尽量少，选择的运动教学实验因素要易于控制。当教师和学生均熟悉了运动教育模式之后，可以逐渐增加难度。

为了更好地设计足球运动教学，可以将设计过程分为两个方面（见表2-2）。第一部分是关于足球运动教学模式的开发，它保证足球运动教学模式的顺利进行，例如公平分组、营造节日氛围、学习运动礼仪、制定比赛规则与策略等。第二部分是关于足球运动专项技能的开发，教学目标包括足球技能、战术、合作行为、责任感、评价方法等方面的学习。成功的教学不仅依靠足球运动教学模式设计的这两个部分，还要依靠教师对各个方面的正确理解与运用。

表2-2　足球运动教学模式设计的指导内容与特点一览表①

教学组织设计	设计的第一部分：足球运动教学模式开发	教学内容设计	设计的第二部分：足球运动能力开发
分组	1. 决定分组的方法。 2. 选择教材。	技术和战术	选择足球基本技术： 1. 明确足球运动基本技术环节教学要点。 2. 明确需要学习的足球比赛基本战术。 3. 设计阶梯式的学习内容去发展技战术。
学生担任的角色	1. 设定角色并规定责任。 2. 制定体现角色任务完成情况的评价系统。	任务卡片	1. 设计任务卡片。 2. 设计教学中使用的图画和文字说明。 3. 设计体现学习进步程度的标准制度和体现任务完成的评价系统。
小组特征和成员间的关系	提供机会使学生选择小组，具体内容如下：小组名称；小组服装的颜色；口号；小组吉祥物。	足球运动技能和健康体能	1. 发展体能任务卡片（至少3套）。 2. 适量的热身运动。 3. 解释影响健康体能的因素。 4. 为了安全和预防伤害，在活动时要循序渐进。

① Mohr D. J., Townsend J. S., Bulger SM. A Pedagogical Approach to Sport Education Planning, Journal of Physical Education, Recreation and Dance, 2001, 72 (9): 37-46.

续表

教学组织设计	设计的第一部分：足球运动教学模式开发	教学内容设计	设计的第二部分：足球运动能力开发
小组训练与比赛	1. 设计运动季的学习计划。 2. 选择赛制。 3. 计划一个最终赛事。 4. 制定体现训练和比赛结果的评价系统。	学生—教练计划	1. 使用学生通俗易懂的语言。 2. 设置小组技战术训练目标。 3. 包括训练的进步、建议、安全性。 4. 完善规则和裁判法。
课的过程和教学	1. 制定比赛规则和课堂常规。 2. 决定每次课在何时、何地、如何进行。 3. 制定体现课堂组织管理任务的评价系统。	学生评价	1. 技术和战术评价。 2. 实战应用能力的评价。 3. 公平比赛行为的评价。 4. 认知的评价。 5. 正式循环比赛的评价。
学生责任制	1. 判断学习结果。 2. 设计每次课学习结果的评分标准。 3. 决定每次课怎样进行记分。 4. 把小组和个人的得分进行汇总。 制定保存记录的方法（如使用记分手册）。		

第一，足球运动教学模式的开发。足球运动教学模式采用多种独特的管理方法，具体包括：分组、角色扮演、运动文化特征的确定和运动员间的关系、小组练习和比赛、授课过程和教学。这些特质之间存在着密切联系，每一个特质的发展都要与学习目标一致。

第二，足球运动能力的开发。足球运动教学模式设计的第二部分包括恰当地选择运动项目和有计划地发展运动技能。教师在设计时应该考虑以下问题：（1）选择技术和战术；（2）设计学习卡片；（3）发展专项和相关的健康体能；（4）教会学生如何承担教练工作；（5）学生评价，建立学生责任制。

这部分在设计时难度较大，尤其对于第一次设计足球运动教学实施方案的教师更是如此。

第五节　校园足球运动课程实施建议

本课程是根据《中国足球改革发展总体方案》《教育部等6部门关于加快

发展青少年校园足球的实施意见》《全国青少年校园足球教学指南（试行）》《体育与健康课程标准》等国家文件的要求和我国校园足球课程与教学改革发展的需要，结合校园足球特色学校的足球课堂教学与课余训练的实际情况而设计的校园足球运动课程，可以对校园足球特色学校在足球课堂教学改革与实践、管理和评价等方面给予指导。在实施过程中，各地区的足球特色学校应根据本课程的要求建立相应的课程实施组织，体育教师应结合学校实际情况合理设计并有效开展校园足球运动课程的教学，努力提高教学质量，促进学生学科核心素养的形成与发展。

一、教学建议与学习评价建议

（一）教学建议

校园足球运动课程首先要贯彻落实立德树人根本任务。要充分挖掘校园足球的育人价值，不断完善学科核心素养的内涵及其主要表现。教师要依据课程实施计划，始终以培养学生的学科核心素养为主要目标，将其贯穿于足球教学过程中，并结合校园足球活动的特点、学生实际情况和课程资源等，创造性地开展教学，科学地设置学习目标，合理选择教学内容，改革和创新教学组织形式，灵活运用教学方法和手段，不断提高教育教学质量。

（二）教学实施策略

足球运动教学模式的实施策略是教学目标达成的关键，在制订实施策略时必须考虑教学思想、教学过程、教学方法、实施原则和注意事项等方面的因素。

根据校园足球特色学校的标准，每周一节足球课，把一学期设计成一个运动季来进行足球教学，可以让学生在足够长的时间内对足球运动有更为深刻的认识与理解，为学生提供更多互动的学习机会，使学生学深、学透，在足球运动经验上得到精熟发展的机会，并受到足球文化熏陶。一个完整的足球运动季通常由初始运动水平评估、练习期、季前期、正式比赛季、最后赛、总决赛组成，小学、中学赛季通常 18 ～ 20 课时。

1. 初始运动水平评估

足球运动技能的教学策略最主要的是实力均衡分组，各个小组之间成员运动能力均衡组合是保证整个赛季教学与比赛顺利有序、有效开展的重要保障。每一个赛季的前期必须要做好班级学生的初始运动能力的评估工作。小学与中学有不同的评估工作的要求，要设计不同的运动能力初始评估表（表 2-3、表 2-4），对全体学生进行运动能力准确评估，为均衡分组组建团队提供保障。

表 2-3　小学足球运动能力初始评估表

姓名__________　班级__________

情感态度评估	评分			技能评估	评分		
	☆	☆☆	☆☆☆		☆	☆☆	☆☆☆
学习兴趣浓厚				身体协调性			
积极主动地全场参与学练				颠球			
根据要求模仿练习，努力做到位				运控球			
有自评和互评意识				射门			
遵守约定规则的表现程度				总评			

表 2-4　中学足球运动能力初始评估表

评估项目		评估内容及评分			综合评估（A、B⁺、B、C）
		☆☆☆	☆☆	☆	
身体素质		速度快、力量强、持续奔跑能力较强、动作比较灵活	速度一般、力量较强、持续奔跑能力不够，动作较灵活	速度、力量、奔跑能力较差，动作灵活性较差	
基本技能	运球	运球能力较好	运球能力一般	运球能力差	
	传球	传球能力较好	传球能力一般	传球能力较差	
	接球	接球能力较好	接球能力一般	接球能力较差	
	射门	射门能力较好	射门能力一般	射门能力较差	
比赛能力	进攻	积极主动，能做出有目的性的跑动，有一定的配合意识，敢于突破	主动性不够，跑动区域较小，敢于控球，传球盲目	没有主动性，基本上站在原地踢球	
	防守	个人防守比较积极，缺乏支援与保护	个人防守不够积极，但知道防守	不会主动防守，基本上在固定区域活动	
参与态度		有强烈的比赛欲望，全场积极地参与其中	对比赛有一定的兴趣，比赛中随意性较强	对比赛兴趣不高，投入度不高	

2. 组建团队

（1）团队分组

分组原则：一是体能和技能素质；二是对球场上学生表现出的能力及参与态度进行综合评估。小学和初中按运动技能实力均衡分组，男女混合分组，小组人员固定，每组人数 6 ～ 8 人；高中可以根据选项教学的需要按运动技能实力均衡分组，男女单独分组，每组人数 6 ～ 8 人，小组人员固定。

（2）团队角色分工

在团队人员固定以后，首先要模拟职业足球队中的岗位对团队角色进行分工，要让学生成为运动的主体，而不是一个被动的参与者。每位学生不仅学习足球的技战术，更要扮演好相应的角色，为团队工作并承担责任（角色担当见图 2-4，角色的任务与职责见表 2-5）。

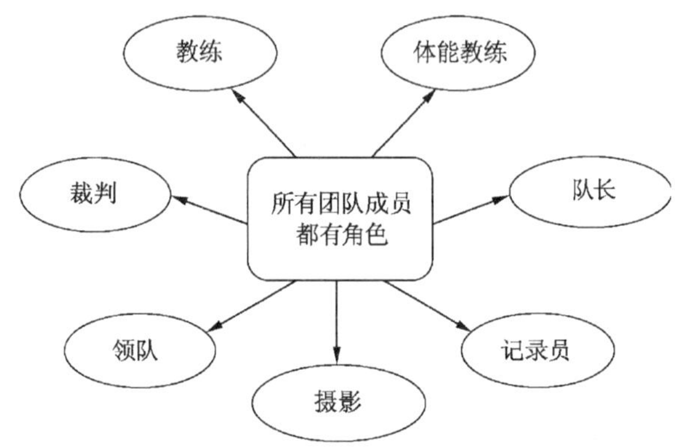

图 2-4　团队角色担当分配

表 2-5　团队角色的任务与职责

角色	人数	角色任务与职责
领队	1 人	领队球队中最具奉献精神的人，主要负责组织和管理上的事务。如事先了解团队比赛的时间、地点；通知队员准时到达比赛场地；准备好服装和饮用水。
教练	1 人	教练是技术最好的或运动能力突出的学生。 1. 在比赛活动期间作为领导者； 2. 按照老师的要求组织进行实践活动； 3. 为需要的队员提供额外的帮助； 4. 在比赛期间，保证所有队员都有同样的时间和机会参与比赛（比如公正替换等）； 5. 与队长一起，解决队员中可能发生的所有问题； 6. 通过鼓励和表扬队员来营造积极的团队气氛。

续表

角色	人数	角色任务与职责
体能教练	1 人	主要负责课前或赛前组织团队队员进行热身活动和体能练习，队员出现伤病要及时汇报。
队长	1 人	对于一个为共同目标而奋斗的团队来说，队长是关键人物，他领导并帮助团队成员做到最好，并激励成员不断追求自己做得更好。 1. 在比赛活动期间作为领导者； 2. 展示好的、公平竞赛的行为（比如努力、坚持、做正确的事情）； 3. 与团队成员合作并鼓励他们； 4. 在比赛前后的各种仪式中代表团队（比如掷硬币选择场地）； 5. 带领团队参加比赛之后的各种仪式（比如团队庆祝、与对手握手致敬）； 6. 帮助解决团队中的各种问题（与教练一起）。
裁判	1 人	主要任务是确保所有参与者能够遵守规则。因此，裁判要了解和学习足球基本规则和裁判法，保证自己的团队和其他团队中的队员能够公平竞赛。同时，在其他团队进行比赛时，能够担任裁判工作，公平执法。
记分员	1 人	主要任务是根据裁判的判罚记录团队成员的比赛得分。 1. 记录每场比赛中团队成员的得失分； 2. 记录团队的赛季得分； 3. 与教练和队长核对不可避免的错误数据，以便其分析并制订训练计划。 记录保持： 1. 学生每天的表现和行为与运动季成绩联系紧密——每天都是组成未来的一部分； 2. 做好日常记录以激发学生积极性——每天的行为表现都为团队成功挣得了分数； 3. 每天都有目标及分数，累积起来可以打造成功的团队。
摄影师	1 人	比赛中，总有些精彩瞬间成为难忘的经典，一组镜头画面，可能会成为一时的班级热点，也可能成为学生终身的美好记忆。摄影师是校园足球文化传播的使者。

（3）团队文化的建设

一是团队认同和归属感的培养。在组织足球运动教学的最初阶段，班级所有学生都要加入一个团队，教师根据足球运动的特点和全班参与的人数预先设定团队数量，并将全班学生按运动技能实力均衡分组原则分到每一个团队中。小组团队确定之后，每个团队的命名可以采用以下两种方式：一种是根据学生年龄特点和对足球运动的认知程度，借用学生耳熟能详的西甲、意甲、英超或者中超等知名球队的队名来给各个团队命名；另一种是小组确定后，每个团队的名称可以不借用现实中真实球队的名字，而是鼓励每个团队的成员集思广益为团队设计出一个完全属于他们自己的团队名称。此外，团队成员还需要为本团队商议设计出一个团队的 LOGO，以及欢庆胜利、得分的庆祝动作及口号。① 在接下来的运动教育模式的开展过程中，所有队员始终要保持全身心地参与团队的各项活动，以该团队一分子的身份参加诸如练习、比赛、庆祝、颁奖仪式等各项活动，为团队顺利参与比赛并取得成功贡献力量；每一位队员都拥有自己的归属团队，拥有并认可自己的团队身份，提高自身对团队的归属感和认可程度，感受到自己与这个团队是休戚相关、荣辱与共的。②

二是运动参与的多元化。运动参与的多元化是足球运动课程教学模式的特色，足球运动教学模式中包括运动员、教练员、裁判、记分员、体能教练、领队、摄影、队长等多种角色，从而使比赛变得更为复杂，让学生在除了队长和教练有特殊要求的职位之外，在多个岗位之间进行轮换，这样学生能够在参与学习与比赛的过程中，全面体验和学习不同角色，使每一个学生都能参与其中。在实施过程中，要求每一人承担各自的角色，使每一个学生都有自己的职责和任务，这种多元化的体验，能够充分发挥学生的主人翁意识。为了团队的目标，每个人都必须全力做好自己的工作，从而有效发挥了学生的自主性和积极参与的热情，培养了学生的学习兴趣，调动了学生学习技术战术的积极性，从而使得学生的技能水平在比赛中得到不断提高。这种多元化的体验能够有效提高课堂的教学效率，为体育课堂育人文化增加了许多新的内容，有效调动了全员参与运动和比赛的积极性。

三是在足球运动课程教学中“分享成功与失败”的体验。在足球教学比赛过程中，一个团队在得分或者胜利欢呼及队友相互之间拥抱与击掌时，所有参加的队员都必须要以实践的言行加入到团队的欢庆仪式中。在失利或失分的时候，团队的所有参与者相互之间更是要进行鼓励，并禁止相互之间指责和埋怨情况的发生。在团队总结分析成败经验的时候，团队的每位参与者都要坦诚地开展批评与自我批评，正视自身的不足，并能够坦然地将自己的经验提出来以供借鉴；此外，还要将自己的成功体验贡献给团队，绝对禁止在团队内部进行技术垄断。通过团队成员之间的交流，促使参与者接受“团队的成功也是

---

① 刘桦楠，季浏，董翠香：《道德社会学视角下运动教育模式的德育实践研究》，《北京体育大学学报》，2015 年第 6 期。

② 蒋新国，肖海婷：《美国运动教育模式对我国学校体育课程改革的启示》，《上海体育学院学报》，2007 年第 1 期。

自己的成功，团队的失败人人有责”这样的道德事实。这种运动教育中“分享成功与失败”的体验是十分宝贵的足球竞技文化的表现，是团队文化的重要组成部分，应该加以重视。

四是创造“公平竞赛”的运动文化。在足球运动课程教学模式开展的比赛中，不同团队之间的公平竞赛要靠一个共同的竞赛规则来维护，每个团队的参与者都需要明确比赛中这一规则是神圣不可侵犯的，是比赛纪律。此外，裁判员作为比赛的执法者，各种判罚措施的执行要用统一的判罚尺度，而不能针对不同的团队做出不同尺度的判罚。这是公平竞赛的绝佳体现，对于不同团队在比赛中的言行也是一种纪律约束与震慑，约束比赛朝着公平的方向发展。此外，各个团队在比赛前签署的《公平竞赛承诺书》是足球运动课程教学模式开展德育的最为显著的特征，要让参与者明白：运动场上除了竞技与争胜，还要尊重对手、尊重规则、尊重裁判，不能依靠违反规则或者寻找规则漏洞来为本团队谋取不正当利益，要公平地与对手进行竞赛。①

（三）校园足球运动课程的教学结构

1. 校园足球运动课程运动季的教学过程结构

校园足球一个运动季通常包括练习期、季前赛期、正式比赛和有最终比赛的季后赛期。赛季课堂教学 20 节课左右，每一周 1 节足球课，持续时间一学期 20 周左右。通过一学期的学习与运动体验，学生对足球运动会有更深的认知与了解，在足球技术战术学习上会有更为系统的学习和提高。校园足球运动教育课程教学具有以下几个特点：

（1）教师前期准备很重要。

（2）在运动季开始时介绍足球运动课程教学模式，使学生了解其目的、特点、课堂常规，再按实力均衡分组的原则形成固定的学习小组。

（3）创设队名、队徽、口号、队旗等，形成团队文化。

（4）共同讨论制订学习计划。

（5）以小组的形式学习技术、战术，并在教学中模拟积分制的正式比赛。

（6）通过角色扮演提高社会适应能力。

（7）通过庆祝活动结束运动季教学。

根据这些特点，教师应设计出校园足球运动课程运动季课堂教学过程结构（见图 2-5）。

---

① 高航，章荣江，高嵘：《当代运动教育模式研究》，《体育科学》，2005 年第 6 期。

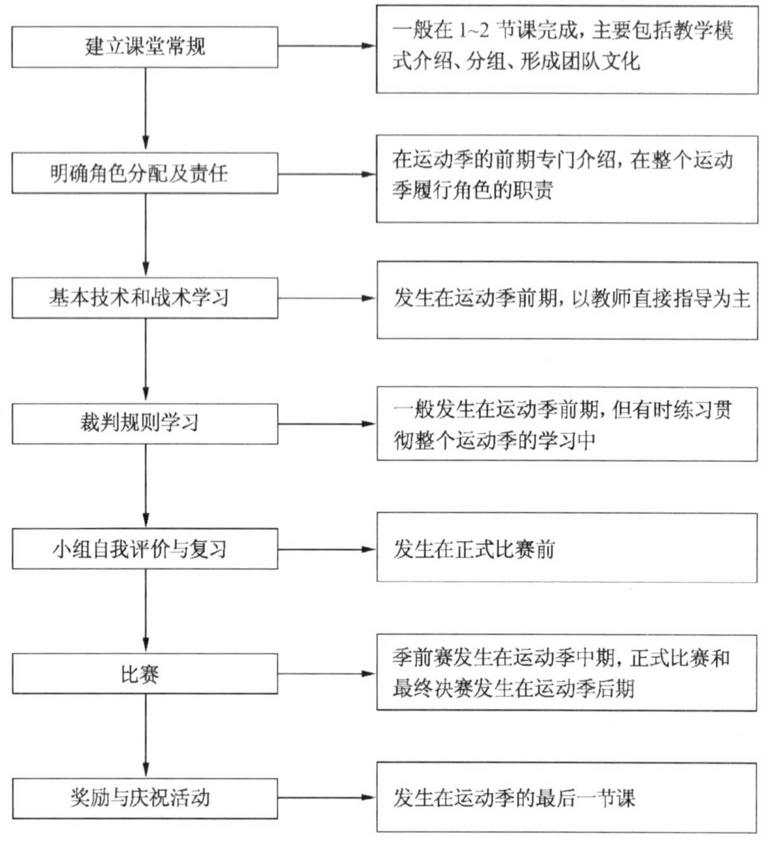

图2-5　校园足球运动课程运动季C学期教学过程结构图

在校园足球运动课程教学中，比赛是贯穿整个运动季的主线，要通过比赛使学生体验真实的足球运动情景，学习运用技术、战术，体会小组合作，实现运动季中足球教学的所有目标。

2. 校园足球运动课程教学中课堂教学常规要求

为了达到足球运动课程的课堂教学效果，教师应该把握运动季每个阶段的教学特点，认真准备每次课。一般来说，在运动季的早期，应该强调建立课堂常规，熟悉教学过程，学习规则以减少课程管理所花费的时间。本书采用了美国学者 Derek J. Mohr 等人的研究成果，他们对运动季的不同教学阶段进行研究，提出了课堂教学常规的8个方面（见表2-6）。①

① Derek J. Mohr，J. Scott Townsend，Seam M Bulger. Maintaining the PASE：A day in the Life of Sport Education，Journal of Physical Education，Recreation and Dance，Reston，2002（1）.

表 2-6　足球运动课程课堂教学常规检查单

序　号	检查任务
1	检查每次课担任的决赛与责任
2	检查小组热身活动及 SC 是否开会
3	复习上次课的技术和战术
4	学习新的技术和战术
5	小组练习
6	比赛
7	课的结束部分
8	学习报告

3. 校园足球运动课程教学中组织实施教学比赛的原则

组织实施比赛有三个原则：一是确保所有学生都有平等参赛的机会，有同样的机会学习技术战术，以便获得成功；二是所有的竞赛，首先是团队比赛，朝着共同目标努力是运动教育重点；三是分级竞赛，按学生能力水平分级，确保竞争势均力敌，使学生更有归属感和更信任队友，以提高学生对团队的贡献率。

4. 校园足球运动课程的教学组织形式

学校应根据实际条件和情况，在运动教育理论的指导下，选择和创造出适合本校学生的足球教学组织形式，开展足球课堂教学。常见的教学组织形式主要是以不同学段学生身心发展的特点来进行选择的。

一是小学阶段主要以班级内运动能力均衡、男女生混合分组的形式进行课堂教学的组织。这种组织形式主要考虑到小学生男女生之间的身心发展水平基本没有区别，低年龄段女生的基本运动能力可能还超过男生，采用这样的分组形式，有利于根据班级学生运动实力实现均衡分组，有利于足球运动课程模式的实施。

二是初中阶段足球运动课程教学模式组织形式可以采用两种方法：一种是初一、初二年级可以采用男女混合编组，男女生在该阶段体能与运动能力的发展水平差距不大，为调动女生参与足球课学习和比赛，采用混合分组的形式有利于实现运动教育全员参与教学全过程的目标，同时对团队文化的建设也起到了积极的作用；初三年级可以采用男女单独分组的形式进行课堂教学，主要原因是学生的运动能力发展有差异，男生的运动能力和水平普遍比女生强和高，再采用男女混合编组的形式将不利于足球技能的教学。因此，在初三、高中都是男女单独分组，但是要坚持实力均衡分组的原则。

三是高中阶段校园足球运动课程教学模式组织形式主要有以下 4 种方式①：

（1）年级内选项的教学组织形式

该教学组织形式是高中体育与健康课程教学的主要形式，是打破原有的教学行政班界限，以学生的运动兴趣、爱好和运动基础等作为依据，将选择足球项目的学生重新编班，由足球教师进行足球课教学的组织形式。

（2）班级内按运动能力进行分组的教学组织形式

该教学组织形式一般在足球特色学校要求全校各班必须每周开设 1 节足球课的情况下采用，是一种在班内根据学生足球运动技能发展的实际情况，通过初始评估，进行实力均衡分组，足球教师实施教学的组织形式。

（3）年级内与班内选项相结合的教学组织形式

该教学组织形式是上述两种形式的有机结合，是将几个班级组合起来进行选项，由这几个班级的任课教师分别对学生所选的不同项目进行教学的组织形式。

（4）打破年级界限选项的教学组织形式

该教学组织形式打破了高中的年级界限，以学生足球运动发展水平和能力为依据重新编班进行教学。这种组织形式主要是为高水平竞技后备人才选拔与培养的需要服务的，它对高中足球高水平运动队的建设和训练的改革与创新具有积极的意义。

5. 教学计划制订建议

学校和教师应根据《体育与健康课程标准》《全国青少年校园足球教学指南（试行）》和校园足球特色学校发展的要求来制订校园足球运动课程的学段教学计划、学年教学计划和课时教学计划。学校和教师制订教学计划时，应根据学生、体育场地器材设备、气候等实际情况，从有助于促进学生形成学科核心素养的角度出发，设置学习目标，选择教学内容与方法，开展学习评价。

（1）制订学段教学计划

学段教学计划是对小学、初中、高中校园足球运动教育课程教学进行系统思考和安排的计划性文件。学段教学计划应包括以下几个方面的要素：制订小学水平 1—3、初中水平 4、高中水平 5 不同学段足球运动课程学习应达到的具

① 中华人民共和国教育部制定：《普通高中体育与健康课程标准（2017 年版）》，人民教育出版社，2018 年。

体学习目标；具体安排不同学段的教学内容，在体能、足球技能、心理和社会发展等方面均有不同的要求；制订详细具体的不同学段足球课堂教学的教学目标、教学内容、教学方法和学习评价等。

（2）制订学年教学计划

在制订学段教学计划的基础上制订学年的足球课教学计划，包括体能、运动技能、心理发展和社会交往 4 个方面。学校和教师应根据学生的足球基础和学校实际，有针对性地制订所开设的具体的每一学期的足球课教学计划。在制订学期足球课教学计划时，应注意以下 5 点：

第一，学年教学内容的组成主要强调学什么和学到什么程度；教学提示主要针对内容要求，强调在什么情境中怎么教，特别强调如何使具体的教学内容通过情境设计和教学方式的转变来促进学生学科核心素养的形成；教学要求主要强调通过运动季的教学，学生在运动能力、健康行为、体育品德三个方面的学科核心素养的具体表现如何。

第二，小学、初中、高中的足球教学内容要有衔接、成体系，各个学段的足球教学之间要有有机联系，下一个学段应建立在上一个学段的基础上，是上一个学段的巩固和发展；小学、初中、高中之间应贯彻循序渐进、逐步提高的原则。足球运动技能水平的提高是一个螺旋式上升的长期学练过程，不仅需要学习，更需要反复练习。每一个学段均应侧重某些内容和方法，但并不意味着以前的内容和方法不再教和学。

第三，应注重深入挖掘足球对培养学科核心素养的价值，通过多种多样的教学设计发挥足球的育人功能，并运用辅助教学手段来弥补足球教育功能的不足，促进学科核心素养的形成。

第四，足球特色学校可以根据实际情况，把班级足球联赛与课堂教学有机联系起来，在运动季的季后赛期间组织足球班级联赛，检验教学成果和学生足球竞技能力的发展水平。

（3）制订课时教学计划

课时教学计划是对学期教学计划的进一步细化，是以一个课时为单位做出的设计和安排，是对一节课的学习目标、教学内容、教学方法、学习评价等教与学活动的预设。课时教学计划要根据学期教学计划并结合学生的学习情况来制订，主要包括学习目标、教学内容、教学步骤、学法与教法、运动负荷（运动密度、练习密度、运动强度）、安全防范措施和教学后记等基本要素，形式可以多样。

（4）制订教学计划的基本要求

第一，要突出校园足球运动课程的实践性。制订教学计划要以有利于发展学科核心素养为目的，保证大多数教学时间用于体育实践活动。同时，教师应在雨雪天气时适当安排一定课时讲授足球文化知识。教师应鼓励和指导学生课外阅读相关足球资料、观看足球比赛等，使学生获取更多足球运动与比赛的知识和方法。

第二，要体现基于学科核心素养的目标整体性。在设计教学计划时，应将运动能力、健康行为和体育品德三个方面的学科核心素养有机地融合在教学设计中，并细化为不同教学阶段的具体学习目标，树立目标引领教学内容和教学方法的思想，通过选择和组合有效的教学内容和教学方法，促进学习目标的整体实现，帮助学生形成体育与健康学科核心素养。

第三，要保证教学计划安排和实施的灵活性。在制订校园足球运动课程教学计划时，应充分考虑学生的实际情况，教学内容的性质、价值和难易程度，以及不同教学方法的特点等，并留有一定的调整余地。在实施教学计划的过程中，应根据学生的学习基础和达成学习目标的情况等，灵活调整教学计划，提升学生的学习效果。

6. 课堂教学建议

课堂教学是教师与学生面对面进行教与学的认知活动和情感交流的过程，也是实现课程目标的核心环节。教师应根据课程标准的精神，以培养学科核心素养为基本追求，有效实施校园足球运动课程的课堂教学。

（1）强化目标意识，将学科核心素养完整地渗透到学习目标中

教师应树立明确的目标意识，确定目标引领内容和方法思想，将课程目标具体化为每堂课的学习目标。学习目标应具体明确、难度适宜、可操作性强，综合体现体育学科核心素养的思想。应设计和选择有利于实现学习目标的教学内容、教学情境和教学方法等，通过实现每一堂课的学习目标，促进学生形成运动能力、健康行为和体育品德三个方面的学科核心素养。

（2）创立新的知识观

应从注重单个知识点和技术教学向注重学科核心素养培养转变，要避免在课堂上孤立、静态地进行单个知识点或单项技术的教学，每堂课都应该让学生进行多种动作技术的组合练习，参加形式多样的足球游戏或比赛，增强动作技术的比赛实用性；重视问题导向，注重活动和比赛情境的创设，促进学生学习和掌握结构化的运动知识和技能，使学生在面对真实的足球活动或足球比赛情境时能运用结构化的足球知识和技能解决实际问题，以提高学生学以致用的能

力，使学生逐步形成学科核心素养。①

（3）转变教学方式，促进学生积极主动地学习

为了激发学生的足球运动兴趣，促进学生积极主动地学练，提高学生的学习能力，教师应充分挖掘学生的体育学习潜能，培养学生学会学习的能力；应避免采用单一的灌输式教学方式，应注重教师指导、团队合作和伙伴学习等多元化教学方式的使用，把更多的精力放在设计学习和足球活动情境上，激发学生积极主动地学习；积极倡导“自主、合作、探究”的学习方式，合理运用学生独立学习、小组学习、全班学习等多种教学组织形式；避免教师讲得多、学生练得少的状况，充分给予学生独立、能动的学习时间和空间，引导学生在做中学、做中思、做中乐，尽早地进行完整化、结构化的学习，形成丰富、深刻、个性化的运动体验，真正实现以教为主向以学为主的转变，打造形式灵活多样、学习充满活力的校园足球运动课程的课堂教学形态。②

（4）利用互联网技术学习足球技战术，提高学生的信息素养

为了应对信息技术对教育发展所产生的革命性影响，促进校园足球运动课程内容、教学手段和方法的现代化，教师应秉持以学习者为中心和技术支持学习的理念，在足球运动教育课程中重视利用现代信息技术手段，将多媒体、电子白板、智能手机、运动手表、心率监测仪、计步器、加速度计等信息技术手段深度融合到足球运动教育课程教学中。同时，应尝试在足球运动教育课程中开展微课、慕课、翻转课堂等教学，促进学生足球运动教育课程的线上与线下学习相结合，为学生提供更多现代化的学习体验，提高学生的信息素养。

（5）区别对待，关注每个学生的进步和发展

校园足球运动课程的教学是面向全体学生的教育活动，不是为了甄别或选拔运动员，而是要培养学生自强不息、勇敢顽强、挑战自我、追求卓越的精神，力争让每个学生更能、更强、更健康。在足球课教学中教师应注意因材施教、区别对待，对于足球运动基础较好的学生要提出更高的学习要求，促进他们更好地发展，形成足球运动专长；对于足球运动基础较差的学生要循循善诱，耐心给予指导和帮助，使他们在足球运动项目上有所进步；对于病弱和残障学生要更加关注和关爱，并给予有针对性的足球知识和裁判法方面的指导，使他们有更多的足球理论知识方面的获得感。在足球运动课程的教学组织形式

① 季浏：《中国健康体育课程模式的思考与构建》，《北京体育大学学报》，2015 年第 9 期。

② 中华人民共和国教育部制定：《普通高中体育与健康课程标准（2017 年版）》，人民教育出版社，2018 年。

上，可以采用分层教学或分性别教学的形式，以提高教学的针对性和有效性。要创设积极进取、团结合作、富有挑战性的学习情境，使每一个不同运动基础的学生都能通过自己的努力获得进步，感受和体验参与足球活动的成功感和乐趣，增强参与足球活动的内在动力，以及参加足球运动的自尊心和自信心。

（6）保证一定的运动负荷，提升学生课堂学习效果

运动负荷由运动密度、练习密度和运动强度来衡量，是提高学生体能和技能水平、培养学科核心素养的根本保证，也是衡量足球运动课教学质量的重要指标之一。足球课教学必须保证一定的运动负荷，每节足球课学生总体运动时间占课堂总时间的比例，即运动密度，应不低于 75%；每节足球课单个学生的练习时间占课堂总时间的比例，即练习密度，应不低于 50%；每节足球课学生的平均心率，即运动强度，应达到 140 ～ 160 次/分。为贯彻落实《中共中央国务院关于加强青少年体育增强青少年体质的意见》（中发〔2007〕7 号）和《国务院办公厅关于强化学校体育促进学生身心健康全面发展的意见》（国办发〔2016〕27 号）等文件精神，确保体育与健康课的运动负荷，每节足球课教学最好安排 10 分钟左右的体能练习，包括一般体能练习和专项体能练习的内容；应高度重视体能练习手段和方法的丰富多样、实用有趣，每一节课都要安排一定时间的比赛，强化足球运动比赛的体验，不断提高足球比赛能力。①

（7）根据足球运动技能的特点，采用有针对性的教学策略

根据足球运动项目的技能特点，在进行发展足球技能的教学时，要加强学生对足球运动的完整体验和学练，使学生在理解与体验完整运动的基础上学习、掌握和运用各种技能，特别强调通过创设由易到难、由简单到复杂的足球活动和比赛情境，使学生在活动和比赛情境中提高足球技能水平，以及分析问题和解决问题的能力，形成良好的体育品德。在足球运动课程的课堂教学中，要让学生在参加足球比赛的基础上，不断挑战自我，提高运动成绩和形成良好品德。

（8）课内外有机结合，培养学生参与课外体育活动的习惯

根据校园足球运动课程的特点，要提高学生的体能和技能水平、培养学生的学科核心素养、增进学生的身心健康，仅仅靠一周 1 节、每节 45 分钟的足球课是远远不够的。教师应高度重视课内教学和课外体育活动的有机结合，在

---

① 中华人民共和国教育部制定：《普通高中体育与健康课程标准（2017 年版）》，人民教育出版社，2018 年。

上好足球课的前提下，积极组织、指导和引导学生参与课外足球活动和竞赛，促进学生将课内所学的足球知识与技能运用到课外足球竞赛活动、足球社团活动和社区足球竞赛活动中，真正将学校、家庭和社区体育有机结合，培养学生良好的运动习惯，缓解学生的学习压力，丰富学生的课余文化生活，促进学生更好地形成学科核心素养。

（9）关注地区和学校差异，努力形成学校教学特色

各地各校要根据学生特点、师资队伍、场地设施、体育传统项目、季节气候等实际情况，因地制宜、因材施教，创造性地开展校园足球运动课程教学。教学内容要与学生的生活经验和运动经验相联系，重视不同学段的有机衔接；教学方式方法应灵活多样，促进学校形成自己的足球教学特色，使每个学生从特色鲜明的教学中获得多方面的益处，在原有的基础上不断进步和发展，促进学生达成足球运动课程目标并形成学科核心素养。

（10）重视足球文化理论课的教学，运用灵活多样的教学形式

足球文化理论课是校园足球运动课程的有机组成部分，应保证足球文化课的开设和正常教学。足球文化理论课可以采用讲授、交流讨论、听讲座报告、组织观看足球比赛等多种形式。同时，应引导学生把所学的足球知识和技能运用于足球社团活动和课外体育锻炼中，帮助学生形成健康行为，养成健康文明的生活方式。足球文化理论课的教学主要由足球教师负责，也可以邀请校外专家参与足球文化课的教学，以提高教学质量。

（11）处理好校园足球运动课程与国家相关政策要求和活动的关系，共同促进学生健康、全面发展

足球特色学校应该根据本课程标准的精神和要求认真实施校园足球运动课程的教学，同时，应正确认识和处理好本课程标准与国家相关政策和重大活动的关系，如与《国家学生体质健康标准》《中国足球改革发展总体方案》《教育部等6部门关于加快发展青少年校园足球的实施意见》《全国青少年校园足球教学指南（试行）》《体育与健康课程标准》等的关系。在实施校园足球运动课程教学时，应既要结合上述政策与重大活动的要求，共同为促进学生的健康与全面发展做出贡献，又要坚持校园足球运动课程教学的核心价值追求，避免将足球课上成单纯的足球基本技术课而缺乏教学比赛的锻炼，或者上成体质健康达标与测试课。

7. 学习评价建议

根据运动教育理论，校园足球运动课程有一套完整、真实和可操作的学习评价体系。教师设计评价体系，记分员（经过培训的学生）记录学生及所属

团队在整个赛季教学与比赛过程中的表现，主要包括技能表现、角色扮演、职责履行、公平竞争、比赛等。评价的核心在于给学生营造一种真实的教学情境，学生在真实的比赛中自主学习、互助学习、合作学习、伙伴学习，通过一系列的比赛展示自己和团队的表现。通过整个赛季表现的记录，系统收集学生的体育学习态度与表现、比赛能力与表现、健康行为等信息，依据一定的标准和方法对所达到的学科核心素养水平进行判断和评估的活动，是不断完善课程建设的重要环节和途径。校园足球运动课程学习评价的主要目的是检验教学成果、为学生后续学习提供参考，并衡量课程目标的达成程度。

（1）设置学习评价目标

校园足球运动课程学习评价的目标主要强调几个方面：

第一，了解学生足球课学习和发展过程，包括运动能力、健康行为和体育品德三个方面学科核心素养的形成情况。

第二，对学生在足球课学习中存在的个人技能发展、团队合作的困难和不足进行分析、判断，进而改进教学。

第三，挖掘学生的足球学习潜能。整个赛季以比赛为主线为学生提供展示自己能力、水平和个性的机会，促进学生足球运动技能和社会交往能力的发展。

第四，培养与提高学生自我教育、自主发展、自主决策、团队协作的能力，促进其体育学科核心素养的形成。

（2）选择学习评价内容和方法

在足球运动课程学习评价过程中，评价内容和方法的选择应围绕发展学科核心素养，依据运动教育评价标准，选择多元评价内容，注意多种评价方法的有机结合，强调多元评价主体的共同参与。

首先，评价内容的选择要关注学生通过不同阶段学习之后的收获与变化。每个学期足球课学习评价内容的选择应根据不同的教学内容而有所侧重，紧扣运动能力、健康行为和体育品德三个方面的学科核心素养，依据校园足球运动课程评价标准对学生的学习态度和行为等给予积极的关注。对于一些无法量化的评价内容，如学生是否能够调控个人情绪、运动过程中个人对于团队和成员的接纳与服务意识等，则可以通过行为观察和记录等，把健康行为和体育品德由隐性表现转化为显性表现，从而提高这些评价内容的可观测性和可操作性。

其次，注意多种学习评价方法的有机结合，注重过程性评价与终结性评价、定量评价与定性评价、相对性评价与绝对性评价的结合，注意在多种情境中运用多种方法对获得的足球课学习反馈信息进行评价，以便充分了解学生现有的学习水平和团队建设情况。例如，对运动能力的评价可以强调过程性评价与终结性评价的有机结合，过程性评价可以以学习团队为单位进行，每个学习团队可以包括 6 ～ 8 名成员，贯穿整个运动季的始终，团队中每个成员都应为团队的成功而努力。课堂上，教师可以给予每个团队课堂表现分数，主要关注团队技战术运用、比赛成绩，以及合作行为、进取精神、意志品质、角色胜任、公平竞赛和比赛礼仪等方面，赛季学习结束时，每个团队的所有课堂表现总分成绩即为该团队中每位成员在整个运动季学习过程中的平时成绩。终结性评价侧重于对学生个体运动知识和技能的掌握及运用情况进行评价。

再次，强调多元评价主体的参与，获取更为全面的反馈信息。例如，可以通过学生自评与团队互评方式，促使学生将足球课表现和校内班级足球联赛表现相融合，形成健康的运动方式和良好的体育品德，从而突出校园足球运动课程的育人功能。

（3）收集学习评价所需要的信息

根据足球运动课程标准的要求，学习评价应该紧扣学科核心素养，通过不同方式收集学生在足球运动技能、足球运动认知、体能、运动习惯、心理状态、适应能力、体育品格、体育精神和体育道德等方面的表现信息，既要了解学生通过足球课学习已达到的程度，更要关注学生学习后的进步幅度；既要关注学生对于足球知识和技能的掌握程度，更要关注学生对所学足球知识与技能的灵活运用能力；既要考评学生对足球与健康知识的认知水平，更要关注学生健康行为和锻炼习惯的养成，以及对他人健康行为产生的影响等。此外，足球运动教育学习评价非常强调在实践情境中收集学生的相关学习和活动信息，鼓励有条件的地区或学校尝试利用信息技术（如手机运动应用软件 APP）记录学生生活中的自主锻炼情况等信息，以确保评价信息的客观性、准确性和全面性。①

（4）依据校园足球运动课程评价内容和方法进行足球运动季总成绩的评定

在足球课学习评价过程中，要依据足球运动课程标准，关注学生的个体差异，个人表现要与团队积分相结合，应针对不同的评价内容进行学习成绩评定，既要考虑到对学生运动能力、健康行为和体育品德三个方面学科核心素养的具体表现进行评价，更要将绝对性评价与相对性评价有机结合起来，关注学

---

① 中华人民共和国教育部制定：《普通高中体育与健康课程标准（2017 年版）》，人民教育出版社，2018 年。

生的努力程度和进步幅度。课题组在参考了国内外少年足球运动技能测试方案和标准的基础上，初步研制出校园足球运动课程学生足球课成绩评价标准。学生学期足球课成绩评定主要包括两个部分：一是整个运动季学习过程中团队总分的综合成绩评定，成绩占比 40%（见表 2-7）；二是学生个人运动能力的成绩评定，成绩占比 60%（表 2-8、表 2-9）。

表 2-7　运动季足球课堂教学团队表现得分统计表

班级：　　　　　　　　团队名称：									
团队成员：××× 　×× 　××× 　××× 　……									
得分：3 = 达到目标；2 = 部分达到目标；1 = 部分向着目标前进；0 = 完全没有向着目标前进									
分数 / 课时	1	2	3	4	5	……	18	19	20
公平竞赛（1 ~ 3）	2	3	2	3	1	……	2	1	3
技能（1 ~ 3）	3	2	3	3	2	……	3	2	2
胜负（1 ~ 3） 胜 3 平 2 负 1	3	1	2	3	2	……	2	2	3
奖励（0 ~ 3）	2	1	3	3	0	……	2	1	3
总计（1 ~ 12）	10	7	10	12	5	……	9	6	11
运动季团队总积分：									

表 2-8　校园足球运动课程运动季结束学生运动技能评定表

学段	测试内容	单位	单项得分			
			优秀（5 分）	良好（4 分）	及格（3 分）	不及格（2 分）
水平一 小学 1—2 年级	颠球（双脚连续球的个数）	个	10	8	6	5 个以下
	往返运球（10 米）	秒	≤8. 0	≤9. 2	≤11. 1	≥11. 1
	射门进球数（距球门 6 米，踢 6 次）	个	5	4	3	2 个以下
	比赛能力（小场地 3vs3）3 号球	分	5 分	4 分	3 分	2 分

续表

<table>
<tr><th rowspan="2">学段</th><th rowspan="2" colspan="2">测试内容</th><th rowspan="2">单位</th><th colspan="4">单项得分</th></tr>
<tr><th>优秀（5 分）</th><th>良好（4 分）</th><th>及格（3 分）</th><th>不及格（2 分）</th></tr>
<tr><td rowspan="4">水平二
小学 3—4 年级</td><td colspan="2">颠球（双脚连续球的个数）</td><td>个</td><td>20</td><td>16</td><td>12</td><td>11 个以下</td></tr>
<tr><td colspan="2">绕杆运球（20 米绕杆运球）</td><td>秒</td><td>≤9.3</td><td>≤10.2</td><td>≤12.8</td><td>≥12.8</td></tr>
<tr><td colspan="2">射门进球数（距球门 12 米，踢 6 次）</td><td>个</td><td>5</td><td>4</td><td>3</td><td>2 个以下</td></tr>
<tr><td colspan="2">比赛（小场地 5vs5）4 号球</td><td>分</td><td>5 分</td><td>4 分</td><td>3 分</td><td>2 分</td></tr>
<tr><td rowspan="5">水平三
小学 5—6 年级</td><td colspan="2">颠球（双脚连续球的个数）</td><td>个</td><td>30</td><td>24</td><td>20</td><td>19 个以下</td></tr>
<tr><td rowspan="2">绕杆运球（20 米绕杆运球）</td><td>男</td><td>秒</td><td>≤9.3</td><td>≤10.7</td><td>≤12.4</td><td>≥12.4</td></tr>
<tr><td>女</td><td>秒</td><td>≤10.2</td><td>≤12.3</td><td>≤13.9</td><td>≥13.9</td></tr>
<tr><td colspan="2">射门进球数（距球门 15 米，踢 6 次）</td><td>个</td><td>5</td><td>4</td><td>3</td><td>2 个以下</td></tr>
<tr><td colspan="2">比赛能力（8vs8）4 号球</td><td>分</td><td>5 分</td><td>4 分</td><td>3 分</td><td>2 分</td></tr>
<tr><td rowspan="5">水平四
初中</td><td colspan="2">颠球（双脚连续球的个数）</td><td>个</td><td>40</td><td>32</td><td>24</td><td>23 个以下</td></tr>
<tr><td rowspan="2">折线运球（起点与终点距离 20 米，标志杆宽间距 4 米，长间距 8 米）</td><td>男</td><td>秒</td><td>≤11.0</td><td>≤12.2</td><td>≤12.9</td><td>≥12.9</td></tr>
<tr><td>女</td><td>秒</td><td>≤12</td><td>≤13.6</td><td>≤14.7</td><td>≥14.7</td></tr>
<tr><td colspan="2">运球射门（距球门 15 米，踢 6 次）</td><td>个</td><td>5</td><td>4</td><td>3</td><td>2 个以下</td></tr>
<tr><td colspan="2">比赛能力（8vs8 或 11vs11）5 号球</td><td>分</td><td>5 分</td><td>4 分</td><td>3 分</td><td>2 分</td></tr>
<tr><td rowspan="5">水平五
高中</td><td colspan="2">颠球（双脚连续球的个数）</td><td>个</td><td>50</td><td>40</td><td>30</td><td>30 个以下</td></tr>
<tr><td rowspan="2">折线运球（起点与终点距离 20 米，标志杆宽间距 4 米，长间距 8 米）</td><td>男</td><td>秒</td><td>≤10.5</td><td>≤11.7</td><td>≤12.4</td><td>≥12.4</td></tr>
<tr><td>女</td><td>秒</td><td>≤11.5</td><td>≤12.3</td><td>≤13.8</td><td>≥13.8</td></tr>
<tr><td colspan="2">射门进球数（距球门 16.5 米，踢 6 次）</td><td>个</td><td>5</td><td>4</td><td>3</td><td>2 个以下</td></tr>
<tr><td colspan="2">比赛能力（8vs8 或 11vs11）5 号球</td><td>分</td><td>5 分</td><td>4 分</td><td>3 分</td><td>2 分</td></tr>
</table>

表 2-9　比赛能力评分标准①

分值 标准	5 分	4 分	3 分	2 分以下
参考标准	比赛中技术动作运用合理规范；攻防意识突出，善于和同伴配合；跑动积极，比赛作风优良，心理状态稳定，充满比赛热情。	比赛中技术动作运用较为合理；攻防意识表现较好，能够和同伴队友配合；跑动较为积极，比赛作风良好，心理状态稳定。	比赛中技术动作运用基本合理；攻防意识一般，和同伴协作较少；比赛作风一般，心理状态较为稳定。	比赛中技术动作运用不合理，完成动作不规范；攻防意识较差，协作能力较差；跑动不积极，比赛作风较差，心理状态不稳定。

（5）学习评价结果的反馈与解释

教师应充分发挥学习评价的反馈、导向、激励和改进等教育功能，在足球课教学的不同阶段可以采用不同形式对学生进行反馈，如采用口头、团队表现、比赛成绩等形式进行及时的评价反馈，注重激发和强化学生的足球学习兴趣，引导学生把足球学习和日常生活有机融合，鼓励学生运用所学的足球知识和技能来促进自己的健康发展。

第六节　校园足球运动课程实施的保障

一、地方实施保障

我国青少年校园足球特色学校所处地区的经济、文化、教育、体育发展水平不均衡，各地足球特色学校足球课程实施的条件差异很大。各地教育行政部门与教研机构在校园足球课程实施过程中肩负着重要的职责。要依据足球运动课程标准的精神，结合本地实际，制订切实有效的实施办法，创设课程实施的环境与条件，强化对课程实施的组织、管理与督导，保证各个足球特色学校能够顺利实施足球运动课程，促进足球课堂教育教学的改革发展，提高课堂教学效率。

1. 建立地方实施校园足球运动课程的组织机构

各地教育行政部门应高度重视校园足球课程的实施，依据本课程标准，成

① 教育部：《学生足球运动技能等级评定标准（试行）》，教体艺厅〔2016〕4 号。

立校园足球课程教学指导机构，充分吸纳教研部门相关负责同志、课程与教学理论专家、体育教育专家、优秀校长及一线优秀体育教师等人员参与，负责本地足球特色学校足球运动教育课程实施的指导、评价和督导等工作。

2. 制订地方实施校园足球运动课程的政策与措施

地方教育行政部门应深入学习和认真贯彻《教育部等6部门关于加快发展青少年校园足球实施意见》文件的精神与要求，结合本地的经济、文化、教育、地理、气候、体育等实际情况，制订符合本地区实际、科学合理、特色鲜明、可操作、可检查的政策与措施。

3. 制订本地区校园足球运动课程实施方案

地方教育行政部门应充分贯彻和落实《教育部等6部门关于加快发展青少年校园足球实施意见》和《青少年校园足球教学指南（试行）》等文件精神，结合本地区的实际情况，制订适合本地区的地方校园足球运动课程实施方案，并以此作为组织管理和实施的依据。实施方案的落实情况由地方教育督导部门检查和评价。地方校园足球运动课程实施方案主要包括以下内容：对足球运动课程标准精神的理解和贯彻要点；对本地区足球教育和校园足球运动课程教学的现状、问题、学生体质健康状况等情况的分析；推进校园足球运动课程实施的目标和策略；实施足球教学的基本原则与教学内容建议；改进校园足球运动课程学习评价的内容与标准；完善体育场地器材的方案，以及足球教师的培训计划；等等。

4. 为实施校园足球运动课程提供必需的条件保障

地方教育行政部门必须根据《教育部等6部门关于加快发展青少年校园足球实施意见》相关规定和足球特色学校开设足球教学的需求，配足、配齐合格的足球教师，强化体育教师的全员培训，提高其足球专业素养，科学核算体育教师的工作量，激发其工作积极性，强化学校体育安全措施，建立和完善运动伤害保险制度，保障并提高本地学校体育场地、器材和设备的配备，保证校园足球运动课程教学的顺利开展，采取切实有效的政策措施，确保足球特色学校每班每周1节足球课的实施。

二、学校实施保障

学校是组织实施校园足球运动课程的基层单位，在足球运动课程实施过程中具有极其重要的作用。

1. 加强对校园足球运动课程实施的指导

学校领导应落实专人分管，成立校园足球运动课程教学指导机构，负责学校足球运动课程实施计划的制订、组织实施、评价、反馈与完善等工作，指导学校足球课程各项活动的开展。

2. 制订校园足球运动课程实施计划

学校要制订足球运动课程实施计划。体育教研组长是学校足球运动课程实施计划的直接责任人，应组织体育教研组全体教师认真学习课程标准和地方足球运动课程实施方案，制订本校足球运动课程实施计划。实施计划主要包括：（1）对足球运动课程实施方案精神的理解和贯彻、足球课程教学现状、学生体质健康状况，以及足球运动基础、师资状况、体育传统和足球课程资源等方面的分析。（2）推进校园足球运动课程实施的具体目标、人员分工、工作内容与时间安排等。（3）实施不同学段足球课教学的整体安排、组织和指导。（4）校园足球运动课程资源的开发与利用计划。（5）校园足球运动课程管理、安全细则和具体要求。（6）校园足球运动课程学习评价体系等。

3. 提供校园足球运动课程实施的人力、时间和物质条件保障

学校应按照《教育部等6部门关于加快发展青少年校园足球实施意见》的基本要求，结合本校的足球运动课程实施计划，根据教育部制定的《中学体育器材设施配备目录》和《国家学校体育卫生条件试行基本标准》建设与配备体育场地与器材；按照国家的相关规定配足体育教师，切实保证每班每周1节足球课时及课外体育活动时间不被挤占；重视体育教师的继续教育，尤其应注重加强师德师风建设和提高体育教师的足球教学能力，为体育教师提供多种参与培训的机会和支持，提高教师的足球专业化水平。校园足球运动课程必须将课堂教学与课外体育锻炼、体育社团活动、体育竞赛活动和课外其他教育教学活动等有机结合，从而全面、有效地实现青少年校园足球特色学校足球运动课程的目标，培养和发展学生的学科核心素养，提高学生的足球运动能力，发现和培养校园足球竞技足球后备人才，为振兴国家足球奠定基础。

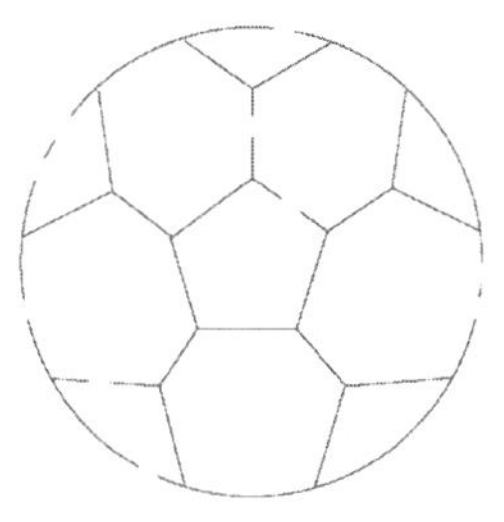

第三章

核心素养视野下校园足球课余训练大纲

第一节 核心素养视野下校园足球课余训练大纲建设的意义

自2009年6月在全国中小学普及推广校园足球活动以来，校园足球的育人价值、文化影响及对国家足球发展的意义得到了社会的普遍认可。通过十多年的努力，校园足球在课程、教学、运动训练与竞赛体系、足球后备人才培养、教练员师资队伍培养、校园足球文化与足球社会环境等诸多方面都取得了很好的成绩，但从基层足球学校的课余实践情况来看，由于在校园足球课余训练方面缺乏科学完整的青少年校园足球训练大纲体系的要求和指导，导致足球竞技训练水平不高、校园足球后备人才培养缺乏竞争力等问题。当前，学校教育理论研究的中心是：发展学生的核心素养以适应社会未来发展的需求结合学校教育的特点，研究如何构建核心素养视角下科学、完整的青少年校园足球训练大纲与训练理论对实现校园足球竞技高水平发展，培养具有国际竞争力的校园足球竞技后备人才队伍，实现伟大的中国足球梦具有积极的意义。

足球后备人才培养是一项系统工程，高水平竞技后备人才的成长离不开长期有序的科学化训练，为此，从理论上探索具有科学性、连续性、整体性的训练体系是实现高效的训练实践的前提。核心素养是当前国内外的教育热点话题。20世纪90年代以来，核心素养成为全球范围内教育政策、教育实践、教育研究领域的重要议题，国际组织与许多国家和地区相继发布了核心素养框架。世界范围内的核心素养热潮实质上是教育质量的升级运动，是国际教育竞争的集中反映。① 核心素养的研究也是当前我国教育理论改革与创新最重要的方面。研究核心素养视野下如何发展青少年校园足球课余训练理论，对进一步推动校园足球的发展、提高足球竞技后备人才的国际竞争力具有现实的意义。

结合国内外核心素养研究的成果与当前我国校园足球发展的趋势，课题组通过对基层足球特色学校足球训练情况进行深入的调查与研究（包括对近两年来教育部选派海外培训的部分校园足球高水平教练员的访谈），了解学校开

① 褚宏启：《核心素养的国际视野与中国立场——21世纪中国的国民素质提升与教育目标转型》，《教育研究》，2016年第11期。

展足球课余训练的实际情况，发现了一些亟待解决的问题，这些问题包括：校园足球缺乏统一、连贯、科学、完整的课余训练大纲和竞赛体系；传统的以提高比赛成绩为主的急功近利的训练理念根深蒂固；训练理论与方法落后；尚未实现在统一要求下完成校园足球竞技后备人才的科学化接力培养。与此同时，对核心素养如何融入校园足球的问题尚未给予充分的重视。如何把发展学生的核心素养理论与课余训练理论相结合，构建具有自己风格和特点的校园足球训练大纲体系，对促进当前校园足球训练理论的创新与发展，提升校园足球训练理论的发展内涵和水平，提高校园足球后备人才培养的质量和数量，支撑校园足球的可持续发展，实现校园足球普及与提高的共同发展，实现校园足球在人才培养方面的突破有重要的意义。

第二节　校园足球课余训练大纲与学科核心素养

参照《中国青少年儿童足球训练大纲》《英足总国际教练员课程》《国际足联草根足球培训手册（中文版）》《意大利足球青训营训练教程》《美国青少年足球训练大纲》《日本青少年足球训练大纲》等国内外青少年足球训练教程，课题组结合我国的实际情况，探讨如何以核心素养的相关内容为指导构建科学且完整的训练体系，并初步设计出体系化的青少年校园足球课余训练大纲。

“青少年校园足球课余训练大纲”涵盖了“核心素养”“体育核心素养”与“足球专业核心素养”的概念与关系、校园足球课余训练大纲的设计原则、课余训练大纲的整体设计三个部分。其中，课余训练大纲整体设计包括：校园足球专业核心素养训练的阶段性重点，不同阶段训练目标和内容的设计，比赛原则，课余训练的技战术发展原则，足球运动员体能素质发展关键期，训练周期的设计，训练课的结构，运动员技能测试和比赛能力的评估设计。该大纲的组成结构如图 3-1 所示：

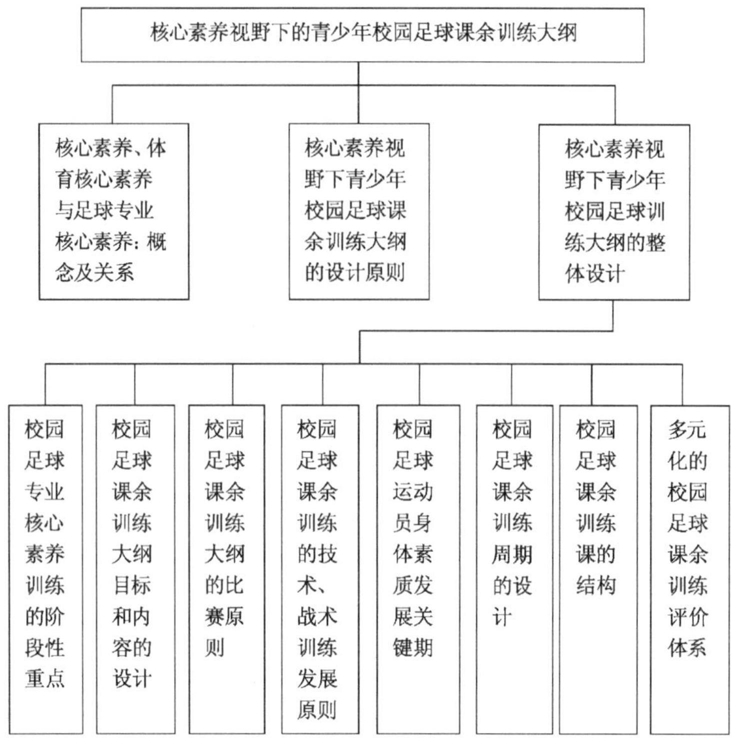

图 3-1 核心素养视野下青少年校园足球课余训练大纲结构图

以下就该训练大纲的各个部分逐一分析。

一、“核心素养”“体育核心素养”与“足球专业核心素养”：概念及关系

1. “核心素养”的概念

素养是知识（knowledge）、技能（skills）、态度（attitudes）的超越和统整，是一整套可以被观察、教授、习得和测量的行为。① 核心素养是指“关键的”“必要的”“重要的”素养，是居于核心地位的关键少数素养。② 核心素养本质上是在一个不确定的复杂环境中解决问题的能力，涉及逻辑思维、分

① Mirabile, R. J. Everything You Wanted to Know about Competency Modeling, Training & Development, 1997 (8).

② 褚宏启：《核心素养的国际视野与中国立场——21 世纪中国的国民素质提升与教育目标转型》，《教育研究》，2016 年第 11 期。

析、综合、推理、演绎、归纳和假设等高阶段素养（higher-order skill）①，也涉及自主自觉的行动、错综复杂的沟通交流，“这些都是具有高层次水准心智复杂性的展现”。② 核心素养是21世纪个人终身发展和适应社会发展所需要的高级素养。褚宏启教授在国内外关于核心素养的研究成果的基础上，归纳总结出6项21世纪中国国民需要发展的核心素养：创新能力、批判性思维、公民素养、合作与交流能力、自主发展能力、信息素养。这6项核心素养聚焦为两种能力，即“创新能力”和“合作能力”。核心素养中最重要的素养是创新能力素养，创新能力是人作为有理性、能思维的动物的本质体现，是个人发展与国家发展、提升国际竞争力的最重要素养，是“核心素养的核心”。培养学生的创新能力，是21世纪中国教育的工作重心，是中国教育现代化的核心使命。

2. “体育核心素养”的概念

体育核心素养是指在体育素养的基础上，聚焦、关注个体适应终身发展和未来社会生活需要的关键素养，包括体质和健康、体育技能、体育社会情感，这是每个公民应该具备的体育核心素养。

3. “足球专业核心素养”的概念

足球专业核心素养是指在体育核心素养的基础上，运动员应该具备的，能够适应终身发展和未来足球竞技水平发展所需要的必备品格和关键能力，主要包括技术、战术、体能、心理和社会4个方面。

4. “核心素养”“体育核心素养”与“足球专业核心素养”之间的关系

核心素养为体育核心素养的发展指明了方向，体育核心素养的发展是实现核心素养发展的基础③；足球专业核心素养是核心素养在体育核心素养中的具体化表现，它是发展体育核心素养的重要途径之一，对发展人的核心素养具有积极意义。三者之间是相互融合、相互促进的关系。三者协同发展的核心目的是发展人的创造性和创新能力、合作能力，这两项能力也是足球训练与比赛中最为重要的能力，是校园足球课余训练大纲设计的重要依据。“核心素养”“体育核心素养”“足球专业核心素养”的关系详见图3-2。

---

① UNESCO，Rethinking Education. VNESCO. 2015.

② 蔡清田：《国民核心素养》，台湾高等教育文化事业有限公司，2014年。

③ 尚力沛，程传银：《核心素养、体育核心素养与体育学科核心素养：概念、构成与关系》，《体育文化导刊》，2017年第10期。

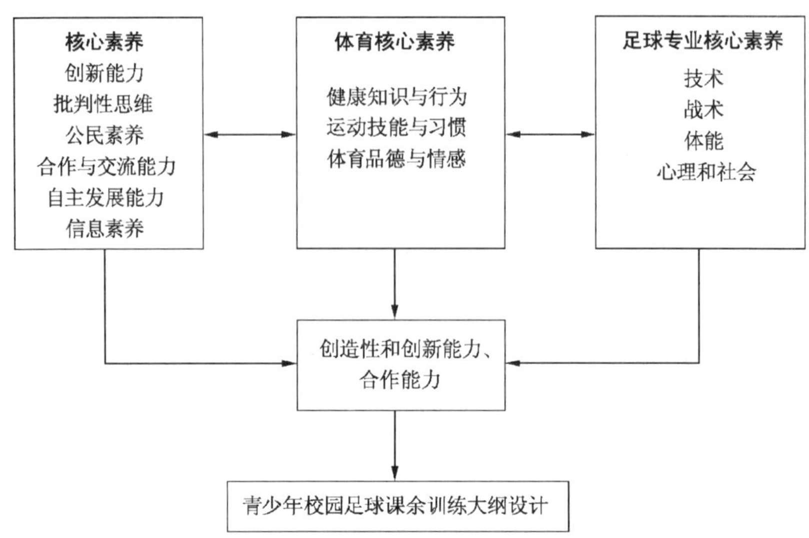

图 3-2　核心素养、体育核心素养、足球专业核心素养的关系

第三节　核心素养视野下校园足球课余训练大纲设计的原则

从核心素养与人才培养的角度来看，校园足球课余训练大纲的原则应该包括如下几个方面：

1. 坚持整体化、专业化和精细化的发展原则

校园足球课余训练必须坚持整体化、专业化和精细化的发展原则，强调训练要满足运动员的未来发展需求，要培养运动员自主发展能力素养，为自己未来的高水平发展提供有力保障。

运动员的训练与培养必须要坚持整体设计与专业化、精细化的阶段性培养相结合，这是发展专业素养必须遵守的原则。如果没有运动员不同年龄阶段的专业能力训练和核心素养的培育，成年以后想取得竞技能力的高水平发展是不可能的。

2. 坚持训练与比赛相结合的原则

坚持训练与比赛相结合的原则，重点发展青少年球员的创造性和创新能力素养，提高比赛的适应能力。

我国传统的青少年足球训练重视在宽松环境下个人技能水平的提高，缺乏

对激烈对抗情况下的心理和社会交往核心素养方面的关注与培育，导致在宽松环境或水平较低的比赛中，个人技能水平能够很好发挥，但遇到激烈的对抗和水平较高的比赛，运动员就会心理紧张，自我决策能力低下，缺乏创造性和创造力，个人和团队的技战术水平往往发挥不出来，表现出训练水平与比赛能力有较大差距，训练与比赛严重脱节，这是目前我国青少年足球竞技水平不高的主要原因之一。因此，校园足球课余训练必须坚持训练与比赛相结合的理念，重点提高运动员具有创造性和创新力的比赛实战能力。

3. 坚持尽早培养小球员的战术能力和球商

应坚持尽早培养小球员的战术能力和球商，加强启蒙阶段创新力与创造性素养的培育。

有关足球竞技能力的研究表明，战术能力是足球竞技能力的核心①，青少年足球的战术训练应该从启蒙阶段开始。“球商”是指在足球比赛中，运动员为实现比赛的特定目标，在占有一定信息和预测的基础上，根据外界情景变化，从各种可供选择的足球技能中迅速做出最佳的感知决策、应答和反馈的过程。② 从这一点来看，球商就是创造性和创新能力素养的综合体现，战术能力是球商的外在表现，球商高的运动员往往在比赛中能够表现出很强的战术能力。当今世界足球的发展对运动员球商的培养非常重视，从启蒙阶段就开始对运动员的战术能力和球商进行有目的、有计划地培养，因此，校园足球课余训练也必须尽早培养小球员具有创造性和创新能力的球商。

4. 塑造球员的人格和价值观，强化体育品德核心素养的培养

纵观我国男子足球运动员参加的世界各个级别的比赛，部分运动员在比赛中缺乏体育品德的表现让人感慨万分。体育的精神、足球的精神、中华民族那种不屈不挠的拼搏精神、不为困难积极向上的体育精神在他们身上已荡然无存，这些是我们在足球训练过程中只重视运动成绩的取得、忽视运动员人格和价值观的培养所造成的，不仅足球竞技水平和世界水平差距越来越大，而且对我国足球环境也造成了极坏的影响，这对我国足球的发展极为不利。因此，校园足球课余训练必须加强对球员人格和价值观的培养和塑造，强化体育品德核心素养的培养。

---

① 张庆春：《中国青少年足球训练理念实证研究》，北京体育大学博士学位论文，2006 年。

② 李强，韩玉，孙敬，等：《从“技能”到“球商”：我国青少年足球核心训练范式转变研究》，《天津体育学院学报》，2017 年第 1 期。

5. 坚持把“球性和随之带来的创造力”① 作为校园足球课余训练的基础②

世界足球强国足球青训普遍重视运动员个人控球能力和创造力的培养。球性是控球能力的基础，也是运动员在比赛中能够有效运用技能和实施合理战术配合的基础。现如今，足球比赛对抗激烈，机会稍纵即逝，那些在不可能完成配合或射门的情况下却能够创造性地完成传球或射门得分的球员，往往是具备良好的球性与超强控球能力的球员。球性与随之带来的创造力已越来越受到世界强国足球青训的重视，校园足球应该把球性作为训练基础，并且要进行深入的实践研究。

6. 强化各年龄段球员足球专业核心素养的科学化训练

要强化各年龄段球员足球专业核心素养的科学化训练，技术、战术、体能、心理和社会交往能力 4 项专业核心素养要均衡发展，要明确球员各方面能力开发的黄金时期。

当前我国青少年足球训练普遍存在以提高比赛成绩为价值取向的现象，专业核心素养训练追求短期竞技水平的提高和比赛成绩的取得，急功近利，没有长远规划，训练不符合运动技能形成规律与青少年成才的规律，在运动技能发展上采用大运动量、大强度、超长时间的不科学的训练手段，忽略心理和社会交往能力的培养，运动员得不到相应的社会化发展，比赛能力和竞技水平始终低水平徘徊。这是我国青少年足球竞技水平缺乏国际竞争力的根本原因之一。校园足球课余训练必须要重视各年龄段球员的技术、战术、体能、心理和社会交往能力的均衡发展，明确各方面能力开发的黄金时期，否则很难担起高水平竞技足球后备人才培养的重任。

7. 树立成功的标准，强化球员自主发展能力素养的发展

没有成功的标准就没有行动的目标，校园足球要完善自身的运动技能评价和考核标准。对照成功的标准，球员才会有自我发展的目标和前进的动力，才会为实现目标和理想付出坚持不懈的努力，自主学习、终身发展，使自己的自主发展能力素养得到不断提升。这不仅能够优化校园足球环境，而且能够促进足球运动在校园内的普及与提高。

8. 多种教学情境下都要考虑“重复”的必要性

在足球教学与训练中，要遵循运动技能形成的规律。任何技能和战术能力

---

① 美国足协：《美国青少年足球运动员发展纲要》，2012 年。

② 徐兴国，余国兵，赵鹏：《青少年校园足球课余训练体系的研究》，《南京体育学院学报》，2018 年第 6 期。

的提高都要经过不同发展阶段的重复练习才能实现，它包括两个方面：一方面它是一个螺旋上升的过程。随着运动员年龄的增长和运动水平的发展，其对同一主题内容的重复训练的要求会不断提高，特别是技战术的重复训练要与面临的比赛任务紧密相关。要根据比赛的不同场景进行模拟比赛相关的教学情境，提高球员比赛实战能力。另一方面是指在教学、训练中无论是采取指令性、适应性还是启发式教学方法，都要强调练习的重复次数和质量，直到完成训练的目标和任务。“重复”在任何训练情境中都是必要的，它是提高运动技能和比赛能力的必要训练手段。

第四节　核心素养视野下校园足球课余训练大纲的整体设计

一、不同阶段年龄特征与足球专业核心素养的发展重点

核心素养的培养应该贯穿人一生的发展，孩子成长过程的每一个阶段都有不同的年龄特征，要把核心素养的培养融入不同阶段的校园足球课余训练中，提高训练水平和效益，培养高水平的竞技后备人才。为此，必须根据学生不同的年龄特征确定相应的发展重点，完成球员的科学化接力培养。

课题组通过实践与研究，根据学校教育、教学的序列，根据校园足球不同年龄段的课余训练设定了 5 级培训机制①（见表 3-1），每一个年龄阶段都有该阶段足球专业核心素养发展的重点。

表 3-1　校园足球专业核心素养训练的阶段性发展重点

级别	年龄段	足球专业核心素养发展重点
1 级	U7—U8 小学 1—2 年级	1　技术：个人控球能力（球性、球感）；传接球；射门。 2　战术：学会站位，知道进攻向前、防守后退，重点是 1 vs 1 突破的个人战术能力的培养。 3　体能：基本运动技能，身体的灵活性和协调性。 4　心理和社会：培养踢球的兴趣和体会踢球的乐趣，增强带球的自信，培养自我安全保护意识和能力。

① 徐兴国，余国兵，赵鹏：《青少年校园足球课余训练体系的研究》，《南京体育学院学报》，2018 年第 6 期。

续表

级别	年龄段	足球专业核心素养发展重点
2 级	U9—U10 小学 3—4 年级	1 技术：个人控球能力（球性、球感）；传接球；射门。 2 战术：1 vs 1 突破能力；初步学习“二过一”局部战术配合，通过比赛学会踢球。 3 体能：发展身体的协调性和灵活性，培养速度、灵敏度、配合及平衡能力。 4 心理和社会：培养踢球兴趣和爱好，初步具有团队协作的意识，自信心强，培养规则与风纪意识，增强自我安全保护意识和能力。
3 级	U11—U12 小学 5—6 年级	1 技术：技能发展的黄金期，提高球性和带球速度的训练，加强基本技术的系统性训练，逐步提高技术训练的难度，完善基本技术的水平。 2 战术：通过 2 打 1 配合来提高队员传接球的准确性和相互配合意识；初步掌握进攻原则和基本防守原则。 3 体能：发展身体的协调性、灵活性和反应速度；在竞争情况下提高速度、灵敏度、配合及平衡能力。 4 心理和社会：加强学生踢球的动机和自信、尊重与风纪方面的能力培养，增强自我安全保护意识和能力，提高沟通与交流的能力，逐步培养团队协作的意识。
4 级	U13—U15 初中	1 技术：快速准确的传接球技术；个人场上位置的技术培养，强化个人技术特点，加强个人技术的实战能力训练。 2 战术：逐步加强 3 人或 3 人以上的局部进攻战术配合训练；战术训练要能够体现进攻和防守的原则；战术训练要逐步趋于攻守平衡。 3 体能：协调性、灵活性、柔韧性和反应速度，绝对速度、力量、耐力训练是身体训练中必备的部分，发展踢球所需的体能。 4 心理和社会：加强学生踢球的动机和自信，培养尊重与风纪的品质，提高自我安全保护意识和能力，培养球员的责任与忠诚的团队协作意识，发展球员的批判性思维和创造性。
5 级	U16—U18 高中	1 技术：快速准确的传接球、射门和突出个人战术素养；强化个人技术特点和实战能力训练，加强球场上的位置感及无球跑动训练，学会对控球队员的支持，个人进攻与防守技能的训练要趋于平衡。 2 战术：训练要具有较高的竞争性，战术训练与小场地对抗要更加贴近实战（撞墙式配合——加入第三名球员），比赛必须贯彻进攻与防守原则；战术训练包括不同位置专项训练、攻防速度、攻守转换速度、接近禁区区域的进攻与紧逼防守，集体进攻与防守逐步平衡，比赛情景模拟训练是战术训练的主要手段；提高阅读比赛信息的能力，激发球员的想象力和创造力。 3 体能：发展耐力、力量、核心力量和速度，全面提高踢球所需要的体能。 4 心理和社会：踢球更加自信，具有良好的尊重与风纪的品质，自我控制能力不断提高，有集体归属感，具有责任与忠诚的精神，批判性和创造性思维逐步形成，能够富有激情地投入比赛，态度认真并能够有好的表现，热爱足球运动。

二、核心素养视野下校园足球课余训练阶段性目标和内容的设计

核心素养是学生运动技能发展和适应现代足球比赛发展必备的高级素养，要把发展核心素养作为训练发展的重要方面加以考虑。训练大纲的设计要融入学生球员创新能力、批判性思维和问题解决能力、合作与交流能力、自我发展能力、公民素养、信息素养等方面核心素养的发展，训练目标和内容的设计要体现重点，相应的内容要合理而均衡，充分体现科学性、阶段性、系统性的特征，能够为青少年足球后备人才的培养提供切实可行的指导。

课题组广泛学习和收集了国内外足球青训课程、教练员培训课程等方面的资料，走访了江苏省内多家中小学全国校园足球特色学校，对基础学校足球课余训练进行了调查，收集了大量的足球课余训练实践方面的资料。同时，结合青少年足球运动技能发展的规律，在多位足球专家和多位 B 级 C 级足球教练员的指导下，课题组初步构建了青少年校园足球课余训练大纲体系（见表 3-2）。本大纲分别对各个学段的训练目标进行分解，并从技术、战术、身体、心理和社会 4 个维度进行了具体的内容设计。

表 3-2　青少年校园足球课余阶段性目标和内容

级别	目标	技术	战术	身体	心理和社会
1 级 U7—U8 小学 1—2 年级	掌握基本的足球技术、技巧；集体游戏或比赛能够在场上站好位置，有胜负的概念；发展基本的身体运动能力和协调性；踢球的兴趣和乐趣有所增强，增强带球的自信。	球性、球感、颠球、运球、传球、接球、护球、射门。	初步了解进攻原则、假动作、盘带、1 vs 1 突破。比赛：3 vs 3。	基本运动技能、灵活性、协调性与平衡、速度、反应、支撑腿与摆动腿踢球时协调配合（动作控制能力）、踝关节的灵活性与柔韧性、身体感知与伤病预防。	动机、自信、尊重与风纪、安全的环境。
2 级 U9—U10 小学 3—4 年级	个人的足球技术不断进步，控球能力进一步提高；能够运用基本的进攻原则，初步学会 2 vs 1 配合，有防守的概念；身体运动能力、协调性、灵活性和速度有所增强；踢球的兴趣和乐趣进一步提高，能给团队带来积极影响并且充满自信。	球性、球感、颠球、运球、脚下控球、传球、接球、护球、射门、带球转身、接球转身、1 vs 1 进攻、1 vs 1 防守。	学习进攻原则、假动作、盘带摆脱对手、控球、2 vs 1 战术配合。比赛：5 vs 5。	协调性与平衡、速度、灵活性、反应、力量、支撑腿的灵活性与节奏感、踝关节的灵活性与柔韧性、身体感知与伤病预防。	动机、专注力、自信、合作、尊重与风纪、安全的环境。

续表

级别	目标	技术	战术	身体	心理和社会
3级 U11—U12 小学5—6年级	加强足球基本技术的系统学习与运用，在比赛对抗中正确、合理使用技术的能力逐步提高，个人技术特点初步显现；进一步掌握进攻原则和基础防守原则，并具有在比赛中运用的能力；提高对抗中的速度、灵敏度、配合及平衡能力；提高队员解决问题的思维能力和比赛中个人的决策能力，增强集体自信心。	球感、球性、传球与接球、射门、盘带、颠球、护球、带球转身、接球转身、1 vs 1进攻、1 vs 1防守、头球。	进攻原则、防守原则、快速和准确传球、控球、进攻配合、摆脱防守、阅读比赛信息（观察）。局部战术配合：2 vs 1、3 vs 2。比赛：8 vs 8。	协调性与平衡、速度、力量、反应、身体各个关节的灵活性和柔韧、身体感知与伤病预防。	动机、自信、观察力、创造力、合作能力、交流与沟通、团队协作、尊重与风纪。
4级 U13—U15 初中	初步固定个人特点和场上位置，重点掌握足球实用技巧和发展个人战术素养，提高足球技战术比赛实战能力；掌握和理解比赛进攻和防守原则，学会比赛中利用三条线之间的距离，比赛中有集体配合的战术，提高比赛控球打法的能力；速度素质、核心力量、有氧耐力素质明显提高，身体的灵活性、协调性、柔韧性进一步提高；稳固踢球的乐趣，有阅读比赛的能力，比赛中个人决策能力进一步提高，具有团队协作和自我调控的能力。	传球与接球、射门、盘带、带球转身、接球转身、1 vs 1进攻、1 vs 1防守、头球、传中、凌空射门、抢断、紧逼、冲撞护球。	进攻原则、防守原则、阅读比赛信息、快速和准确的传球，撞墙式2过1（加入第三名球员的配合）、后排包抄、被看见、跑动、接应、跑动中接球、转移换边、摆脱防守、个人突破、创造局部人数优势（语言交流）、防守逼人、回防、压缩空间。比赛：8 vs 8、11 vs 11；阵型：4∶4∶2或4∶3∶3。	协调性与平衡、敏捷性、身体各个关节的灵活性和柔韧、力量、有氧耐力、速度、反应、身体感知与伤病预防。	动机、自信、创造力、竞争力、决策能力、交流与沟通、批判性思维、解决问题能力、责任与忠诚、团队协作、尊重与风纪。

续表

级别	目标	技术	战术	身体	心理和社会
5级 U16—U18 高中	训练要贯彻情景运用技术与战术相结合的原则，提高实用技巧和个人战术素养，形成个人踢球的风格，能够学会在跑动中思考，具有在跑动中做出瞬时判断的能力，具有不同位置的专项技能，个人在比赛中攻防能力逐渐趋于平衡；能够完成控球战术打法和边路快速进攻战术打法相结合的比赛战术目标，集体进攻与防守趋于平衡，形成具有特点的团队技战术风格；具有全面稳定的专项体能，爆发力和无氧耐力水平明显提高；保持踢球的乐趣，富有激情地投入比赛，态度严肃并希望能有好的表现，具有创新力和合作能力。	传球与接球射门、头球、接球转身、1 vs 1 进攻、1 vs 1 防守、紧逼、抢断、冲撞、铲球盯人、掩护。	进攻原则、防守原则、攻守转换原则、观察、快速和准确传球（短传与长传相结合）、控球、跑动、个人突破、转移换边、撞墙式2过1（加入第三名球员的配合，传球和跑位的连贯，以便再次要球）、对持球队员的接应、被看见、个人和集体空间创造、为持球队员创造空间、创造局部人数优势区域防守、防守逼人、回防、压缩空间、语言交流。 全队战术（边路进攻、中路进攻、定位球战术），利用三条线之间的距离，保持攻守平衡。 比赛：11 vs 11； 阵型：4：4：2或4：3：3。	协调性与平衡、身体各个关节的灵活性和柔韧、速度、反应、核心力量、有氧耐力、速度耐力、不同位置的专项身体素质练习、身体感知与伤病预防。	动机、自信、创新能力、合作能力、竞争能力、决策能力、沟通与交流、批判性思维、解决问题能力、责任与忠诚、团队协作、尊重与风纪。

三、校园足球课余训练的比赛原则

足球比赛具有激烈性、挑战性和不可预测性的特征，但它又有一定的规律和原则可循，掌握足球比赛的规律和原则对提高个体和球队比赛能力具有重要的作用，也是比赛取胜的必由之路，因此，平时训练中球员必须充分理解和运用这些规律和原则。课题组根据校园足球课余训练与比赛的实际，参考了世界足球强国的青少年足球训练课程，初步总结出青少年校园足球比赛的原则（见表3-3），以期能够完善校园足球课余训练大纲，提高课余训练的科学化水平。

表 3-3　校园足球课余训练的比赛原则

进攻原则	防守原则	由攻转守原则	由守转攻原则
一、纵深； 二、宽度； 三、渗透； 四、应变。 行动要求： 1. 最先选择可否射门得分。 2. 寻求向前突破、渗透。 3. 不能向前时同伴如何接应，接应同伴注意接应的距离、角度。 4. 摆脱盯防，在可传球的距离内，被持球队员看到，与防守球员保持距离。	一、延缓； 二、平衡； 三、收缩； 四、控制。 行动要求： 1. 离球最近的防守队员实施压迫。 2. 离压迫队员最近的队员实施支援、保护。 3. 支援时应当注意角度和距离。 4. 防守站位要始终站在球与两球门柱连线夹角的角平分线上，与对手保持适当的距离。	一、压迫空间； 二、快速回收； 三、阻止快攻。 行动要求： 1. 迅速回防，组织有效方守。 2. 离球最近的队员快速封堵对手，不让对手向前传球打反击，延缓其进攻速度。 3. 能抢则抢，不能抢则延缓对方纵深推进。	一、创造空间； 二、拉开距离； 三、快速向前； 四、反攻受阻，保持控球权。 行动要求： 1. 争夺控球权成功后，首先选择长传，将球传到对方最有威胁的地点。 2. 无球队员要通过自己主动跑位创造快速反击的机会。 3. 无快攻机会，则将球牢牢控制住，通过队员跑动获得良好的进攻机会。

四、校园足球课余训练的技术、战术训练发展原则

足球技术、战术训练发展与技能形成具有自己的规律和原则，课题组在研究《克罗地亚青少年足球训练课程》《英足总教练员课程》等欧洲足球强国的青少年足球训练课程的基础上，结合我国校园足球课余训练的实际情况、对基层教练员的访谈，以及高级足球教练、足球专家的建议，初步探索了青少年足球课余训练技战术发展原则（见表 3-4），可为基层学校的教练员开展足球训练提供参考。

表 3-4　青少年校园足球课余训练技、战术发展原则

进　攻	防　守
普遍原则 1. 快速和准确的传球 2. 接球时的决策和身体姿势 3. 个人空间创造 4. 集体空间创造 5. 撞墙式二过一（有第三名球员参与）	实用原则 1. 个人防守 2. 2—3—4 名球员之间的横向联系 3. 2—3—4 名球员之间的纵向联系 4. 集体防守 5. 球队防守

续表

进　攻	防　守
实用和比赛情景运用原则 6. 对持球队员的接应 7. 利用三条线之间的距离 8. 转移换边 9. 个人突破 10. 创造局部人数优势	比赛情景运用原则 6. 区域防守 7. 区域紧逼 8. 紧逼

五、青少年校园足球课余训练大纲关于足球运动员身体素质发展关键期的研究

在青少年的成长过程中，每一项身体素质都有一个最佳训练期，一旦错过往往难以弥补。

足球运动对体能的要求是全面的，在长期的青少年足球训练过程中，如果忽略了一项身体素质的培养，将会对青少年的未来发展造成不可逆转的影响。为此，世界足球强国的青少年足球训练十分重视运动员的体能训练，在不同阶段都有身体素质发展的重点。在足球人才接力式培养的全过程中，必须准确把握青少年身体素质最佳训练的时期（见表 3-5），为培养高水平的足球竞技后备人才打下坚实的基础。

表 3-5　青少年身体素质最佳训练峰值期

体能训练峰值	最佳年龄阶段
速度训练峰值	6 ～ 9 岁
敏捷性、平衡性、协调性、速度训练峰值	7 ～ 11 岁
运动控制训练峰值	11 ～ 14 岁
有氧能力训练峰值	14 ～ 17 岁
力量训练峰值	16 ～ 18 岁
神经系统功能训练峰值	0 ～ 14 岁
代谢系统功能训练峰值	12 ～ 21 岁 +

六、校园足球课余训练周期的设计

青少年足球课余训练是一项长期的工作，科学合理的不同周期训练计划安排是培养高水平足球竞技后备人才必须具备的重要条件。青少年校园足球的课余训练必须要有常年的、阶段性的训练计划，要根据学校工作的特点进行科学

化安排，把校园足球四级联赛体制与训练计划相结合，既要考虑到训练计划的完整性，又要与比赛相结合，合理安排好大、中、小周期的内容和衔接，目标、任务明确，杜绝课余训练的随意性，把比赛当作检验平时训练质量的机会，在计划的设计和安排上一定要科学合理。要避免为了眼前比赛的成绩而出现不符合常规的大强度、大运动量、过长时间的集训。这种急功近利的集训，会对学生运动员的文化学习造成极大影响，同时也会出现不同程度的过度疲劳和一定数量的伤病人员，这将不利于运动员的健康成长，还会对学生未来足球生涯的发展造成很大的伤害。

课题组研究了校园足球课余训练的实际情况和四级联赛体制的特点，通过和基层教练员的交流，并向本地区高级足球教练和足球专家咨询，初步设计出校园足球课余训练的周期，可为基层学校教练员开展课余训练提供参考。

1. 校园足球课余训练大周期的设计

课余训练大周期是根据学生在学校的教学任务和学习时间来安排的，应在不影响学校教学任务和学生文化学习的前提下，合理安排课余训练大周期训练计划（见表 3-6），保障课余训练常年有序地开展和训练水平的不断提高。

表 3-6　青少年校园足球课余训练大周期

周期	周期时间（周）	训练次数
大周期	22 ～ 24（半学年）	平均每周 3 ～ 4 次
中周期	6 ～ 10	30 次训练
小周期	1	3 ～ 5 次训练

2. 校园足球课余训练中、小周期的设计

校园足球课余训练中、小周期的设计主要考虑两个方面因素：一是学生身心发展的规律和足球运动技能形成规律；二是校园足球四级联赛的比赛特点和任务（见表 3-7）。

表 3-7　青少年校园足球课余训练中、小周期安排

级别	中周期时间（周）	每周训练次数	周期训练总次数	每次训练课时（分钟）	进攻（次数）	防守（次数）
一级	10	3	30	45	24	6
二级	10	3	30	60	22	8
三级	7. 5	4	30	60	21	9
四级	6	5	30	90	20	10
五级	6	5	30	90	18	12

七、细化校园足球课余训练课组成部分，提高训练的科学化水平

训练的最终效益系于训练措施与专项需求的整体平衡，这就必须审视“训练措施整体环节”与“运动能力整体设置”之间的平衡关系。课余训练课的结构就要考虑“训练措施整体环节”与“运动能力整体设置”之间的平衡关系，使得训练措施与专项需求的整体相对平衡。① 校园足球课余训练的各个阶段是要与学生球员各发展阶段的具体情况相适应的，在各个年龄阶段个人的发展水平会影响训练的目标、内容、方法和要求。课题组在借鉴国外先进的青少年足球训练课结构的基础上，细化了校园足球课余训练课的组成部分（见表3-8）。

表3-8　校园足球课余训练课的组成部分

训练部分	训练内容	训练时间占比
准备部分	一、热身：游戏或热身比赛。（要求：两队人数相等、限制条件相同。）	10%
	二、身体训练：无球或有球的身体练习，发展身体协调性、灵活性、速度。（要求：场地设置科学并能激发学生的兴趣、学生参与的密度要有利于提升学生的专注度。）	15%
基本部分	一、兼具重点的比赛情景模拟练习。（发现问题，查找技术、战术方面的不足，为下面的技术、战术练习提供经验，提高技术、战术练习的针对性和有效性。）	15%
	二、技术练习 1. 规范技术动作，强化练习的质量，完善技术。 2. 以指示性教学为主，发现问题要及时暂停指导，要根据学生的实际情况调控训练的难易程度。 3. 技术练习务必做到——质量、移动、多样性、节奏、重复性。	20%
	三、有针对性的技、战术对抗比赛训练，目标是提高球员在比赛中对球的有效运用能力。 1. 设置条件检验学生练习的成功率。 2. 教练的有效站位，计分鼓励学生的表现。	15%
	四、教学赛（目的是提高对行动规律和技术的运用能力）	15%

① 徐兴国，余国兵，赵鹏：《青少年校园足球课余训练体系的研究》，《南京体育学院学报》，2018年第6期。

续表

训练部分	训练内容	训练时间占比
结束部分	一、放松性练习	10%
	二、小结： 1. 评估学生球员在训练是否享受踢球的快乐。 2. 评估球员是否专注训练。 3. 评估训练内容是否符合足球训练的逻辑，能否做到精选多样化训练内容以刺激球员、提高球员的主动性。 4. 评估训练目标的达成度。	

八、强化核心素养的发展，建立多元化的校园足球课余训练大纲评价体系

（一）校园足球运动员足球技能的测试标准

各个年龄段运动员的技术与比赛能力的测试标准体系是对有天赋的优秀运动员进行选材的一个重要依据，这一标准体系可以体现出一个国家足球青训的科研水平和训练水平，有利于客观准确地检验青训的质量和效果，进而对运动训练给予指导，为青少年未来发展和努力的方向设计蓝图。因此，世界足球强国普遍重视青少年运动员的技能测试标准。我国也制定了相应的测试标准体系。2016 年 6 月，教育部根据校园足球的发展情况正式发布了《学生足球运动技能等级评定标准（试行）》①（以下简称《标准》），《标准》的等级设计是依据校园足球四级联赛体制来设计的，体现校园足球教学与训练的特点。《标准》共分 5 个等级、4 个大类、21 个小项目，有相应的测试标准和测试组织的要求，设计合理、全面，对校园足球的教学与训练起到了全面的指导作用，但《标准》没有明确不同级别测试所对应的年龄段。课题组在深入研究《标准》的基础上，一致认为它与课题组研究的青少年校园足球课余训练 5 级培训体系很契合，不同的等级可以对应不同的年龄阶段，对课余训练能够起到有效的检测和评价，也是学生运动员自我评价和对照的标准，可以作为青少年校园课余训练大纲检测与评价的对照标准，但在比赛能力测试方面需要进行完善，以满足校园足球高水平优秀后备人才测试、评价和选材的需要。

1. 学生运动员等级评定内容和得分权重

课题组根据《标准》整理出了学生运动员等级评定内容和得分权重表

① 教育部办公厅：《关于印发〈全国青少年校园足球教学指南（试行）〉和〈学生足球运动技能等级标准（试行）〉的通知》［2017－04－08］，http：//www. moe. gov. cn/srcsite/A17/s7059/201607/t20160718_ 272137. html。

（见表 3-9）。

表 3-9　学生运动员等级评定内容和得分权重表

等级	球感	占比%	运球	占比%	踢球	占比%	身体素质	占比%	比赛能力	占比%	总分
1 级 U7—U8	颠球 踩拨球	10	往返运球	20	踢准	25	冲刺跑	15	小场地比赛（5 人制）	25	10
2 级 U9—U10	脚背正面颠球	10	绕杆运球	20	踢准	20	折线跑	15	小场地比赛（5 人制）	30	10
3 级 U11—U12	行进颠球	10	绕杆运球	20	运球踢准	20	绕杆跑	15	小场地比赛（8 人制）	35	10
4 级 U13—U15	头颠球	10	折线运球	20	定位球踢准	20	多向绕杆跑	10	比赛 11 人制	40	10
5 级 U16—U18	多部位颠球	10	折线运球	20	运球射门	20	折返跑	10	比赛 11 人制	40	10

2. 学生运动员等级评定比赛能力评分标准

课题组根据《学生足球运动技能等级评定标准（试行）》整理出学生足球等级评定比赛能力评分标准表（见表 3-10），可作为学生自我评价提高的参考。

表 3-10　学生运动员等级评定比赛能力评分标准

分值	9 ~ 10 分	7 ~ 8 分	5 ~ 6 分	5 分以下
参考标准	比赛中技术动作运用合理规范；攻防意识突出，善于和同伴配合；跑动积极；比赛作风优良，心理状态稳定，充满比赛热情。	比赛中技术动作运用较为合理；攻防意识表现较好，能够和同伴队友配合；跑动较为积极；比赛作风良好，心理状态稳定。	比赛中技术动作运用基本合理；攻防意识一般，和同伴协作较少；比赛作风一般，心理状态较为稳定。	比赛中技术动作运用不合理、完成动作不规范；攻防意识较差，协作能力较差；跑动不积极；比赛作风较差，心理状态不稳定。

（二）完善《标准》内容和体育品德素养的评价标准

课题组对《标准》进行了深入的研究，认为《标准》对校园足球教学与训练具有普遍的指导意义，但对高水平优秀足球后备人才测试、评价和运动选材的指导还存在一定的不足，可以从以下几个方面加以完善：

第一，体能上要增加绝对速度和力量方面的测试内容，这两项身体素质是高水平足球比赛竞争力必备的素质备体现。

第二，技术测试方面要增加头顶球的内容，这项技能是高水平足球运动员必须具备的技能。

第三，在比赛能力的评价方面，《标准》比赛能力评价比较宽泛，评分的条件不明确，没有对照的标准内容，这就使测评人员有很大的自主性，不利于测试成绩的客观性。为此，应该增加具体的标准内容。

第四，应该增加运动员体育品德行为准则的评价。

为了提高《标准》的实用性，课题组通过广泛的学习和调研，经过多次修改和完善，初步设计出运动员体能测试标准、比赛能力评价标准和比赛行为准则的内容体系（见表3-11至表3-13）。

表3-11　校园足球课余训练大纲运动员体能测试标准

测试级别	运动素质											
	30米直线冲刺跑				5×25米折返跑				界外球掷远			
	男		女		男		女		男		女	
	成绩（秒）	得分	成绩（秒）	得分	成绩（秒）	得分	成绩（秒）	得分	成绩（秒）	得分	成绩（米）	得分
1级 U7—U8 小学1—2年级	5.0	5	5.2	5	41	5	44	5	12	5	10	5
	5.2	4	6.6	4	43	4	48	4	10	4	8	4
	5.5	3	7.9	3	45	3	52	3	8	3	6	3
	5.8	2	9.3	2	48	2	56	2	6	2	4	2
	6.2	1	10.7	1	52	1	60	1	4	1	2	1
2级 U9—U10 小学3—4年级	4.8	5	5.0	5	39	5	40	5	14	5	12	5
	5.1	4	6.4	4	40	4	42	4	12	4	10	4
	5.4	3	7.7	3	41	3	44	3	10	3	8	3
	5.7	2	9.1	2	42	2	46	2	8	2	6	2
	6.0	1	10.5	1	43	1	50	1	6	1	4	1
3级 U11—U12 小学5—6年级	4.6	5	4.8	5	37	5	38	5	16	5	14	5
	4.9	4	6.2	4	38	4	40	4	14	4	12	4
	5.2	3	7.5	3	39	3	42	3	12	3	10	3
	5.5	2	8.9	2	40	2	44	2	10	2	8	2
	5.8	1	10.3	1	41	1	48	1	8	1	6	1

续表

测试级别	运动素质											
	30 米直线冲刺跑				5×25 米折返跑				界外球掷远			
	男		女		男		女		男		女	
	成绩（秒）	得分	成绩（秒）	得分	成绩（秒）	得分	成绩（秒）	得分	成绩（秒）	得分	成绩（米）	得分
4 级 U12—U15 初中	4. 4	5	4. 6	5	35	5	36	5	20	5	16	5
	4. 7	4	4. 9	4	36	4	38	4	18	4	14	4
	5. 0	3	5. 5	3	37	3	40	3	16	3	12	3
	5. 3	2	6. 1	2	38	2	42	2	14	2	10	2
	5. 6	1	6. 7	1	39	1	46	1	15	1	8	1
5 级 U16—U18 高中	4. 0	5	4. 4	5	33	5	34	5	25	5	23	5
	4. 3	4	4. 7	4	34	4	36	4	23	4	20	4
	4. 7	3	5. 2	3	35	3	38	3	21	3	19	3
	4. 9	2	5. 8	2	36	2	40	2	19	2	17	2
	5. 3	1	6. 4	1	37	1	44	1	17	1	15	1

表 3-12　青少年校园足球课余训练大纲对场赛掌控能力的评估内容

序　号	运动员场赛掌控能力的评估内容
1	做出决策的过程（接球后的表现）
2	球员接球之前观察场上局势的平均次数
3	接球时面对来球方向
4	在对手施压情况下的传球准确率
5	个人创造空间
6	利用三条线之间的距离，保持攻守平衡
7	传中球——传向后防线身后的比率
8	边路球员用逆足进行内切的百分比

表 3-13　运动员体育品德行为的评价内容

序　号	运动员体育品德的行为准则
1	有自尊、自信、勇敢顽强、积极进取、超越自我等精神
2	有团队意识，尽自己所能踢好比赛，并能以球队的利益为重

续表

序　号	运动员体育品德的行为准则
3	公平竞赛——不会作弊、假摔、抱怨和浪费时间
4	尊重队友、对手、裁判和自己的教练、领队
5	遵守比赛规则，服从裁判的管理
6	有正确的胜负观，无论获胜还是失败，都要表现得有风度
7	尊重教练，虚心接受教练的指导，并能做出回应
8	有团队合作精神，理解教练所做的一切都是为了球队的整体利益，而不是照顾个别球员

小　结

青少年足球训练大纲与教程是世界足球强国青训体系中普遍重视的一个重要方面，在大纲的设计与课程建设上往往走在训练的前列，因此是足球训练理论研究的重点。通过科学的青训大纲来指导和保障训练的质量，引领青训的未来发展方向，是世界足球强国足球竞技水平不断发展的基础。校园足球的可持续发展与竞技水平不断提高同样需要科学、完善的课余训练大纲的支撑。通过对校园足球课余训练发展过程中出现的训练理念落后、训练目标和内容设置不均衡、训练比赛原则和技战术发展原则不完善、训练质量测试与评估不完善等问题进行深入研究，结合学科核心素养的培养，课题组初步形成了校园足球课余训练大纲的设计，在校园足球课余训练大纲的设计原则、不同年龄阶段特征与发展的重点、不同年龄段训练目标和内容的分配与设计、比赛原则、足球运动员体能素质发展关键期、训练周期的设计、训练课的结构、运动员技能的测试和比赛能力的评估等方面初步形成了符合我国校园足球课余训练实际的大纲。这些探索有助于广大中小学足球教练员提高训练的有效性，也可以为构建校园足球可持续发展的理论体系提供参考。

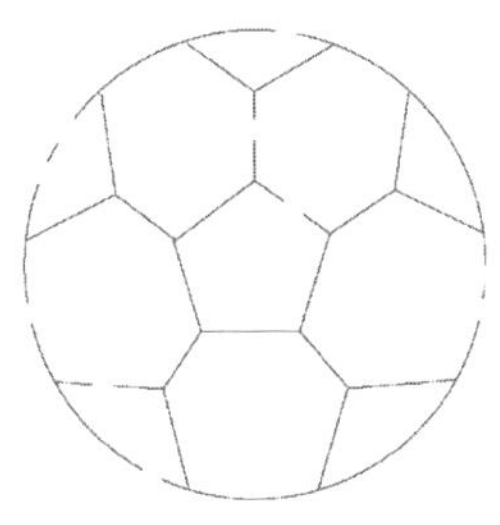

第四章

校园足球课余训练体系

第一节　校园足球课余训练发展现状及研究的意义

自2009年6月国家体育总局联合教育部在全国44个城市开展创建全国校园足球定点学校活动以来，校园足球运动获得了很大的发展，共创建了5000多所全国校园足球定点学校。2014年年底开始，教育部正式牵头负责推进全国校园足球工作；2015年7月，《教育部等6部门关于加快发展青少年校园足球的实施意见》正式发布。① 截至2017年7月，全国已有20210所国家级校园足球特色学校，2万多名校园足球教师接受了国家级培训，1000多名校园足球教练员赴英国、法国、德国、西班牙等欧洲足球强国参加足球教练员课程培训，与此同时，还引进了国外一线足球教师360余人。② 随着校园足球活动不断地深入开展，近几年来国内各大出版社也引进出版了大量国外青少年足球训练的资料，丰富了国内青少年足球训练的内容和方法。

尽管如此，国内青少年校园足球课余训练仍然存在很多问题。比如，基层教练员虽然通过培训和学习对先进的理念和方法有所了解和掌握，但是，把理念和方法落实到训练中去要花费大量时间和精力做准备，这会让自己从之前相对安逸的训练状态转变到一个充满挑战的状态③，结果是大家都知道先进理念和方法的价值，但实际工作中却依然是传统训练模式大行其道。这是目前校园足球后备人才的培养质量难以和足球强国相匹敌的最主要的原因之一。校园足球课余训练是一个系统工程，只有从整体上进行思考，使校园足球课余训练体系朝着深层次的专业化和精细化方向发展④，才能从根本上解决校园足球课余训练的问题。

为了解决校园足球课余训练体系的构建问题，课题组进行了初步的探索。课题组认真学习了国外先进的足球训练理念和方法，结合自身的实践，初步完成了校园足球课余训练体系的框架和结构设计，并且在实践中加以检验，使训练质量得到了很大改观。如，受训球队在“市长杯”“省长杯”校园足球联赛中均取得了好成绩。

---

① 《教育部等6部门关于加快发展青少年校园足球的实施意见》，教体艺〔2015〕6号，2015年，第20－21页。

② 王登峰：《从“有”到“强”：新时代青少年校园足球的战略定位于发展方向》，《体育科学》，2018年第4期。

③ 李强，韩玉，等：《青少年足球教练员训练模式和执教方式研究》，《体育科学》，2018年第2期。

④ 张琪，龚正伟：《我国足球改革的未来效应及其影响》，《上海体育学院学报》，2016年第4期。

第二节 校园足球课余训练体系的目标、任务及内容

结合校园足球课余训练的实践探索，课题组从校园足球课余训练体系的定位、构建原则、训练大纲、教练员素养、比赛行为准则、运动员成长记录档案管理制度、训练评价、保障制度、“精英”培训制度、网络数据共享等方面进行了综合研究。校园足球课余训练体系内容主要包括以下几个方面：

一、校园足球课余训练体系的目标和任务定位

校园足球课余训练与传统体校专业足球训练有很大的不同。认清这一定位，校园足球课余训练体系的思考从一开始就能够保持正确的方向。

首先，要把足球的育人功能放在首位。[①] 校园足球课余训练是学校体育的一部分，促进人的全面发展是学校教育的宗旨，作为学校教育的一部分，校园足球课余训练首先要把促进学生的全面发展放在首要的位置。课余训练不仅仅是提高学生的足球竞技水平，而且要为学校足球的课堂教学改革与实践提供新的思路，促进学生体质健康水平的提高。

其次，要为发现和培养高水平的竞技足球后备人才服务。校园足球在发挥促进学生全面发展的作用的同时，还要为培养特殊的竞技人才做好准备。

最后，要为培育优秀的足球文化消费群体服务。

课余训练还要把学生培养成为对足球运动具有高度热情和拥有高质量足球素养的人[②]。有了优秀的足球文化消费的社会群体，才能不断提高我国的足球文化水平，中国足球才有希望。为此，要培养学生的足球知识和技能，提高学生的足球运动竞技水平，使他们成为校园足球活动普及与推广的体育骨干；要把学生培养成为有足球运动素养的人，能够理解和评价足球运动规则、运动礼仪与传统[③]，成为今后有足够专业知识的理性的足球运动消费者。

二、构建校园足球训练体系的总体原则

为了更好地服务于目标、任务的定位，需要从多方面努力，构建具有中国特色的校园足球训练体系。

---

① 《国务院办公厅关于印发中国足球改革发展总体方案的通知》，http：//gov. cn/zhengce/content/2015_ 03/16/content_ 9537. htm.

② 高航，等：《当代运动教育模式研究》，《体育科学》，2005 年第 25 期。

③ 高航，等：《当代运动教育模式研究》，《体育科学》，2005 年第 25 期。

1. 课余训练要融入学校体育，要充分利用学校体育的特点和优势

首先，要结合学校文化教学的序列，借鉴国外青少年足球训练的经验，分级设计、结构完整、阶段性与整体性相结合，在校园足球课余训练大纲、训练课的基本结构、训练水平和质量评价等方面体现自己的特色。其次，规范档案管理，建立校园足球课余训练档案记录和跟踪管理制度，将运动员注册制度与学籍管理制度相结合，保证运动员在参加足球训练的同时，始终不脱离学校和家庭环境。① 最后，规范课余训练与比赛的管理，特别是急需出台周末、节假日训练与区、市一级校际间足球比赛的管理制度。

2. 要吸收先进的理念和方法，有效提高训练的系统性、科学性

基层教练员必须掌握当今世界青少年足球训练的先进理念和方法，结合学生的实际情况，规定学生各个阶段训练的目标、重点内容和方法，杜绝训练的随意性，确保训练的延续性和统一性。

3. 要促进足球课堂教学改革与实践的创新

通过对课余训练的实践和研究，体育教师要能够将先进的足球训练理念和方法引入足球课堂教学，增强课堂教学的有效性，并为校园足球的课程开发提供新的思路。

4. 要构建学校、家庭、社会三位一体的立体化培养模式

校园足球课余训练要为青少年足球后备人才的培养创设良好的家庭和社会环境，这也是校园足球课余训练体系的任务之一。

没有良好的足球社会环境，校园足球的发展将会阻力重重。处理好文化学习、升学、比赛和训练等方面的问题，需要家长的配合、理解和支持，家庭足球环境良好氛围的形成离不开家长和社会的支持。为此，要通过家庭足球环境的改变促进社会足球环境的改变，为校园足球课余训练的可持续发展创造良好环境。

5. 要杜绝急功近利的训练，以免给学生身心健康和未来发展带来危害

要根据学生身心发展的规律和高水平足球竞技人才成长规律开展课余训练，严格限制每次课的训练时间和每周训练次数，避免出现为了追求比赛成绩过早地进行专业化、成人化训练，以牺牲学生的文化学习时间来进行足球训练、提高比赛成绩，杜绝“只顾眼前，不思未来”违背足球运动员成才规律的急功近利现象②，把孩子的未来发展作为每次训练课的原则和起点，为孩子

① 孙一，饶刚，等：《日本校园足球：发展与启示》，《上海体育学院学报》，2017 年第 1 期。

② 张廷安：《我国校园足球未来发展中应当确定的科学发展观》，《北京体育大学学报》，2015 年第 1 期。

的健康成长负责。

三、科学可行的校园足球课余训练大纲设计

为了逐步形成一以贯之的校园足球后备人才培养体系，规范基层教练员开展足球课余训练，有必要设计高质量的校园足球课余训练大纲。课题组根据中小学《体育与健康课程标准》，借鉴《中国青少年儿童足球训练大纲》《国际足联草根足球培训手册》《意大利足球青训营训练教程》《美国足球青训大纲》《日本青少年足球训练大纲》《英足总国际教练员课程》等国外经验，研究制订了校园足球课余训练大纲。该大纲具有三个突出的特点：

（1）兼顾共性和个性。该大纲综合考虑了世界足球强国足球青训的共性经验和中国学生身心发展的特点。

（2）强调系统性。该训练大纲划分为五级，每一个层级都有相应的重点和任务，体现出阶段性与连续性相结合的原则。

（3）强调规范性。为了便于使用者的理解和操作，该大纲在阐述的逻辑组织上统一了风格和要求。

以下是校园足球课余训练分级培训制度及训练发展的内容（见表4-1）。

表4-1　不同年龄阶段的年龄特征和训练发展重点

级别	年龄段	年龄特征和训练发展重点
1级	U7—U8 小学1—2年级	7～8岁的儿童身体脆弱、发育迅速，协调性差①，集中注意力时间短，模仿能力强，喜欢玩，训练要充满趣味，以培养孩子踢球的兴趣为主，让他们学会将足球视为一种快乐游戏去体验和享受，认识到足球的魅力。这一年龄段最重要的任务是发展孩子的全面运动能力和协调能力，技术训练重点是提高个人控球能力，以球感、球性练习、带球跑和传球为主。
2级	U9—U10 小学3—4年级	这一阶段学生的速度、耐力及力量水平有所提高，视觉记忆能力出色，自信心强，初步形成了集体与团队精神，以培养踢球的兴趣为主，加强球性、球感练习，学习传、控、带球、射门等基本技术，通过1 vs 1练习来提高球员的个人技能；通过小型比赛（5 vs 5比赛包含门将）让球员了解如何通过踢球来学习，比赛分组实力要均衡；速度、协调性、平衡与灵活性是这一年龄段身体训练的重点。

① 国际足联编著：《国际足联草根足球培训手册（中文版）》，中国足球协会翻译审定，人民体育出版社，2010年。

续表

级别	年龄段	年龄特征和训练发展重点
3 级	U11—U12 小学 5—6 年级	具有强烈的求知欲，身体变化明显，平衡与协调能力有所提高，学习和记忆力强，自信并且有团队精神；运动技能发展的黄金期，加强球性和带球速度的训练，重点是基本技术的系统性训练，提高技术训练的难度，完善基本技术的水平；利用小场地对抗来发展基本进攻与防守原则。战术训练通过 2 过 1 配合来提高队员传接球的准确性；速度、力量、协调性、平衡与灵活性有必要提高；比赛 8 vs 8（50 米 ×70 米，球门高 2 米、宽 5 米）。
4 级	U13—U15 初中	青春发育的高峰期，思想活跃，自信心强，但自控能力有待进一步提高，有强烈的求知欲，培养球员踢球的乐趣和创造性；加强基本技战术的系统性训练；训练要包括战术的要求，体现进攻和防守的原则，根据攻防位置不同进行有针对性训练；提高个人能力，在对手施压下或高速运动时仍然能做出技术动作；学习小组配合的基本战术，培养球员的个性、斗志和争胜心；这一年龄段球员容易受伤，准备活动与放松训练加上动态牵拉特别重要。速度、力量、耐力训练是身体训练中必备的部分，养成踢球所需的体能。比赛 8 vs 8（50 米 ×70 米，球门高 2 米、宽 5 米）或 11 vs 11。
5 级	U16—U18 高中	进入青春发育后期，各组织、器官、系统的机能接近于成人，运动能力也接近于成人，加强团队精神和集体意识的教育，保持踢球的乐趣，应用技战术和富有激情的投入比赛，态度严肃并希望能好的表现；战术训练与小场地对抗不可少，比赛必须贯彻进攻与防守原则；战术训练包括攻防速度、快速进攻与反击、接近禁区区域的进攻与紧逼防守；技术训练包括快速准确的传接球与射门，战术训练的一部分是位置专项训练；身体训练主要是耐力、力量和速度，每周都要练习，保持全面稳定的体能状态；球员必须完全投入，训练要认真而且具有很高的竞争性，在对手施压下、高速运动和时间紧迫时仍能做出精确的动作①；比赛 11 vs 11，以 4∶4∶2 阵型为主，逐步形成校园足球的技、战术风格。

四、改善校园足球课余训练课的结构

训练的最终效益系于训练措施与专项需求的整体平衡，这就必须审视“训练措施整体环节”与“运动能力整体设置”之间的平衡关系。② 课余训练课的结构就要考虑“训练措施整体环节”与“运动能力整体设置”之间的平衡关系，使得训练措施与专项需求的整体相对平衡，在借鉴国外先进的青少年

① 德国足协：《青少年足球训练指导纲要》，2010 年。
② 英足总：《国际教练员课程中级课程学员手册》，2016 年。

足球训练课结构的基础上，课题组初步设计出校园足球课余训练课的结构（见表4-2）。

表4-2　校园足球训练课的结构

训练阶段	训练内容	时间占比
准备部分	热身	10%
基本部分	身体训练（协调性、速度）	15%
	技术、战术练习	20%
	加入限制条件的技战术对抗比赛训练	15%
	兼具重点的赛场情景模拟比赛训练	15%
	比赛	15%
结束部分	放松性练习	10%

第三节　校园足球教练员的综合素质和运动员参赛行为准则

教练员人才队伍的竞争力是校园足球发展的根基，教练员队伍的综合素质与执教能力决定着校园足球后备人才竞技水平的整体发展层次。高水平教练员能够使青少年球员保持对足球的兴趣，能有效提高球员的足球相关体能和技战术能力，有效减少足球训练中损伤的发生。[①] 为此，有必要对教练员在开展足球课余训练过程中应该具备的综合素质和执教原则提出明确要求，以提升校园足球课余训练的科学化水平。

一、校园足球教练员的综合素质和执教能力

（一）校园足球教练员的综合素质

从总体上看，校园足球教练员的综合素质应至少包括以下几个方面：

1. 对待青少年足球事业要有足够的耐心和热情，积极投入。
2. 要具有开放性思维和钻研精神；要有坚强的毅力。
3. 要有持之以恒、久久为攻的精神，对校园足球可持续发展充满信心。

---

① 黎涌明，等：《德国足球训练科学研究现状与启示——基于 Web of Science 2010—2016 年期刊文献综述》，《上海体育学院学报》，2017 年第 5 期。

4. 在平时的工作中要善于鼓舞士气，保持积极心态，做到平易近人、注重仪表、具有时间观念，要让球员们感觉亲切，能够确保的训练安全。

5. 要不断加强学习，努力让自己成为知识丰富的教练；要时刻反思自己是否真的理解球员们的需求，如球员在能力、独立性、情感等方面的需求。

（二）校园足球教练员的执教能力

校园足球教练员在执教能力方面至少要包括以下几个方面：

1. 能时刻以积极饱满的态度和激情对待球员和训练。①

2. 能坚持“把球性和随之带来的创造力”② 的理念贯彻到平时训练中，特别是校园足球课余训练的初级阶段，训练课要能够围绕队员控球、带球、假动作等提高球性的练习来设计；当队员的球感真正建立起来之后，能帮助球员在比赛中以更具创意的方式展现这些技能。

3. 能够将一个或几个复杂的技术或实战场景分级拆分到最小的可实现的技术动作和训练单元③，让训练接近于实战，不断提高球员的比赛能力。

4. 设计的训练课要让球员有足够进行自主决策的机会，为培养球员的创造性思维提供良好的氛围和环境。

5. 训练前能与球员充分沟通，明确训练目的及具体目标。

6. 训练课之间要相互联系、相互促进，具有连续性。

7. 指导训练、制订计划和反馈时间要均等。

8. 所有训练尽可能包含攻防转换元素。

9. 能使用递进的规划训练方式，使训练时间最大化；能根据团队的需要，采用不同的执教风格。

10. 每次训练课球员有球训练时间应不少于 70%。④

二、校园足球运动员参赛行为准则

运动员参赛的行为准则是运动员素养的核心内容之一，足球训练体系应该把这一部分内容纳入研究范围。加强校园足球学生球员参赛行为规范教育也是培养学生球员良好比赛习惯的教育，对规范赛场行为、净化校园足球比赛环境、发展学生球员核心素养、提升校园足球文化内涵等方面都具有积极的影响对校园足球可持续发展意义重大，应该加以重视。

---

① 英足总：《国际教练员课程中级课程学员手册》，2016 年。

② 美国足协：《美国青少年足球运动员发展纲要》，2012 年。

③ 德国足协：《青少年足球训练指导纲要》，2010 年。

④ 英足总：《国际教练员课程中级课程学员手册》，2016 年。

校园足球运动员参加足球比赛行为准则的内容包括如下几个方面：

1. 有团队意识，尽自己所能踢好比赛，并能以球队的利益为重。

2. 遵守公平竞赛的原则，不作弊、假摔、抱怨和浪费时间。

3. 尊重队友、对手、裁判和自己的教练、领队。

4. 遵守比赛规则，服从裁判的管理。

5. 能正确对待比赛结果，无论胜负都能表现得有风度；比赛结束后，和对方球员与裁判握手，并能集体去对方替补席向教练和队员问好，表示感谢。

6. 虚心接受教练的指导，并能做出回应；理解教练所做的一切都是为了球队的整体利益，而不是照顾个别球员。

7. 当自己对球队的一些安排不满时，告诉自己所信任的人。①

第四节　校园足球课余训练管理机制建设

一、校园足球课余训练过程管理机制

（一）校园足球课余训练的过程管理

校园足球课余训练的管理应把重点放在过程上，实施全过程的动态管理。为此，可以建立并完善运动员成长记录档案管理制度。

运动员成长记录档案管理应包含如下要求：

1. 基层教练员要对所有自己执教的运动员的综合表现进行完整的记录。

2. 成长记录袋材料应包括运动员的训练、比赛、学习、品德等方面的详细记录，应有教练员的评价和签名。

3. 各阶段材料应衔接有序，能真实反映运动员前一阶段的学习、训练和比赛水平，有利于后任教练员及时准确地获得有关运动员文化学习与技能发展的信息。

4. 所有材料应确保真实性，教练员应如实填写运动员成长记录档案。

（二）校园足球课余训练评价的完善

评价是实现校园足球训练目标的推动力，高质量的评价是高质量的校园足球训练的保障。

校园足球课余训练的评价内容至少应该包括两个部分：一是教练员执教能

---

① 英足总：《国际教练员课程中级课程学员手册》，2016 年。

力和水平的评价，二是运动员竞技水平和未来发展的评价。

教练员执教能力和水平的评价主要有两个方面。一个方面是自身的足球技能水平和参加培训的经历，以及获得的教练员证书级别；另一个方面是执教能力和取得的成绩。其中，执教能力体现为对现代青少年足球训练理念、方法、组织等理论知识的学习和掌握程度，能够从运动员未来发展的角度来设计训练计划和开展课余训练，其训练过程符合现代足球后备人才成长的规律。教练员的工作成绩则可以通过带队参赛的成绩和输送后备人才的级别与数量表现出来。

针对运动员的评价主要包括竞技水平和未来发展的评价。其中，竞技水平的评价主要考察运动技能的训练水平和测试成绩、比赛能力表现和比赛成绩；运动员未来发展的评价主要考察其对足球运动的热爱程度、投入与执着的程度，以及是否有突出的个人踢球特长和风格。

二、校园足球课余训练的保障机制

校园足球课余训练需要外在的保障，特别是制度建设的保障。有了切实可行并贯彻有力的外部保障和安全保障机制，才能使课余训练从理念转化为实际行动，保障教练员和学生的合法权益。

（一）外部保障机制的建设

外部保障机制的建设至少应包含以下几个方面：完善运动员文化学习保障制度；完善校园足球课余训练过程管理与考核制度；完善运动员保险制度，学校能够为参加课余训练的队员购买保险，保障学生和教练员的合法利益；完善运动员家长委员会制度，让家长参与训练和比赛的部分工作，明确工作条例和工作职责，营造家校合力的良好教育环境。

（二）安全保障机制的建立

这里特别值得一提的是，要把建立安全防范和法律维权的制度作为非常重要的任务。

目前，中国大部分家庭是独生子女家庭，全社会都很关注孩子在学校内的安全问题，安全工作已成为学校最重要的工作之一。校园足球课余训练与比赛难免会出现球员意外受伤的情况，如何降低意外伤害事故率，维护教练员、运动员的合法权益也是校园足球课余训练面临的任务。为此，一方面要明确课余训练中安全防范知识教育的要求，规范科学训练方面的行为，尽量降低意外受伤的风险；另一方面，要建立并完善保险、法律维权等社会保障体制，为校园足球课余训练健康发展创造良好的社会环境。

三、校园足球课余训练“精英”培训制度

目前，校园足球竞技水平普遍不高，后备人才培养与欧美地区和韩日等国相比还存在很大差距，主要是各地缺乏系统和科学的“精英”培训制度，不能及时发现并有效培养具有潜力和天赋的球员。提高校园足球竞技后备人才培养水平是校园足球课余训练的一个重要任务，为此，有必要建设和完善校园足球课余训练的“精英”培训制度。

为了选拔和培养足球后备人才，我国已经采取了很多措施，比如举办校园足球四级联赛。但是校园足球四级联赛往往以基层学校为单位，比赛的竞争水平较低，对部分有天赋的运动员的竞技水平和比赛能力的提高作用不大。

运动员未来成长的发展受到限制，反映出校园足球没有形成以区、市、省为整体的高水平后备人才发现与培养体制，导致后备人才培养分散、不系统、各自为政，训练与比赛低水平徘徊，严重影响了校园足球后备人才竞技水平的提高和发展。

为此，教育部门和体育部门要加强沟通与协调。一方面，教育部门要利用自身的优势，以区、市为单位集中本地区各个学校同一年龄段的优秀队员组织开展“精英”训练，以提高学生个人足球能力作为首要任务，避免他们在低水平、无刺激、无竞争的环境中养成不良的训练与比赛习惯。通过这种方式，可以把具有足球发展潜质的精英球员集中起来，为其提供一种融合技战术与体能的全面提高足球竞技能力的训练与比赛环境，并辅以高水平的指导，达到相互砥砺、个人能力快速提升、个性特点得以彰显的目的。另一方面，体育部门要在提供高水平青训教练员方面给予大力支持，使训练水平有保障。同时，要加强精英球队的定期交流比赛，促进精英球员的比赛能力不断提高。高水平的球队多了，比赛才能更好地为球员的未来发展提供有力的支撑。

四、校园足球课余训练与竞赛的网上数据交流平台

在网络时代，信息、资源共享是促进足球训练整体水平提升的必要手段。

广大基层的教练员在处理青少年足球训练的问题上还存在很多亟须改进的地方。如训练理念落后，训练不系统，训练手段和方法陈旧，平时的课余训练随意性大，等等。之所以如此，很重要的一个原因是缺乏相应的训练资源。在训练中，缺乏可供参考的足球青训大纲和训练资料，不知道该如何科学有效地指导训练。为此，非常有必要建设高质量的网络数据交流平台。

高质量的网络数据交流平台至少应包括如下资源：国内外先进的足球青训

理念；不同年龄段青少年的生理、心理特点和训练规律的理论知识；不同年龄段的训练大纲和好的训练方法、手段；优秀的技战术训练模块等资料。通过各类资源的整合，可以为广大基层的教练员提供便捷、优质的资源支持，从而大大提升足球执教水平与能力，提高课余训练的有效性。

综上所述，构建和完善校园足球课余训练体系是提高校园足球课余训练质量的根本途径，为此，必须从目标、任务的界定开始，整合校内校外各类资源，进一步加强理论和实践的探索。

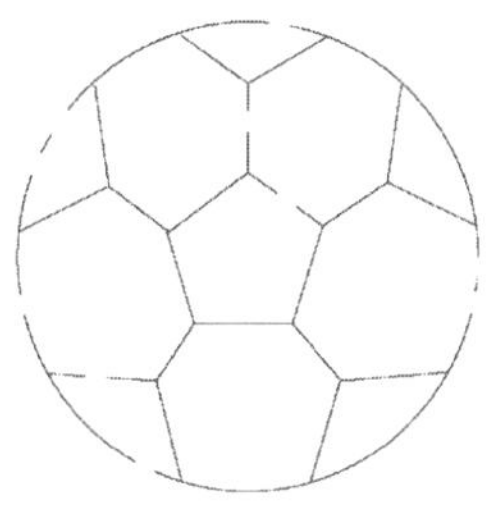

第五章

校园足球师资队伍建设

第一节 校园足球师资队伍建设的现状分析

自2015年校园足球工作改为由教育部直接主管以来，经过5年的努力，现在已经在全国遴选认定24126所校园足球特色校，建成了地市级和省级校园足球试验区38个，认定了135个校园足球试点县，已经在全国第一批建立了47个校园足球“满天星”训练营，到2025年要建成5万所校园足球特色学校。在师资队伍建设方面，过去4年，5000多名校园足球管理干部（校长）和4万名校园足球的教师接受了培训，校园足球教师里的优秀人员接受了教练员的培训，已经拿到D级教练员证书的有8000多人。同时，过去4年中，教育部派出1500名校园足球教师到英国和法国进行了为期3个月的学习和训练，其中800多人已经拿到英足总的D级和C级教练证书，500多人可以做校园足球教师培训的讲师。2015—2019年各个省（区、市）加上地市校园足球培训接近40万人次①，校园足球在师资队伍建设方面已经取得很大的成绩。但随着校园足球的不断发展，当前校园足球师资队伍无论在数量上还是质量上都远远不能满足校园足球的发展需求，为此，加强师资队伍建设与管理是校园足球可持续发展的最为重要的任务之一。校园足球的发展对师资队伍建设与管理水平的要求越来越高，如何发展壮大师资队伍和不断提升师资队伍整体质量，是值得校园足球工作者研究和思考的问题。

目前，校园足球师资队伍建设与管理还存在以下几个方面的问题：

1. 校园足球裁判员队伍建设与管理严重跟不上校园足球比赛需求的发展。随着校园足球比赛的多元化发展，其对合格的裁判员的需求量也越来越大，校园足球赛场环境的净化和提高，必须依靠一支业务能力强、职业道德水平高的裁判员队伍。

2. 足球教师队伍业务水平不高，足球课堂教学有效性和创新能力不足，直接影响到足球运动在学校普及与推广的质量。

3. 足球教练员队伍建设严重滞后，有资格证书的教练员比例不高，特别是C级以上的高级别教练员人数太少。教练员队伍整体训练执教水平偏低，远远不能满足校园足球课余训练和竞技水平发展的需求。

4. 校园足球管理干部队伍建设与管理水平有待进一步提高，这是目前校

---

① 王登峰：《全国青少年校园足球工作报告（2015—2019）》，教育部网站，2019年。

园足球普及与推广的瓶颈，也是打通校园足球发展上下关系的关键。提高校园足球管理干部队伍数量和质量是当前校园足球工作的重中之重，也是支撑校园足球可持续发展的关键。

5. 随着校园足球联赛的发展和赛事的多元化，校园足球缺乏一支高水平赛事策划与管理人才队伍。目前，校园足球没有形成自己的品牌联赛体系和缺乏高水平比赛策划与管理人才队伍有着十分密切的关系，校园足球要想形成自己的具有全国影响力的联赛体系，必须建设一支高水平、高质量的比赛策划和管理人才队伍。

6. 与世界足球强国的足球青训体系相比，校园足球目前还缺乏具有“伯乐思维”的球探人才队伍。这也是制约校园足球高水平竞技后备人才发展的重要原因之一，需要加强建设。

师资队伍建设是校园足球可持续发展的关键，抓好了师资队伍建设与管理，校园足球的发展就有了保障，构建完整的校园足球师资队伍与管理体系对提升校园足球整体水平具有积极而现实的意义。

第二节　校园足球管理干部队伍建设与管理

一、校园足球特色学校校长队伍的建设与管理

校长队伍建设与管理是校园足球可持续发展的最为重要的方面，关系到足球在学校内能否普及与推广，校长是校园足球工作的直接领导者。加强足球特色学校校长的建设与管理要从以下几个方面进行：

1. 加强理论学习与培训，提升校园足球发展理念，全面规划学校足球发展

应加强对足球特色学校校长进行校园足球相关政策和战略部署方面的培训，使其充分把握校园足球工作的方向，充分认识到校园足球在《中国足球改革总体方案》、学校体育转型发展、学校人才培养、全民健身国家战略服务、青少年核心素养培育过程中所担负的责任，认真学习《教育部等6部门关于加快发展青少年校园足球的实施意见》《全国校园足球教学指南（试行）》《学生足球运动技能等级评定标准（试行）》等国家文件精神，制订校园足球规划与发展、教育教学改革、训练与比赛、校园足球文化建设等各个工作领域的规范文件，健全管理制度，加强过程管理，实行校长负责制，全面规划学校

足球发展。

2. 转变办学思想，认清形势，创造性地解决场地不足的问题，为学校足球工作的开展提供有力支撑

校园足球在“中国梦”实现和深化教育改革中处于十分重要的位置，教育经费支出必将会向其倾斜，中央财政将拿出专项资金用于全国性的校园足球教学、研究、师资培训、聘请高水平教练及举行全国性赛事，地方各级财政经费则用于地方层面的这些领域。此外，社会企业、组织的支持必将增多①；农村、西部等欠发达地区校园足球定点学校的场地建设，将纳入义务教育薄弱学校改造计划中。② 广大校长应抓住良好的政策机遇，重视校园足球场馆建设，在充分论证的基础上，主动与地方政府协调，争取把为大型活动而新建的足球场馆放在学校，同时根据学校和学生的特点，“花小钱，办大事”，通过多方筹资和财政持续投入，兴建规模不大的多功能体育场馆，并根据实际情况拓展足球活动场地：（1）可以因陋就简、因地制宜，如多建设七人制、五人制、三人制笼式足球场。（2）逐步改建和扩建原有场地设施，如利用原有篮球、排球场地。（3）盘活存量，实现社会、社区足球场馆和学校共享。③

3. 公平办学，合力破解师资难题

校园足球教育是否公平主要表现为所有学生是否都有接受公平优质的足球教育的机会（如足球课能否按照国家规定保质保量开展，学校发展足球运动时是否只注重校级比赛名次而忽视普通学生的客观需求，所有学生能否有机会享受学校的足球场馆和学校一流的足球师资）。因此，校长要多方听取意见，制定具体措施，确保全体学生在最大公约数的前提下享受校内足球资源。在体育足球师资方面，校长应主动探索足球专业教师进修、各类非足球专业体育教师技能培训和聘请兼职足球教师等多条路径，其中兼职教师包括足球教练、裁判、退役运动员、社会上有足球专长的人士、在校足球专业大学生等；并且，校长主动申请政府购买校园足球服务，为各种学校破解师资难题提供便利条件。

4. 加强校园足球育人价值宣传，改变家长教育观念

我国独生子女政策的实施，引起了我国一定的社会行为和家庭抚养方式的改变，独生子女在家庭中处于核心地位。很多家长关心的只是孩子是否吃饱穿

---

① 苏荇，陈泳强：《七招开启“校园足球”2.0 模式》，《中国青年报》，2015 年 2 月 8 日。

② 公兵，岳东兴：《校园足球“升级”的四个难题》，[2016－07－05]，http：//www. chinadaily. com. cn/dfpd/dfjyzc/2014－07－24/content_ 12070836. html。

③ 姚健：《校长引领校园足球推广实施研究》，《北京体育大学学报》，2017 年第 4 期。

暖，学习成绩是否名列前茅，忽视对孩子体育兴趣的培养，也正因此，习惯被溺爱呵护的孩子从小缺乏吃苦精神，抗挫折能力弱。校长要深化对全校班主任、辅导员及广大体育教师的思想教育，让他们树立向家长主动宣传足球价值的思想观念。学校可以通过家长会、邀请家长观看校园足球比赛、邀请家长参加校园足球趣味游戏和技巧大赛等活动，宣传足球运动对青少年体质健康、技能培养、人格塑造、团队精神、脑力恢复的重要作用，同时探索把足球技能评价作为学生评优选先中的重要观测点的具体操作方法，使广大家长真正乐意并主动鼓励孩子参与足球运动。

5. 加强足球课程建设，深化足球教学改革

校长应积极参加国家级、省级青少年校园足球校长专项培训及各类校园足球发展校长研讨会，同时支持足球教师参加各类校园足球专项业务提升培训，鼓励教师根据学校的实际情况和个人专业能力构建校园足球校本课程，把足球课程建设作为学校教学研究的重点。在足球课堂教学中，足球教师要敢于尝试足球教学改革，提升教学质量。在课程建设与教学实践方面，校长要具备以下足球教育理念：

（1）教学理念重塑。校园足球教学的价值追求应该是“三位一体”，即“提高学生体质健康、增强运动技能、培养学生健全人格”。

（2）教学课时保证。校园足球特色学校要求在教学大纲中规定必须保证每周开设 1 节足球课。

（3）教学模式创新。教学中应探索多种上课形式：可以组织班级比赛、年级比赛，还可以把课程标准的核心技术编排成大课间操等；运用自学辅导、探究式、发现式、行为修正等多种教学方法；根据足球教材特点和学生实际，把学生划分为启蒙型、诱导型、发展型等多个层次进行俱乐部教学。

（4）教学评价多元。探索诊断性、发展性、总结性等多种评价方式，对老师教的效果和学生学的效果进行灵活、有效评价。①

6. 比赛规则创新，体现办赛的育人价值

校长应通过学校体育工作会议，确立每年至少举办一次学校范围内的班级足球联赛的规章制度，并倡导通过规则创新来实现校园足球比赛价值的理性回归，即举办校内班级足球联赛的目的应由“名次至上”向淡化竞赛排名、重视学生增强体质和全面素质教育转变；要创新比赛规则，开展 3 人制、5 人制、8 人制等各类比赛；延长比赛周期，优化班级足球联赛机制；增强学生办

① 姚健：《校长引领校园足球推广实施研究》，《北京体育大学学报》，2017 年第 4 期。

赛的组织能力，发挥体育骨干和足球社团的作用。应邀请校友、家长观赛、参赛，以扩大赛会影响。另外，校长要积极承办区级比赛和鼓励校代表队参与各类足球比赛，营造学校的足球氛围和提高学校的知名度。

7. 完善校园足球安全保障体系

校长应带领全校体育教师、后勤、安保、医务室人员等进行校园足球安全保障体系建设，切实把校园足球安全工作放到学校足球工作重要的位置。校长要作为第一安全责任人，组织相关人员对校园足球安全的风险因素充分识别，对风险量准确评估，对风险防控实施进行充分论证，对防控效果进行及时评价，真正从源头上消除广大家长、师生对参与校园足球运动的后顾之忧。

8. 实行学校领导参与足球活动公示制度

清华附中校长王殿军认为，校长身体力行可以起到很好的示范作用。校长带头参与足球活动，教师就会加入其中，学生自然而然地也会参与。有时候校长经常参与足球活动对学生的影响远远超过其他方式。因此，学校要实行类似于现在的学校领导每周重要活动安排内部网站公示制度，把参与足球活动作为公示的主要内容之一，学校领导接受学生监督，身体力行宣传“阳光足球”的教育理念。

9. 制度突破，加强校园“足球特区”建设①

校长应积极倡导和尝试校园足球学校内部管理制度创新，加强校园“足球特区”建设。（1）“项目扶持特区”：学校出台专门针对校园足球特有的扶持发展政策，而不是针对所有的体育项目；（2）“教师职称评定特区”：足球教师训练、竞赛、裁判工作业绩与职称评定挂钩，并不断深化落实；（3）“学生评优选先特区”：对足球成绩好的学生在评优选先及升学录取中进行重点照顾。

10. 规范学校制度管理，防控校园足球腐败

校园贪腐现象存在的重要原因之一就是有些校长“一言堂”。要预防校园足球中教练违规选拔、违规招生、经费挪用、采购贿赂、场地建设审核等各类腐败，必须推进学校治理体系和治理能力现代化。（1）通过教育、制度、惩罚综合发力，形成在校园足球工作开展过程中校长“不想腐、不能腐、不敢腐”的有效机制；（2）要强化校园足球人事、财务等重点部位和关键环节监管，实现校园足球决策、执行、监督等重要岗位有效分离，实施学校足球财务状况年度公开与评价制度；（3）推动校园足球相关支出实行公务卡制度等。

---

① 姚健：《校长引领校园足球推广实施研究》，《北京体育大学学报》，2017 年第 4 期。

二、校园足球办公室工作人员队伍的建设与管理

校园足球办公室是校园足球的指导者和管理者，全面负责各省、市、足球特色学校的工作监督与管理，是校园足球特色学校能否贯彻执行教育部相关政策的监督者，担负着校园足球兴衰成败的重任。因此，加强校足办工作人员队伍建设与管理是校园足球师资队伍建设的一个重要方面，必须加以重视。

1. 加强业务学习，提高业务水平和能力，力争做到专业人管专业事

作为校园足球的指导者、管理者，校园足球办公室工作人员必须要精通足球教学、训练、竞赛、后备人才选拔等业务，这样才能更好地完成校园足球办公室的工作任务，更好地指导当地学校开展足球教学工作，并对工作过程进行有效管理与监督。对其业务培训应包括以下几个方面：（1）开展足球教学及管理方面的培训。校足办工作人员要认真学习《全国校园足球教学指南（试行）》《学生足球运动技能等级评定标准（试行）》《体育与健康课程标准（试行）》等相关课程，做到对中小学足球课教学的内容、目标、组织形式、评价等方面充分理解，这样才能对中小学足球教学进行有效指导和开展相应的监督与管理。（2）开展足球训练与竞赛方面的理论学习与培训。校园足球竞技水平的提高离不开课余训练与竞赛，作为基层的校园足球领导者和管理者，要具备足球训练与竞赛的专业知识，具备对学校足球课余训练与竞赛指导的能力，要提高对足球课余训练与竞赛的监督与管理能力，这对校园足球可持续发展具有积极意义。

2. 加强政策学习，把握校园足球发展方向

要加强《中国足球改革总体方案》《教育部等6部门关于加快发展青少年校园足球的实施意见》等国家政策文件方面的学习与研究，切实把握好校园足球发展的方向，为校园足球可持续发展奠定坚实的基础，真正实现校园足球专业人管专业事的目标。

3. 加强校园足球联赛组织、策划与管理能力的培养

加强校足办工作人员校园足球联赛组织、策划与管理能力培养，对提升校园足球联赛的办赛水平意义重大。

第三节　校园足球教师队伍专业教学能力的发展

目前，教育部已对全国校园足球特色学校至少一名体育教师进行了一轮国

家级骨干教师培训，为校园足球教师队伍的建设和培养奠定了基础。但仅仅为期 15 天的集训是远远不够的，需要长期的不断学习与实践才能适应当前校园足球发展的需要。足球教师不仅要具备能够开展正常的足球课堂教学的能力，还要具备开展足球课余训练与组织比赛的能力。因此，校园足球教师队伍的建设与管理应该包括以下两个部分：一是足球教师教学能力的培养与评价；二是开展足球课余训练能力的培养与评价。本节重点是关于足球教师专业教学能力素养发展方面的内容。

一、足球教师队伍专业教学能力培养的要求和标准体系设计

近年来的研究表明，良好的专业能力结构有助于提高教师知识引导的效率，有助于教师培养学生优良的学习能力，有助于增强教师的职业适应性，以顺利应对千变万化的教育工作和教育环境。① 教师足球专业能力是指教师在足球教学与训练活动中表现出来的、对足球教学活动的完成质量具有一定影响的实践性行为表现。研究足球教师的专业能力，有助于厘清足球教师专业发展所需的实践性知识，也有助于足球教师把握校园足球的课程目标和课程内容。好的足球课教学要求教师要深刻思考在足球教学中“如何进行风险防范与紧急处理”“如何发挥学生的主体性”“如何在技术教学中因材施教”“如何制定锻炼处方”“如何在体能教学中控制运动强度”“如何进行教学分组”“如何开发课程资源”“如何运用不同教学方法帮助学生快速掌握技术”“如何进行师生互动”等一系列问题。可以说，足球教学与其他教学相比影响因素更复杂，师生互动性更强，教师考虑的事情更多，对教师足球专业能力要求更高。课题组根据校园足球发展的需求初步设计出足球教师专业能力发展标准（见表 5-1）。

表 5-1　校园足球特色学校足球教师专业能力发展标准②

一级指标	二级指标	三级指标
体育教师职业意识	科学的学生观	公平对待所有学生；关心学生；激发学生的体育学习兴趣；吸引并保持学生的注意力；培养良好的学习态度。
	教师职业道德	遵循教师职业道德规范；尊重和热爱体育教师职业；对发展校园足球具有强烈的责任感和使命感。

① 杨烨，张晓玲：《我国中小学体育教师专业能力标准的制定》，《上海体育学院学报》，2009 年第 5 期。

② 杨烨，张晓玲：《我国中小学体育教师专业能力标准的制定》，《上海体育学院学报》，2009 年第 5 期。

续表

一级指标	二级指标	三级指标
足球技战术教学能力	足球课堂教学设计能力	具备足球专业知识与技能；明确教学目标、任务和教学的重、难点；熟悉足球课堂教学内容；选择合适的教学方法、策略和教学技术、手段。
	足球技战术传授能力	动作示范准确，战术练习设计合理；有效解答学生所提问题；运用合适的方式与学生进行交流；鼓励和支持学生间的合作。
	技战术教学实践能力	根据学生需要采用合适的表达方式；鼓励学生努力提高足球技能水平；采取合适的方式、方法及时阻止学生的不良行为举止，养成良好的比赛习惯。
		教学设计要模拟比赛的情境，为学生提供整合技战术的教学比赛，重点提高学生参与足球比赛的能力，培养学生的足球兴趣和爱好。
教学对象分析能力		满足每一个学生的需要；为学生提供参与足球学习并获得成功的机会；使学生的学习活动高度集中于足球课堂教学目标。
足球教学资源开发与利用能力		确保所有学生均能获取所需的足球教学资源；运用现代信息技术查找和共享足球教学信息；运用现代信息技术存储和重复利用足球教学资源；为家长及社区成员提供参与足球活动和比赛的机会。
绩效评价能力	创设足球学习环境能力	为学生提供具有创造性、发展性和挑战性的足球学习环境；设计或修改足球教学组织形式以适应学生和教学环境的需要；吸收多种教学模式和观点，尊重他人的价值观和见解。
	评价学生学习绩效能力	评估学生学习结果；评估学生的态度情感和反应；提供自我评估的机会。
绩效评价能力	提供绩效反馈能力	提供清晰、及时、具体的反馈信息；提供和接受学生反馈时保证开放与公平。
	帮助学生反思能力	帮助学生提供和接受反馈；为学生提供机会进行反馈；提供反思和回顾的机会。
	教学反思能力	针对足球教学评价标准与同事进行交流；评价自我教学绩效；评价教学材料；评价教学方法和学习活动。

续表

一级指标	二级指标	三级指标
组织课外足球活动能力	指导足球课余训练与竞赛的能力	有效指导足球课余训练；有效组织足球社团活动和学校足球班级联赛；承担学生课外足球比赛的裁判工作。
	指导社区足球活动能力	能够指导社区足球竞赛活动；能够为家长参与足球活动提供帮助。
体育教师专业发展能力		建立个人教学工作档案；参加教师专业培训；不断提高个人的足球技战术水平；拓展足球教学与训练理念；不断创新足球的教学策略；认识和发现足球教学实践中潜在的问题，通过研究加以改进；掌握足球教育、教学与运动训练研究基本方法，不断提高校园足球的科研水平。

二、校园足球特色学校足球教师专业能力发展标准的具体要求

1. 体育教师职业意识

体育教师应该遵守该职业所规范的道德准则。这不仅包括教师基本的职业道德、尊重和热爱体育教师职业，还包括区别于其他职业的学生观、关心学生的全面发展、公平对待所有学生、把学生体育兴趣的培养作为体育教学的核心目标、吸引学生注意力、培养学生良好的学习态度。

2. 足球技战术教学能力

根据《全国校园足球教学指南（试行）》和《学生足球运动技能等级评定标准（试行）》，学生要掌握相应的足球技能，足球技战术教学是足球课堂教学的中心任务。足球教师应具有相当强的足球技战术教学能力，该能力是足球教师的核心专业能力，也是足球教师必须具备的专业能力。足球课堂教学过程一般包括教学设计、技战术传授、教学组织、实践教学、教学比赛等方面。足球技战术教学能力的具体体现为：足球教学设计能力、技战术传授能力、课堂教学组织能力和足球技战术教学实践能力等。

3. 教学资源开发与利用能力

现代教学理论要求教师不仅是课程教学的实施者，还应是教学的主动建构者，其主动性体现为课程内容的建构、教学资源的开发利用、教学信息的获取传输及课堂教学的空间延伸。对足球教师而言，足球教学资源的开发与利用能力主要是确保：所有学生都能获取所需的足球教学资源；教师能够运用现代信息技术查找和共享足球教学与训练的信息，存储和重复利用足球教学资源；教

师能够充分利用学校足球的资源为学生家长和社区足球爱好者提供参与足球运动的机会，促进校园足球的社会和家庭足球环境资源的开发。

4. 教学对象分析能力

学生是教育活动的主体，教育就是要实现每一位学生的全面发展。足球教师在教学中要重视学生间的差异，满足每一位学生身心健康发展和足球技能学习的需求，因材施教，使学生的学习活动高度集中于课堂教学目标，提高课堂教学的效率，从而为学生提供参与足球教学与比赛并有获得成功的机会。

5. 绩效评价能力

现代教育理论要求教师不仅是知识技能的传授者，还应是主动的反思者。反思内容不仅是学生的学习行为，还包括自身的教学行为。对自我教学效果的评价有助于教师发现教学中的不足，通过反思，提高自身的教学能力。教师不仅要向学生提供绩效评价结果，还要在一定的学习环境中，引导学生评价其自身的学习活动，自主地建构对知识和技能的理解。因此，绩效评价能力标准包含了创设学习环境能力、评价学生学习绩效能力、提供绩效反馈能力、帮助学生反思能力和教学反思能力等。

6. 组织课外足球活动能力

校园足球特色学校足球教师的工作范围不仅包括足球课堂的教学，还包括足球课余训练与竞赛活动、足球社团活动、社区足球活动的协助开展等。

指导课外足球活动能力主要指教师能有效指导学生的课余足球训练，能有效组织学生课外足球活动和比赛，并承担学生课外足球比赛的裁判工作。指导社区足球活动能力主要指教师能够指导社区开展足球比赛活动，并能够在社区体育活动中进行基本的运动保健和康复指导。

7. 足球教师专业发展能力

足球教师和其他学科教师一样都存在教师专业发展的需要，应具备教师专业发展能力。足球教师专业发展能力主要包括：能够建立个人教学工作档案，积极参加教师专业培训；能够不断更新足球教育教学和训练的理念，拓展有关足球学习原理和教学策略的知识；能够认识和发现足球教学与训练实践中潜在的问题，掌握基本的教育研究方法，通过研究改进足球教学与训练工作。足球教师专业能力的养成是校园足球师资队伍建设的重要方面，现已成为亟待解决的现实问题，对校园足球普及工作的质量提升与可持续发展具有积极的意义。

第四节　校园足球教练员队伍的建设与管理

校园足球的发展包括足球运动的普及与提高，没有校园足球竞技水平的提高，就没有校园足球的发展，因此，提高足球竞技水平是当前校园足球工作的重要方面。教练员队伍是决定校园足球竞技水平高低的重要因素，加强校园足球教练员队伍建设与管理的研究，提高校园足球教练员队伍的整体水平，对校园足球可持续发展、提高校园足球竞技后备人才水平具有积极的意义。

一、加强校园足球教练员队伍的职业道德培养，规范教练员队伍的行为

校园足球教练员队伍的质量直接关系到校园足球竞技后备人才培养与竞技水平的提高，关系到国家足球发展战略的实现，关系到校园足球工作的成败。教练员队伍的核心素养首先是职业道德素养，没有高尚职业道德素养的队伍是一支没有战斗力的队伍，因此，加强校园足球教练员队伍的职业道德素养建设，规范教练员队伍行为，是当前校园足球研究的重点，意义重大。

1. 要帮助教练员树立正确的价值观和人生观。教练员要形成对校园足球事业发展的工作情怀，要具有强烈的自信心和自豪感，坚信通过我们这一代人的努力一定能够改变我国足球发展的现状，甘于奉献，不计个人得失，久久为攻，具有不达目标誓不回头的献身精神，为国家足球的腾飞做出校园足球教练员自己的贡献。

2. 校园足球教练员要能够不断完善自我并规范自我行为，这样才能获得球员的尊重，才能合理地教育和培养青少年学生球员。

3. 高水平教练员必须具备特定的品质。这些品质需要结合教学技能，才能帮助教练员充分激发潜能并享受足球运动。一名优秀教练员所具备的品质包括：激情、耐心、积极、有毅力、注重仪表、有时间观念、投入、让学生感到亲切、理解学生球员需求、知识丰富、有开放性思维和钻研精神、平易近人、善于沟通、善于鼓舞士气、公平、有关于体育的知识、有对学习的渴望，以及愿意帮助他人进步。没有这些充满正能量的个人品质，就算是技术技能最好的教练也可能没办法帮助他人高效地学习。成功的教练员通常不只是精通足球运动的技战术，他们还能传授并展现这些内容。

二、教练员队伍应该具备的青少年校园足球训练理念

1. 平等且尊重地对待所有孩子和家长。

2. 创建开放式环境，当青少年有任何疑问时，他们都可以和教练员交流。

3. 要确保注意到所有球员的需求，并平均分配注意力。

4. 及时向球员提供具有建设性的反馈意见，支持他们的培训（告知球员，他们需要知道的是怎样才能进步，而不是他们做错了什么）。

5. 通过表扬和正强化来辅助培训球员。

6. 鼓励球员通过联合决策来培养责任感。

7. 鼓励球员在训练课上的关键阶段发表他们的看法和意见。

8. 鼓励并支持球员对自己的学习和培训负责，并自己去“解决问题”。

9. 要让球员认识到培训和学习是一个复杂的过程，并且总是与新事物相碰撞。

10. 不同球员在“体能、技能、心理、社会交往四因素”方面的进步速度是不同的。

11. 体能、技能、心理和社会交往四个因素相互作用并相互影响，贯穿于整个培训过程的各个阶段。

12. 如果某些人行为不当，要批评他们的行为，但不要进行针对个人的人身攻击。

13. 重视青少年球员的观点。

三、教练员对训练课评价的能力培养

1. 正确评估一堂训练课的能力对教练员至关重要，这是制订未来训练课计划的基础。

2. 记录任何可能需要改变的组织和安全问题（如计时、分组、训练步骤、安全）。

3. 检查是否实现本次训练的目标，记录球员的优缺点。

4. 记录本次好的做法和想法，以备后续训练课的提高。

5. 询问参与训练球员和其他人关于本次训练课的想法。

6. 教练对训练的组织要有连贯性，懂得如何执行训练计划，并且知道如何组织一次安全有效的训练课。

四、教练员的安全与损伤预防能力的培养

球员的医疗保障是非常重大的责任，创造安全的训练环境，第一要务是最大限度降低受伤的风险。教练员一定要对足球训练与赛事现场的医疗事务有清晰的认识。在比赛中，教练员应有一个预先安排好的战术。因为对受伤队员进行应急处理的压力会影响执教表现，使教练员在现场的能力发挥不具备挑战性，这时，教练员安全与伤害的预防和应急处理能力可能就会影响到比赛的结果。应做好安全与受伤应急处理预案，一旦球员受伤，立刻实施紧急救援，是否得到更好的医治会影响伤病球员的未来发展和比赛的结果。

五、教练员关于足球运动体能训练的能力培养

教练员要理解和掌握足球运动的体能训练概念。体能训练的内容和结合球员身体条件的训练方法，构成足球体能训练前期准备的一部分，同时良好的准备也可以对球员做到有效保护。体能训练内容、体能训练方法要和足球技能发展相结合。在足球训练课程当中，教练员要在发展球员体能的同时，提高球员足球的技能和技术水平。体能训练的具体内容包括：青少年基础力量训练、身体功能性训练、青少年力量训练理念与方法、青少年核心力量训练理论、灵敏与协调协同训练、速度与耐力协同训练等。

六、足球训练营养搭配与控制理论知识的学习和运用

教练员要对营养、食物种类及运动中均衡饮食摄入的重要性有初步的了解，知道良好的饮食习惯有利于年轻球员最大限度地发挥潜力。教练员要能够为球员提供相关营养需求的基本指导（如适当补充原汁饮料，富含碳水化合物的运动饮料和淡果汁饮料是赛前准备必要的组成部分），从而保障球员能不断并高效地参加足球运动。

七、加强足球比赛规则的学习和比赛裁判能力的培养

教练或裁判应充分了解比赛规则，并确保球员对此具有足够的认识。这一点很重要，教练员需要培养自己的裁判工作技能。

比赛执裁技能知识包括：理解比赛、有管理球员的能力、快速就位、与球员进行交流、处事干练、执哨严格且公正、判罚前后一致、观察比赛能力、预判能力。

这些技能不仅是裁判或教练，对于球员来说也是十分重要的知识，教练员

和裁判需要对足球比赛规则和竞赛规程有充足的知识储备。

八、教练员队伍执教能力的培养

1. 足球运动技能与战术的执教能力培养

这主要包括：足球整体与局部战术配合、多人足球竞技技巧应用、守门员技术的基本原理与实践、个人进攻与区域进攻配合实践、个人防守与区域防守协同配合实践、足球技战术训练手段与方法、足球战术选择与运用、足球运动智能训练方法、训练课的设计与安排、指挥比赛的临场应变能力。

2. 教练员和运动员成长与发展

这主要包括：青少年心理塑造特点、优秀教练员成长经历、足球文化氛围的形成、足球团队意识的培养与方法设计、足球运动成绩预测与目标设定、足球运动员心智能力诊断与调整、青少年身心发展的规律、足球运动员文化学习管理技巧。

九、强化校园足球教练员队伍的培训与教练等级晋升工作，提高教练员队伍的执教水平和工作积极性

我国的教练员岗位培训体系基本建立完善，从最初级的校园足球教练员 E 级、D 级，到中等水平的 C 级、B 级，再到最高的 A 级。职业级教练员培训也已经在校园足球教练员培养计划中开始进行。① 目前，校园足球教练员队伍的培养速度跟不上校园足球发展的需求，而且教练员级别水平整体偏低，严重阻碍校园足球竞技水平的发展。因此，强化校园足球教练员队伍的培训与等级晋升工作，提高教练员队伍的执教水平和工作积极性，是校园足球师资队伍建设的重要方面，必须要科学设计和规划好校园足球自己的教练员培训与晋升体制，为校园足球竞技水平的快速发展奠定基础。

第五节　校园足球教练员讲师队伍和裁判员队伍建设

一、校园足球教练员讲师队伍建设

严师出高徒是中国公认的传统教育观念，但是回首过去的这些年，校园足

① 王登峰：《全国青少年校园足球工作报告（2015—2019）》，教育部网站，2019 年 7 月。

球仍未建成自己的教练员讲师队伍，没有自己的教练员培训讲师队伍，校园足球教练员队伍的整体提高难以实现。因此，在校园足球教练员讲师培训方面，要根据实际需要，从那些从理论到实践都比我国足球运动水平高的足球强国聘请“年富力强”、具有国际足球教练资格证书的年轻讲师来为我国校园足球讲师进行授课指导。必须注重选聘理论与实践两个方面均有成功业绩与经验的外籍讲师，选聘能够确实为中国校园足球教练员带来系统的青少年足球训练理论和先进的训练理念、方法的外籍讲师，从而提升校园足球讲师队伍的知识结构，加快实现校园足球教练员讲师水平的根本性提高。培训计划和培训内容要与世界足球强国青少年足球训练体系接轨，特别是要与欧洲足球强国的足球青训体系接轨；要结合校园足球实际情况，不断完善校园足球讲师队伍的培训体系，要求要高。对讲师队伍要进行考核评估，对不合格的讲师要能够及时清除出校园足球讲师队伍，从而进一步提高校园足球讲师队伍的整体水平，促进校园足球师资队伍向高水平发展，为校园足球的可持续发展提供师资培养方面的支持。

二、校园足球裁判员队伍建设

对于足球比赛，裁判扮演了十分重要的角色。裁判们应鼓舞球员，保证比赛公平公正，调动场上比赛热情，提高判罚水平，并且应起到一个教育家的作用，保证青少年在一个安全的环境里将足球发展成一项终生热爱的运动。

（一）比赛规则的学习与理解

在校园足球班级联赛的某一场比赛中或者是一场足球特色学校之间的交流比赛中，可能找不到裁判，这个时候教练员或学校体育教师就必须要自己带一个哨子出现在球场中来执哨两支球队的比赛。不要把这件事看成一件麻烦事，这可能是教练员或体育教师的一个迎接全新挑战的机会，通过一两次这种突击的裁判工作，教练员或体育教师对自己可能会有新的认识，甚至可能希望能定期去执哨比赛。在这种情况下，教练员或体育教师就会自觉地深入学习比赛规则与裁判法，不会放过任何执哨比赛的机会，就会不断加深对比赛规则的理解。随着自己的不断努力和进步，教练员或体育教师一定能够成为校园足球裁判员队伍的中坚力量。

足球比赛规则包括以下方面：

1. 球场规格。
2. 比赛用球。
3. 球员数量。

4. 球员装备。
5. 裁判员。
6. 助理裁判员。
7. 比赛时长。
8. 开球和重新开球。
9. 场内球和场外球。
10. 得分方式。
11. 越位。
12. 犯规与不当的行为。
13. 任意球。
14. 罚点球。
15. 掷边线球。
16. 球门球。
17. 角球。

（二）裁判意识的培养

教练应充分了解比赛规则，并确保球员对此具有足够的认识。这一点很重要，因为：

1. 如果没有指定合适的裁判，教练需要担任比赛的裁判。
2. 了解比赛规则将会提升教练参加比赛时的乐趣。

（三）树立正确的比赛价值观，尊重裁判工作

教练有责任支持并激励球员；应该为球员和支持者树立榜样，同时也能约束不恰当的行为；教练和球员应对裁判保持尊重；和教练一样，所有的裁判都是球迷，因为他们热爱这项伟大的运动；与教练和球员一样，裁判也可能犯错，但是这些错误同样都是无心之过；就跟教练不能向犯错的球员大声呵斥一样，教练也不能呵斥裁判；大多数裁判离开比赛的原因是不能和球员、教练，以及家长达成一致；教练所需要做的是为确保球队具有良好行为尽自己的一份力。

（四）加强裁判员队伍的档案管理和晋升制度建设

各市级校园足球办公室要联合本地区的足协，建立裁判员队伍的档案管理体制，要为裁判员的培训和晋级提供更多机会；在全年的足球竞赛计划中要有裁判员培训、实习、考核等方面的工作安排，工作全过程都要记录并归档，要不断完善裁判员档案资料；对于有能力和表现较好的裁判员，要给予裁判等级晋升的机会，对于表现较差或有违反裁判员职业道德的裁判，要加强教育或禁

止该裁判员参与裁判工作，确保裁判员队伍的纯净性，净化校园足球赛场，为校园足球良好比赛环境的可持续发展奠定基础。

第六节　校园足球家长队伍的建设

一、培养家长正确的教育观、生活观和体育消费观

当前应试教育的社会影响，使得家长普遍重视孩子的文化学习和艺术特长的培养。体育特长和兴趣爱好的培养随着社会文明程度和生活水平的提高也逐渐受到了家长的重视，但体育兴趣与特长的培养往往是乒乓球、羽毛球、轮滑等一些隔网或没有身体对抗的运动项目，参加足球运动特长培养的孩子所占比例不高，在足球运动方面的体育消费就更少了。校园足球活动已经开展10年时间了，家长的教育观却没有得到相应的改变，当文化学习与足球特长发展发生矛盾时，家长的选择往往以文化学习为重，孩子退出足球课余训练，或者家长直接禁止孩子参与足球活动与比赛，全力以赴抓好文化课学习，为考上好的初中、高中、大学做最大努力。这是当前校园足球特色学校中存在的普遍现象，也是制约校园足球发展的重要因素之一。加强对家长的培训是目前校园足球特色学校必须开展的工作。可以利用学校对家长们进行足球育人价值的教育，把国家足球战略发展、校园足球发展等国家级的文件印发给家长，并且定期开展讲座，对家长们进行辅导，让他们知道参与足球运动对孩子未来发展的意义和作用，使家长形成正确的教育观、生活观和体育消费观，切实改变校园足球发展的家庭环境，对促进校园足球的可持续发展具有积极的意义。

二、鼓励家长参与校园足球活动与竞赛

足球特色学校要成立家长委员会，要根据学校的工作计划制订自己的活动计划，积极参与学校开展的足球活动。如校园足球班级联赛可以选派部分有足球爱好和特长的家长到学校参与裁判工作，在总决赛冠亚军决赛时组织家长团到学校来给孩子们加油助威，活跃赛场气氛，丰富校园足球文化氛围；校足球队参加区、市级校园足球联赛，家长委员会可以组织相关家长参与全程服务，关键场次组织家长助威团到现场助威加油，给孩子们全力支持，与孩子共同努力和进步；家长委员会要能够对学校的足球工作开展情况进行监督，指出学校足球工作做得不到位的方面，并提出自己的意见，以促进校园足球工作水平的

不断提高；对于有足球天赋的孩子，家长要积极鼓励孩子参加校园足球的课余训练与比赛，配合学校做好服务工作，在运动服装、外出比赛、节假日的足球培训等方面能够在资金上给予相应的支持，部分缓解学校在足球资金投入上的不足，同时也逐渐改变体育消费观；学校在足球工作年终绩效考核评估上要听取家长委员会的评价和意见，为校园足球的发展增添新的元素，提高校园足球的管理水平。

三、学生球员的未来发展规划及前途对家长的影响

孩子的未来发展是家长最为重视的方面，校园足球竞技后备人才培养必须要让家长看到希望，因此，校园足球在学生球员的未来发展规划上要深入研究、科学规划，确保各个级别的人才发展与分流都能得到家长的认可，使家长满意，解除家长的后顾之忧。这样才能促使更多的家长鼓励自己的孩子参与足球运动，从而进一步提高足球在学校的普及程度，为校园足球可持续发展奠定坚实的基础。

第七节　校园足球社会发展综合人才队伍建设

一、校外足球师资队伍的建设

1. 校外青少年足球俱乐部的师资队伍建设

青少年足球俱乐部是校园足球校外发展的主要力量，是弥补校园足球师资队伍不足的一个重要部分，青少年足球俱乐部利用节假日开展足球培训已成为部分学生培养足球爱好和提高足球竞技水平的主要途径。因此，青少年足球俱乐部师资队伍的业务能力和职业道德水平也直接影响到参训学生球员的未来发展，理应加以建设与管理。

首先，要提高青少年足球俱乐部的准入门槛，杜绝师资队伍没有资质和没有教练员等级证书的俱乐部参与校园足球的课外培训；对现有的青少年足球俱乐部加强监管，不合格的坚决取缔，净化青少年足球培训的市场环境。其次，要为青少年足球俱乐部师资队伍培养创造条件。教育部门和体育部门要加强联合，为退役足球运动员和社会上有志参与青少年足球培训的人士提供足球教练员培训的机会，帮助他们获取相应的等级证书，提高青少年足球俱乐部教练员队伍的业务水平，提高培训的质量。再次，加强对青少年足球俱乐部师资队伍

的管理，加强教练员职业道德建设，为参与培训的学生球员的未来发展负责，提升校园足球校外发展机构的管理水平。

2. 体育部门和足球协会等有关部门管理干部队伍建设

体育部门和足协参与校园足球发展意义重大，校园足球的发展在诸多方面都需要体育部门和足协的支持。特别是教练员、裁判员的工作安排需要相关的领导去执行，他们对校园足球开展意义的理解和支持态度，决定着体育部门和足协对校园足球工作的支持力度和工作实效。因此，加强体育部门和足协等有关部门的管理干部队伍对开展校园足球工作必要性和重要性的认识，并能够把参与校园足球管理工作作为其年终绩效考核的一部分，责任明确，加强管理，提高他们的积极性和责任感，形成相应的管理制度，对于提高体教融合发展程度、促进校园足球可持续发展具有积极的意义。

二、校园足球赛事策划与管理人才队伍建设

目前，校园足球的发展缺乏具有社会影响力的联赛品牌，四级联赛在社会上影响力较低，参与报道的新闻媒体较少，有影响力的新闻媒体更少，比赛几乎没有观众，这是制约当前校园足球竞技水平提升的一个重要方面。校园足球体育经济人队伍、赛事策划人才和赛事管理人才队伍的薄弱是造成校园足球精品赛事品牌缺乏的主要原因，必须加强对校园足球赛事策划与管理人才队伍建设与管理的研究，这是校园足球向深层次发展必须提高的方面。我国在许多著名国际体育比赛的赛事组织上都取得了重大突破，得到了世界体育强国的普遍认可，说明我国在体育赛事的策划方面已经积累了大量的人才。如何引入这方面的高水平尖端人才为校园足球联赛的策划服务，创造具有国际影响力的校园足球联赛品牌，进一步扩大校园足球的影响力，推动校园足球向更高层次发展，为国家培养出大批的具有国际竞争力的竞技足球后备人才，对实现中国足球的振兴具有积极的意义。因此，加强校园足球赛事策划人才队伍的引进与培养，形成自己的人才队伍，创造校园足球具有国际影响力的赛事品牌，是校园足球下一个五年计划的工作重点。

有国际影响力的品牌赛事的成功举办必须要有高水平的管理团队参与工作，需要从资金预算和使用、食宿和车辆安排、场地和宾馆选择、赛场路线设计、裁判员和技术官员的食宿与交通、运动伤害应急预案、赛事的开幕式和闭幕式等诸多方面周密安排，统筹考虑。必须要有一支精通业务、管理水平高的管理团队为赛事服务，这是有影响力的赛事举办成功的必备条件之一。校园足球在这一方面的发展还存在不足，管理队伍建设还没有达到高水平的标准。校

园足球要通过现有赛事有目的地建设高水平的赛事管理人才队伍，为未来创设具有国际影响力的青少年校园足球赛事品牌储备高水平足球赛事管理人才，为校园足球的竞技水平达到世界足球强国高水平青训标准奠定基础。

三、校园足球要建设具有“伯乐思维”的球探人才队伍，提高运动选材科学化水平

“千里马常有，而伯乐不常有”，校园足球覆盖的青少年学生人口巨大，其中蕴藏着大量的具有足球天赋的优秀人才，需要足球教师去发现和培养。如何发现和选出具有发展前途的足球竞技后备人才是一门科学，国外在运动员选材和输送培养方面积累了丰富的经验，值得我们借鉴。足球对于人的运动素质和心理素质要求很高，高水平的足球比赛对球员的要求是全面的，优秀足球运动员的成长是有规律可循的，特别是一些必备的心理品质和社会交往能力等足球运动核心素养，在运动员小的时候就会在训练和比赛中表现出来。如具有足球运动的执着精神，勇敢顽强、自信、遇事冷静果断，具有合作精神、创造力和创新精神、逻辑思维能力等思想品质方面的核心素养。在身体素质方面的主要表现有：身体的协调性灵活性、关节的灵活性、反应与决策速度快、较好的速度和爆发力、球性球感好等运动核心素养。这些具有规律性的核心素养，需要教练员去观察和体会，在孩子参与足球运动的初期就要有目的地去观察，并能进行科学合理的评估，把真正具有足球天赋的优秀孩子发现和选拔出来，进行科学化训练。这对提高校园足球后备人才的成材率意义重大，也是基层足球特色学校足球教师必须具备的能力和工作思维方式。提高校园足球教练员队伍的选材科研水平和实践操作能力对校园足球高水平竞技后备人才队伍的建设与发展具有重要意义，必须要加以重视。

小　结

校园足球师资队伍建设是一个庞大的体系，校园足球的可持续发展不仅要依靠教师和教练，还需要管理干部队伍、教练员讲师队伍、裁判员队伍、家长队伍、校外足球师资队伍、校园足球赛事策划与管理队伍、校园足球的球探队伍等相关师资队伍的共同协作，只有这样，才能把校园足球工作抓好抓实，实现校园足球的目标和价值。

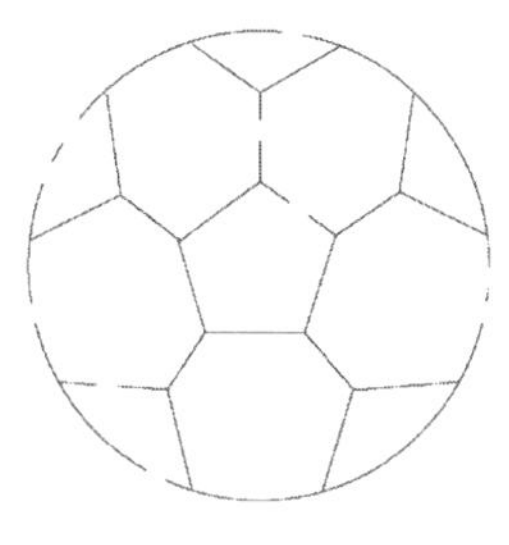

第六章

校园足球高水平竞技后备人才培养体系

第一节 校园足球发展高水平竞技后备人才培养的意义

目前，全国校园足球特色学校已有2万多所，按照特色学校创建的要求，校园足球人口已达到2000万，足球后备人才培养人数至少在100万以上，校园足球在普及与推广方面的工作可以说取得了很大的成绩。但就目前校园足球联赛水平来看，足球竞技人才整体水平不高，联赛水平与国内U系列青少年足球比赛还存在一定的差距，与亚洲足球强国日本、韩国青少年足球竞技水平相比，整体水平就相差更大了。普及与提高是校园足球发展的两个方面。随着足球运动在学校普及与推广的不断深入，足球日渐成为受学生喜爱的运动，如果校园足球竞技水平和竞技文化始终处于低水平状态，势必减弱足球对学生的魅力和吸引力，同时也会影响校园足球高水平足球竞技后备人才的健康成长，这将对校园足球的可持续发展产生不利影响。足球普及与提高并重是校园足球发展的必由之路，也是振兴校园足球的必由之路。当前，校园足球高水平竞技后备人才培养的质量和人才总量与校园足球可持续发展需求不相适应是一个需要解决的重要问题，其中一个关键的原因在于缺乏结构良好的高水平竞技后备人才科学化、系统化的培养体系。因此，构建校园足球高水平竞技后备人才的系统化、科学化的培养体系，对促进校园足球可持续发展和振兴中国足球具有积极的意义。

第二节 校园足球高水平竞技人才的培养现状与分析

一、校园足球高水平竞技后备人才培养现状

在校园足球后备人才培养的基础上，为了能够建立更有效的高水平校园足球青训体系，能够更好地畅通优秀运动员成长通道，为校园足球培养高水平竞技后备人才，教育部门和体育部门要有更紧密的融合。2015年以来，全国校足办和中国足协、国家体育总局进行了密切的沟通和联系，初步形成了良好的融合和合作机制。

1. 完善的校园足球竞赛体制的构建

在校园足球四级联赛的基础上，对各个区域内出现的优秀队员，一方面通

过各地区“满天星”精英足球训练营进行科学化、系统化的课余训练，另一方面把各省的最佳阵容再拉出来进行全国比赛，这就是包括小学、初中、高中全学段的选拔性夏令营、冬令营竞赛活动。在夏令营基础上产生的全国最佳阵容，从 2019 年 1 月份开始进行冬令营的练训，冬训的结果旨在组建各个组别的校园足球国家队。校园足球国家队在一年时间内将会参加国际国内相应级别的青少年足球竞赛活动，这就为最优秀的校园足球队运动员提供了一个更广阔的参与竞赛的舞台和平台，高水平的竞赛体系已初步形成。

2. 初中和高中阶段青少年足球超级联赛的创建

原来的青少年足球超级联赛都是职业俱乐部的梯队进行比赛，在教育部和国家体育总局共同规划下，现在职业俱乐部梯队比赛和校园足球比赛开始进行一体化设计和推进，把青少年足球超级联赛分成两个阶段。职业俱乐部的梯队和校园足球的队伍分别单独组织第一阶段的比赛。校园足球第一阶段的比赛就是夏令营的比赛，通过夏令营比赛选拔组建每个组别的最佳阵容。第二阶段的队伍包括夏令营全国最佳阵容、省级最佳阵容、高中全国联赛前八名和初中各省联赛第一名，所有球队以年龄组别的形式加入第二阶段青少年足球超级联赛。这样校园足球竞赛体系和职业俱乐部的梯队比赛场是完整的。两个完整的竞赛体系进行完第一阶段比赛之后再合在一起组织校园队伍和俱乐部梯队的巅峰对决，这已成为校足办与中国足协合作的固定模式。教体融合发展，能够为高水平的足球竞技后备人才的成长创造良好的比赛环境。

但是，校园足球自身的发展还面临许多新问题，仅靠教体融合机制恐怕难以解决高水平竞技后备人才培养的问题，只有构建起校园足球自己的高水平竞技后备人才培养体系，才能真正实现校园足球为振兴中国足球奠定基础的伟大使命。

二、当前校园足球高水平竞技后备人才培养方面存在的问题

1. 培养目标不明确

校园足球高水平竞技后备人才培养缺乏明确的近期、中期、远期目标，没有对照世界足球强国的青少年足球训练现状找出差距，且尚未根据足球强国的青训标准制定我国校园足球高水平竞技后备人才培养的近、中、远期完整的培养计划和培养目标。培养目标的缺失导致出现一系列后备人才培养问题，具体表现为校园足球对高水平竞技后备人才的培养不自信，在普及与提高上出现了摇摆，这将对校园足球的可持续发展产生不利影响，对中国足球的发展也是不利的。

2. 训练水平不高与培训途径太窄

(1) 目前，校园足球后备人才培养训练水平不高主要表现在两个方面。一是青少年足球训练理论水平和科研水平不高，训练理念与方法陈旧，缺乏科学完整的校园足球课余训练大纲与训练课程体系。二是缺乏高水平的教练员队伍。目前，校园足球师资队伍培养缺乏针对性，而且管理与后续培养不到位，缺乏"精英教练员"培养体制。缺乏高质量的师资队伍是目前制约后备人才培养水平提升的一个重要方面。

(2) 校园足球后备人才培养的途径太窄也是制约校园足球竞技水平发展的重要原因之一。教育部门与体育部门的工作任务和重心不一样，目前校园足球后备人才培养途径主要有校园内的足球校队训练、市级"满天星"足球精英球员训练营、全国校园足球冬令营和夏令营、社会业余青少年足球俱乐部利用节假日开展的足球培训等几种方式。校园足球后备人才培养缺乏教育部门、体育部门、职业足球俱乐部、业余足球俱乐部相互融合的机制和体制，这也是影响校园足球后备人才培养质量提高的一个重要方面。

3. 联赛质量不高

校园足球联赛质量不高具体表现在三个方面。一是比赛的质量不高。各区、市、省级联赛中缺乏高水平球队，造成水平、实力悬殊的比赛与低水平的比赛两种比赛现状，没有为优秀足球后备人才创造良好的高水平比赛的锻炼环境，严重影响后备人才的健康成长。二是联赛全年赛事和比赛场次较少，青少年球员得不到应有的比赛锻炼。三是联赛的组织水平不高，在赛制安排、场地与人员调配、裁判员管理、赛事的对外宣传、高科技在比赛中的运用等方面均没有高水平表现，没有形成具有社会影响的品牌赛事。

4. 缺乏多元化精英球员的培养机制

校园足球后备人才培养水平不高和培养途径单一，是目前校园足球在后备人才培养方面普遍存在的现象。缺乏多元化精英球员的培养机制是制约当前校园足球竞技水平发展的重要原因之一。

5. 缺乏良好的足球环境

我国尚未形成良好的校园足球发展环境，这主要表现在三个方面。一是缺乏良好的校内足球环境。重视文化教育、轻视体育教育在当前的中小学教育中是一个普遍的现象。二是缺乏良好的家庭足球环境。目前我国独生子女家庭占大多数，在对待子女教育的问题上家长普遍重视文化学习，虽然对足球的教育价值也有一定的了解，知道参加足球运动对孩子生长发育和人际交往能力发展具有一定的促进作用，但是由于社会传统思想的影响，当足球与文化学习发生冲突时，往往足球要为文化学习让路，再加上社会足球的一些负面影响，让大多数家长对孩子从事足球专业发展望而却步。三是缺乏良好的足球社会环境。

事实表明：这些问题的发生，对校园足球高水平竞技后备人才的培养极为不利，它和人才培养体系的完善有着密切的关系。为此，有必要根据以上几个方面的问题，构建完善的校园足球高水平竞技后备人才培养体系。

第三节　校园足球高水平竞技后备人才培养体系的构建

一、制定完整的校园足球高水平竞技后备人才培养目标规划

1. 建立人才队伍选拔与培养的动态平衡机制，制定校园足球高水平竞技后备人才培养的近期、中期、远期目标

当今世界足球强国的足球青训体系，无不根据本国的青少年足球发展状况制定本国竞技足球后备人才培养的目标，特别是我们的邻国日本和韩国。各个年龄段要有不同的培养目标和计划，我们的目光应紧盯世界足球强国青训的发展，根据目前校园足球发展的现状和未来发展的需求与愿景，制定出自己的高水平竞技后备人才培养的目标体系。校园足球高水平竞技人才培养的目标是培养更多的具有国际竞争力水平的足球竞技后备人才，为国家队输送更多的人才；长远的最高目标是赢得世界杯冠军。目前，校园足球要成立自己的各个年龄阶段的国少、国青队，后备人才队伍的选拔与培养要具有动态平衡的机制，要把真正具有天赋的优秀学生运动员选拔出来，开展科学有序的接力培养，并制定出校园足球高水平竞技后备人才培养的近期、中期、远期目标。近期目标是立足国内，（到 2020 年）能够在国内各个级别 U 系列的青少年足球比赛中取得好成绩；中期目标（到 2025 年）是能够在亚洲青少年比赛中拿到世少赛、世青赛入场券；远期目标（到 2030 年）是能够在世少赛、世青赛中取得好成绩。

2. 设计科学完整的校园足球后备人才培养目标分步实施方案和管理机制，逐步形成具有中国特色的青少年校园足球高水平后备人才的培养体系

具体来说，校园足球后备人才培养近期目标，即通过四级联赛体制选拔出区级、市级、省级、国家级各个年龄阶段的后备人才培养梯队，理顺后备人才梯队的选拔途径和上升通道（后备人才梯队选拔与培养的路径见图 6-1）。在教育系统内整合优质资源，根据各地区的实际情况，制订科学合理的优秀后备

人才培养计划和管理机制，切实提高校园足球课余训练的科学化水平，提升后备人才梯队的竞争力，争取在国内青少年足球 U 系列的比赛中取得好成绩。中期目标是拓宽后备人才梯队培养的途径，深化教育部门、体育部门、社会机构、职业足球俱乐部、足协等部门的联动，整合优质资源，初步构建起校园足球高水平后备人才培养体系和管理机制，进一步提高后备人才梯队的竞技水平和竞争力，使足球后备人才具备冲出亚洲走向世界的水平。远期目标是完成校园足球高水平后备人才梯队培养体制和治理机制的创新，真正实现在世少赛、世青赛中取得好成绩。

年龄段	学段	学校	校园足球联赛	后备人才选拔
成人 U19	大学	大学 单招或特招 院校	全国大学生 足球联赛	大学 U21 U19
U18 U17 U16	高中	高中 校园足球 特色学校	高中足球联赛 区、市、省、国家 级联赛	高中 U18 U17 U16
U15 U14 U13	初中	初中 校园足球 特色学校	初中足球联赛 区、市、省级 联赛	初中 U15 U14 U13
U12 U11 U10 U9 U8 U7	小学	小学 校园足球 特色学校	小学足球联赛 区级联赛 市级联赛	小学 U12 U11

⇨ 国家级 / 省级 / 市级 / 区级

U11—U15—U21

图 6-1　后备人才梯队选拔与培养的路径

二、构建校园足球课余训练理论体系，加强跨学科训练理论研究，提高课余训练整体效益

1. 构建青少年校园足球训练大纲与训练课程体系，形成从小学到大学阶段性科学化接力培养的课余训练体制和联赛机制

要根据目前我国青少年校园足球教学与训练，以及人才培养的现状，对照日本、韩国及欧美足球强国青训水平，进行深入分析与研究，明确优势，找出差距，集中全国的优质师资，集思广益，理论联系实际，在训练理念、培养路径、训练模式、联赛体系、人才选拔等方面进行深入研究，对当今世界足球强国青训体系未来发展的方向有清醒的认识，在构建青少年校园足球训练大纲与

训练课程体系的大方向上与国际接轨，以满足校园足球高水平后备人才培养的需要。训练大纲、训练课程的研究制定要科学化、系统化、专业化、精细化相结合，能够满足学生球员未来发展的需求，形成从小学到大学阶段性、科学化接力培养的课余训练体系与联赛体系，为实现校园足球高水平竞技后备人才培养提供理论与实践保障。

2. 加强足球训练理论与教育理论相互融合的研究，形成跨学科的校园足球综合训练理论

校园足球身在学校，因而要充分挖掘足球的育人功能，紧跟教育发展的方向。学生核心素养的研究是当今教育研究发展的方向，体育的育人功能对学生核心素养的发展具有积极的作用，特别是足球运动训练与比赛在发展学生心理调控能力、社会交往能力和公民素养等方面具有独特的育人价值。要把核心素养发展的理论融入青少年足球训练理论体系中，丰富校园足球训练理论的内涵，进一步完善校园足球教学与训练理论体系，逐步形成跨学科研究的校园足球综合训练理论体系，将学生球员核心素养发展与足球技能发展相互融合，把培养出具有国际竞争力的高水平足球后备人才作为发展的方向，逐步形成校园足球自身的青少年足球训练体系和训练风格。

三、建立高质量、多元化的校园足球联赛体系

1. 构建教育部门、体育部门、社会机构三方面相互融合的校园足球多元化办赛机制

目前，校园足球联赛机制比较单一，学生球员参加正规比赛的机会较少，导致训练与比赛严重脱节，这是目前阻碍青少年球员竞技水平发展的重要原因之一，亟须解决。究其原因是教育部门在赛事组织上开放的程度不够，缺乏多元化办赛的机制，因此要加强与体育部门、足协、社会机构三方面的联系，在校园足球四级联赛体制的基础上进一步拓宽办赛渠道，形成校内与校外相结合的办赛机制，为球员的未来发展提供更多高质量比赛锻炼的机会。

2. 建立体育部门与足协参与校园足球竞赛的管理制度，保障比赛质量

体育部门与足协在组织比赛方面具有丰富的实践经验，办赛的管理水平较高，教育部门要与体育部门和足协联合，制定三方共同参与的比赛管理制度，在赛制、裁判员管理、场地与人员的调配等方面制定分工合理、职责明确的管理制度，保障比赛的数量和质量，提高校园足球联赛的办赛水平，提升校园足球联赛的社会影响力。

3. 加强校园足球基层学校参赛球队质量管理，进一步提高比赛质量

校园足球特色学校不仅要抓好足球运动普及与推广工作，而且要抓好校足球队的课余训练工作，规范课余训练的要求，提高课余训练的质量，这对特色学校的发展极为重要。教育部门要对基层学校的校足球队建设和质量提升提出明确的要求，并且要有常规检查评估制度，加强对基层校园足球特色学校课余训练的管理，切实保障参加校园足球联赛的基层学校球队的质量，为提高整体的办赛水平奠定基础，进一步提高比赛质量，让学生球员得到有效的比赛锻炼，这对校园足球整体竞技水平的提升和球员未来的发展具有积极的意义。

四、大力实施校园足球“精英教练员”培养工程和基层教练员培训工程，重点培养教练员的综合素质与创新能力

1. 健全基层教练员培训体系，加强教育部门与体育部门的合作，不断完善市、区、学校三级培训课程体系

校园足球后备人才培养的质量和数量取决于基层教练员队伍的执教水平和敬业精神，没有基础阶段的科学化训练，想成就高水平竞技后备人才队伍是不现实的，因此，加强教练员队伍建设、健全基层教练员培训体系是当前校园足球工作最为重要的任务之一。教育部门要加强与体育部门、高等院校的合作，根据校园足球发展的现状，建立具有针对性的校、区、市三级基层教练员培训网络体系，完善培训与考核制度，富有成效地提高校园足球基层教练员队伍的理论水平与执教能力，巩固校园足球课余训练的主阵地，为培养高水平竞技后备人才奠定基础。

2. 加强教练员专项培训体系的建设，提高培训的有效性和实用性

为了满足校园足球课余训练的实际需求，提高课余训练的有效性与实用性，校园足球教练员培训要向系统化和精细化方向发展，在统一的青少年校园足球训练大纲下，对小学、初中、高中三个不同层次的教练员进行专项培训。在培训内容与目标选择上要有针对性，各个学段教练员培训重点要有不同，培训要体现出阶段性训练的特点，注重培训的整体规划和系统性，强调各阶段训练的规范性和连续性，尽量做到在统一要求下完成运动员的科学化接力培养。

3. 实施校园足球“精英教练员培养工程”，组建具有国际视野和水平的高级教练队伍，为校园足球未来高水平发展提供优质师资力量的保障

要把校园足球“精英教练员培养工程”上升到国家战略的高度，在教育部的直接领导下进行规划和实施。高水平的足球青训教练员队伍决定着未来国

家足球发展的水平，校园足球要承担起为国家培养足球高水平竞技后备人才的重任，必须要有自己的“精英教练员”队伍。“精英教练员培养工程”是一项系统工程，从选拔培养对象到进行系统培养都是严肃和严谨的，培养对象的选拔一定要高标准、严要求。“精英教练员”不仅要具有精湛的球技和丰富的高水平比赛经历，而且要具备作为主教练的丰富的执教经历，同时还要具有能够把握当前我国足球发展趋势和清醒认识国际青少年足球后备人才培养发展方向的能力。有海外留学或踢球经历的教练员应优先考虑选拔。“精英教练员培养工程”要采用师徒制，一个师傅最多带两名徒弟，师傅的选聘标准必须是带队获得过世界杯冠军、欧洲“三大杯”冠军及欧洲四大顶级职业足球联赛冠军的知名教练；培养时间不得少于 5 年，采取国外两年跟师傅带队学徒的形式。学徒期间不仅要系统学习足球训练理论，而且要跟随师傅学习具体的国外顶级俱乐部的训练理念、训练方法、后备人才的培养与选拔、比赛临场指挥的经验等；在师傅的精心指导下，具备执教顶级俱乐部各个年龄阶段梯队的能力。两年国外学徒结束回国后，要在教育部的安排下执教校园足球国家队各梯队，继续接受师傅的指导，在师傅的指导下担任球队的主教练工作；要把国外先进的足球训练理论与实践经验融入校园足球训练中，能够制订科学的训练计划和球队发展目标。每一次训练课的教案撰写都要规范，阶段性计划与长期计划要安排合理，并定期向师傅汇报，征求师傅的意见，通过独自带队训练比赛不断提高自身的执教能力和科研水平。通过国内三到四年的锻炼与成长，不仅带队比赛的成绩要达到预定的目标，而且在科研上要能够在学校体制内逐步探索出具有中国特色的校园足球训练风格和训练发展方向，有自己的思想，能够对校园足球的可持续发展做出实践方面的贡献。

在整个“精英教练员”培养过程中，要加强管理与考核，并制定完整的“精英教练员培养工程”管理制度和考核评估机制，要把过程管理与绩效考核相结合。最后出师毕业要通过严格的考核程序，不合格的不予出师，要继续培养深造，直到考核合格为止，超过 10 年的将取消培养资格，并追缴相关培训费用。这可能是目前校园足球能够培养出世界顶级教练员的路径之一。校园足球“精英教练员培养工程”是一项长期国家足球发展战略计划，必须要多部门协作，深入研究，科学规划，总体设计，分步实施，目标明确，形成制度，不能出现换一任领导就随意改变培养计划的现象，不能急功近利，只要坚持投入，就一定会帮助中国足球取得突破和发展，要有自信。

五、健全裁判员队伍和竞赛组织人才队伍培养与管理机制

1. 教育部门要与体育部门加强联系，构建校园足球裁判员队伍培养与考核机制，为高质量的联赛提供高质量裁判执法服务保障

裁判员队伍是一支专业性很强的队伍。一方面，裁判员不仅要精通裁判法，还要对比赛场上的情况进行准确的判断，并做出准确的判罚，专业要求较高，必须经过长期培养才能胜任高水平比赛的裁判工作。另一方面，裁判员还必须具有高尚的职业道德，公正执法，树立正面形象，这一点是校园足球联赛最为重要的方面。校园足球比赛的赛场不仅是检验平时训练水平、提高队员比赛能力的场所，而且是培养球员良好比赛习惯的重要场所。比赛对球员心理和社会交往能力的培养具有积极的意义，它是训练和教练员的说教所不能替代的，优秀运动员是通过高水平比赛锻炼出来的。在比赛中，裁判员的作用十分重要，在赛场礼仪、规范比赛踢球动作、公正公平的判罚、对教练员规范的管理、培养球员对比赛的正确态度等方面都具有正面的指导作用。相反，如果裁判员队伍素质低下，业务水平不高，对比赛质量和对球员的影响将是极其恶劣的，对校园足球的赛场环境将造成严重污染，不利于校园足球的可持续发展。因此，要加强裁判员执法业务能力和职业道德的培养。在裁判员队伍培养与建设上，教育部门要与体育部门加强联系，构建校园足球裁判员队伍培养与考核机制，为高质量的联赛提供高质量的裁判执法服务保障。

2. 创建裁判员评估委员会及裁判评估与管理机制，不断完善裁判员队伍的建设与管理

裁判员队伍的质量管理与提升是当前校园足球面临的一项重要任务，教育部门要与体育部门合作，创建裁判员员评估委员会，制定裁判员评估管理与晋升机制。评估委员会要具有一定的权威性，能够直接负责裁判员的晋升工作。要成立市、省、国家级校园足球裁判员评估委员会，对校园足球裁判员队伍进行统一管理与培训，制订培训计划和考核评估制度，对于有良好表现的裁判员要给予培训和晋升的机会；对于表现不好、在裁判工作中造成恶劣影响的裁判员要给予相应的处罚或清除出校园足球裁判员队伍，严明纪律，建设一支高水平、高质量的校园足球裁判员队伍，为校园足球联赛提供高质量的裁判执法服务。

六、健全校园足球后备人才的选拔机制

（1）加强具有“伯乐”思维的基层教练员队伍的建设与培养，提高基层

教练员发现和挖掘具有足球天赋的优秀后备人才的能力。

（2）健全校园足球各个年龄段的选拔测试方案和标准体系，不断完善客观、科学的校园足球后备人才选拔机制。

（3）加快实施校园足球海外留学资助计划，提升校园足球后备人才竞技水平的国际竞争力。

1. 培养具有为国家队征战世界杯能力的高水平球员

当今世界足球发展的中心在欧洲，参加 2018 年俄罗斯世界杯的 5 支亚洲球队，除了沙特队外（沙特队是第一支被淘汰的球队），各队的核心主力球员基本都是在欧洲职业俱乐部中效力的球员。欧洲作为世界足球发展的中心，球员到这些国家的俱乐部效力，不止是提高技战术水平，更能改变理念、拓宽视野，而且要为国家队征战世界杯出力，而现今的中国球员却很少能够走出去。2002 年世界杯，中国队获得参赛权时，是亚洲留洋球员人数最多的国家。重启球员留洋之路，是中国足球必须要走的路。① 校园足球要担负起为国家培养高水平竞技后备人才的重任，培养具有为国家队征战世界杯能力的高水平球员，必须要实施海外留学资助计划，在教育部的领导下，以省为单位，选派校园足球 U13、U15、U17 三个年龄阶段的梯队赴欧洲足球强国留学，接受 1 ～ 2 年系统、正规的俱乐部青训体系的培养。培养目标应该包括两个方面：一是足球技战术水平的提高，通过系统的训练能够达到俱乐部同年龄阶段梯队的竞技水平。二是要提高学生球员的外语水平，依靠学生球员较强的学习能力和较好的文化基础，先进行 3 ～ 6 个月的语言班学习，语言考试达标后可以进入当地的初中或高中进行文化学习。在留学的语言环境中，球员通过 1 ～ 2 年的学习应该能够掌握该国的语言，要求做到听懂会说，能够和教练进行沟通与交流，并且能够看懂教练员训练课的教案与训练要求，能对不懂的问题进行提问，在和当地球队的比赛中能与对方球员进行正常的语言交流，能够逐步融入当地的足球文化，并不断提高自己对足球运动的认识，进一步提高自己的理解力和领悟力。总之，球员语言能力的提高应该与足球专项技能的提高同等重要，这样才能让球员在训练中真正听懂并理解教练的意图，理解训练的理念和先进训练方法所指向的足球训练本质的东西，对训练效率的提高和未来发展潜力的提升具有积极的意义。校园足球的留学资助计划必需改变以往简单派一队伍出去进行封闭式训练的留学模式，这种目标单一、不注重对球员语言文化和社会交往

① 马德兴，应虹霞，于天然：《聚焦 2018 世界杯：从俄罗斯世界杯探寻中国足球出路》，《体育学研究》，2018 年第 3 期。

方面能力进行教育与培养的方式，导致训练中球员不能理解教练的训练意图，训练质量不高，球员没有真正融入当地的足球文化，留学培养效果不理想。前车之鉴，校园足球在发展中应当引以为戒。

2. 培养未来具有国际视野与水平的校园足球教练员，为校园足球可持续发展提供高水平教练人才储备

校园足球留学资助计划培养的球员，将来不仅是效力于欧洲足球强国俱乐部的球员，也是为国征战世界杯的主力，在未来退役之后还将成为校园足球优秀的教练员，为校园足球可持续发展提供高水平教练人才储备。这对改善我国青少年足球教练员队伍的结构意义重大，对我国足球的发展具有积极的作用。

七、加强校园足球环境建设研究，构建后备人才培养与发展生态环境

1. 校内足球环境生态建设

要强化足球在学校教育中的地位，使校园足球成为发展学生核心素养的重要抓手，成为落实立德树人根本任务的重要措施，就要注重以学生为本，创新校园足球育人功能，发挥其在培养学生全面发展过程中所需的实践能力、组织能力、创新精神等作用。一方面，要加强校园足球课程建设，提高足球课堂教学的有效性和趣味性，开展形式多样、丰富多彩的校园足球活动，提升班级足球联赛的内涵和质量，吸引更多学生自愿、积极地参加校内足球活动，提高学校足球人口的数量和质量，做大校园足球后备人才培养与选拔的分母。另一方面，要提高校园足球的竞技水平和赛事组织水平，提升校园足球各个级别联赛的质量，凸显足球比赛的品牌效益和育人价值，提高校园足球的社会认可度，为校园足球后备人才的发展提供良好的竞赛环境。

2. 家庭和个人成长的生态环境建设

高水平足球竞技后备人才的培养与成长过程离不开家庭的支持，如何让家长真正体会到孩子参加校园足球活动的好处，也是校园足球可持续发展需要重视和研究的课题。中国孩子在成长过程中要面临的任务太多，面对教育的竞争，家长要权衡轻重。因此，只有让家长切身体会到孩子参加足球活动的好处，才能消除家长对孩子参加校园足球活动的顾虑，特别是当孩子参加课余足球训练时，由于当前竞技足球大环境不是太好，从事足球专业发展具有很多不确定的因素，因而当足球与文化学习发生冲突时，往往足球要为文化学习让路，哪怕自己的孩子具有很好的足球天赋。这是制约当前校园足球后备人才培养的主要原因之一。家庭和个人成长的足球生态环境建设是校园足球高水平竞

技后备人才培养体系中不可缺少的部分，对后备人才的培养要文化与专业训练并重，保障球员接受文化教育的权利，特别是义务教育阶段，一定要保证学生球员正常接受教育的权利，绝不允许出现为了短期比赛成绩而超长时间集训、耽误正常的文化课学习的现象。专业训练与文化学习两手都要抓，两手都要硬，要为球员未来发展创造成才、成人的多条途径，理顺优秀球员上升的通道。教育部门要和体育部门相互配合，建立多元化的校园足球高水平后备人才培养和退出机制，保障学生球员的合法权益，满足其未来生存发展的需求，切实解决家长的后顾之忧，为后备人才的成长创造良好的社会环境。

小　结

校园足球高水平竞技后备人才培养是一个系统的工程，必须要科学规划、统筹安排、分步实施；要发挥学校的优势，以人的全面发展为基础，在保障学生球员接受正常文化学习的前提下，参加科学的训练与比赛；校园足球要提高整体竞技水平，要能够培养出自己的真正具有国际竞争力的高水平后备人才；构建校园足球后备人才培养体系，必须要借鉴世界足球强国青训体系的经验和科研成果，根据校园足球自身发展的情况，从后备人才培养目标、构建校园足球课余训练理论体系、建立高质量和多元化的校园足球联赛体系、精英教练员培养计划和基层教练员培训工程、健全裁判队伍和竞赛组织人才队伍培养与管理机制、实施校园足球海外留学资助计划、构建后备人才培养与发展的生态环境等方面进行研究，构建校园足球高水平竞技后备人才培养体系，逐步让校园足球成为能够为国家培养征战世界杯的竞技足球人才的高地，形成具有中国特色的竞技足球后备人才培养体制，为校园足球可持续发展奠定坚实的基础。

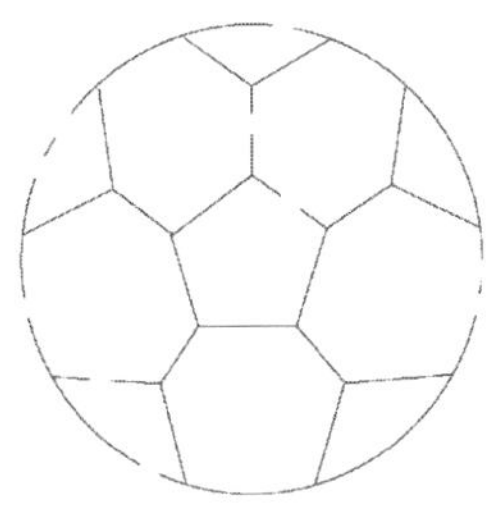

第七章

校园足球特色学校管理

第一节　校园足球特色学校发展现状

2015 年 7 月，《教育部等 6 部门关于加快发展青少年校园足球的实施意见》（教体艺〔2015〕6 号）提出，到 2020 年创建 2 万所校园足球特色学校，2025 年达到 5 万所。经过 4 年多的发展，截至 2019 年 5 月，教育部已遴选和认定 24126 所校园足球特色学校，提前一年多完成了目标。随着校园足球工作的不断推进，校园足球特色学校管理的新问题不断呈现，如“重申报、轻建设”“以次充好”“缺乏科学的校园足球特色学校退出机制”“重训练提高、轻教学普及”“评价制度的异化”等管理方面的问题。

目前，校园足球特色学校管理根据责任主体的不同主要包括国家管理、地方管理、校级管理三个层次。通过对当前校园足球特色学校工作的调查研究和分析，课题组发现校园足球特色学校管理依然存在的主要问题有：（1）校园足球特色学校管理落实不到位，职责不明确。（2）利益主体相互协调不畅。校园足球活动中，体育部门与教育部门在发展校园足球的方向上存在严重的分歧，校园足球的普及与提高两个方面都没有做好，具体表现为：一方面，校园足球课余训练竞赛体制和体育部门的青少年 U 系列足球联赛体制不接轨，而且目前校园足球的竞技水平普遍不高，体育部门对校园足球的发展不看好，参与的积极性不高。另一方面，学校内参与足球教学和竞赛活动的人数并没有实质性地增加，校园足球特色学校内的足球人口的质量和数量均有待进一步提高。究其原因是目前校园足球特色学校的管理体制不完善，缺乏有效和合理的特色学校退出机制，相关部门的责任机制不健全。因此，完善校园足球特色学校管理体制，理顺校园足球的管理路径，提高校园足球相关职能部门的管理水平，大力推动校园足球的普及与提高，促进青少年足球竞技体育后备人才的培养，为我国足球事业的长远发展作保障，是当前校园足球发展的当务之急和首要任务。

第二节　体育、教育两个部门在足球特色学校管理中的职责与评价

一、体育部门在校园足球特色学校管理中的职责与评价

1. 体育部门在校园足球特色学校管理中的职责

（1）体育部门要能够对校园足球的竞赛与训练、教练员队伍建设、四级联赛的管理、“满天星”精英训练营、发现培养足球竞技后备人才等方面给予大力支持，要有明确的责任，特别是各级足协的管理责任。体育部门作为校园足球工作的管理者和参与者之一，应该参与校园足球特色学校的管理，这是当前校园足球发展不可或缺的重要支撑，研究体育部门在校园足球发展新时期的工作责任是一项极为重要的工作。

（2）体育部门要在校园足球专项资金上给予大力支持，明确具体要求，并能逐年增加投入的力度；要在政府年度预算工作报告中明确，确保专项资金落实到位，对资金的使用与管理有规章制度，同时参与教育部门对校园足球资金的使用与管理，科学高效使用校园足球专项资金，创新校园足球的发展模式，为校园足球的可持续发展奠定基础。

（3）体育部门要参与校园足球特色学校开展足球活动的过程跟踪管理，有目标和计划，特别是在课余训练方面，要能够定期组织高水平、高级别足球教练员到基层特色学校观摩和检查课余训练工作；针对发现的问题要能够给予及时的指导，并提出相应的解决措施，帮助基层学校提高课余训练的效率，定期组织基础学校足球教练员培训，提高基层特色学校教练员执教水平与能力。足协要根据校园足球课余训练过程中存在的训练科学化水平不高的问题，组织高水平教练和足球专家编写相关课余训练教材，为基层教练员提供指导，促进校园足球竞技水平的发展。

（4）体育部门要参与校园足球特色学校足球普及工作的管理，帮助基层学校组织开展班级足球联赛；参与学校足球对外展示活动，为基层学校开展群众性足球活动提供资金和设备方面的帮助；对足球普及不到位的学校要给予批评教育，督促其加强改进，让校园足球的普及工作真正落实到位。

（5）体育部门要能够承担起完善校园足球四级联赛体制的职责。体育部

门在裁判员队伍、场地器材、专项资金等方面的支持，对校园足球四级联赛的开展质量具有决定性影响。体育部门参与校园足球四级联赛的开展与管理也是其校园足球工作的职责和任务。

2. 体育部门对校园足球特色学校的管理与评价

（1）将体育部门分管领导纳入校园足球工作领导小组，并对他们的工作进行考核评价。把体育部门参与校园足球管理工作中取得的成绩与相关领导的工作业绩、绩效工资、职务升迁挂钩，出台相应细则，明确工作任务和职责，充分调动体育部门相关领导的工作积极性，有效推动校园足球运动的开展。

（2）转变体育部门对校园足球特色学校工作评价的理念。体育部门要改变思想，树立服务基层足球特色学校的意识，要转变足球竞技后备人才培养的理念，从以往培养单一型竞技足球后备人才的狭义理念，向培养全面发展的综合性足球人才的广义理念转变，从以往专业训练型体育系统培养体系向全面发展型学校系统培养体系转移，培养目标也要从单一的足球竞技人才的培养转变为广义的综合型人才的培养。在考核评价校园足球活动中，应重视校园足球的普及与推广，重视学生的足球兴趣的培养，淡化比赛成绩，充分利用体育部门的优势资源，促进足球运动在基层学校的普及与推广，扩大足球人口的数量，通过体育部门的行政干预让足球真正走进校园、走近学生，在此基础上发现并培养足球竞技体育后备人才，为足球运动后备人才的成长提供支持。

（3）体育部门要为特色学校建立完善的足球教练员、裁判员培养机制，为校园足球的有效开展提供技术和师资方面的支持，为基层学校足球教师的成长提供支持。

（4）体育部门要不断完善校园足球四级联赛管理体系和运动员注册制度，保障校园足球四级联赛的健康发展。

（5）制定合理的校园足球专项资金使用审计制度，确保资金的使用效率，避免浪费，定期审计汇报。

（6）制定校园足球竞技体育后备人才培养和输送的奖励制度。根据追踪注册管理制度和统一的注册管理系统，只要青少年足球后备人才进入更高一级的球队，由此获得的利益均应当按适当比例划分到最初注册学校或培训单位及教练员，最大限度地保障各级基层单位和基层教练员的基本利益①，充分调动基层单位和教练员的开展校园足球活动的积极性。

---

① 孙克诚，等:《我国足球后备人才多元化培养路径现状及对策》，《上海体育学院学报》，2011年第3期。

（7）加强对社会青少年业余足球俱乐部的管理，规范社会青少年业余足球俱乐部的培训行为，构建校外青少年足球培训与竞赛的治理体系，促进校外青少年足球运动的健康发展。

二、教育部门在校园足球特色学校管理中的职责与评价

1. 教育部门在校园足球特色学校管理中的职责

（1）2015 年 7 月，《教育部等 6 部门关于加快发展青少年校园足球的实施意见》中明确提出，今后校园足球工作由教育部全面负责，国家体育总局协助教育部做好校园足球活动的开展。校园足球的管理主体和责任人是教育部。

（2）夯实校园足球工作基础，加快校园足球改革发展。加强组织领导，明确职责任务，促使校园足球特色学校成为加快普及发展足球的示范典型。

（3）完善政策措施，加强指导与支持。地方各级教育行政部门要把校园足球特色学校建设作为发展校园足球的重要内容，纳入本地区教育发展规划。

（4）加强监督检查，完善准入退出机制。校园足球特色学校要开通本校的校园足球信息平台，公开校园足球进展情况；地方教育行政部门要将足球特色学校工作情况纳入教育督导检查和学校体育工作评价范畴，定期实施专项检查。

（5）各级校足办要依据属地管理原则，负责本地区全国校园足球特色学校建设质量的日常指导和监管。

（6）校长是强化校园足球特色学校质量建设的第一责任人①，要使特色学校切实成为普及与开展足球运动、深入开展足球教育的示范和标杆。

① 切实落实中小学生“每天校园体育锻炼一小时”的要求，保障校园足球活动开展的时间。

② 组织好学校内的校园足球班级联赛，这是普及与提高足球运动的重点和关键。

③ 要求全校每班每周开设一节足球课，积极推进足球课堂教学改革，切实提高足球课的质量。

④ 加大开展校园足球活动的经费投入，确保校园足球专项经费的合理使用。

---

① 王登峰，樊泽民：《全国青少年校园足球工作发展综述（2015—2017 年）》，《上海体育学院学报》，2018 年第 4 期。

2. 完善教育部门管理校园足球特色学校的评价机制

（1）建立关于教育部门参与校园足球活动管理领导及相关基层学校校长工作的考核管理机制。在教育部门内部成立以分管体育的局长、处长、基层学校校长为成员的校园足球领导小组，并成立办公室，明确各部门的管理职责，层层落实到位，将校园足球活动开展的工作业绩纳入分管领导个人的年终绩效考核，特别是基层学校校长的年终绩效考核，明确校长是学校开展校园足球活动的第一责任人，实行一票否决制，强化责任管理，并形成制度，这是当前推动青少年校园足球广泛开展最有效的措施之一。

（2）制定将校园足球作为学生必须掌握的两项体育技能之一的制度。把校园足球纳入中小学体育课堂教学、课外体育活动、阳光体育活动，使校园足球在学校的开展有时间上的保证，能够为学生掌握足球技能提供保障。

（3）加快校园足球教学训练大纲和教材体系的建设，加强校园足球活动的规范化教学训练和管理。联合体育部门、高校科研部门制定出适合本地区学校足球发展水平的统一的校园足球教学、训练教材。

（4）加强校园足球师资队伍和管理人员队伍的建设，完善三级培训制度。与体育部门联合做好基层学校校长和管理人员的培训、教练员的培训、裁判员的培训，鼓励体育教师参加各级培训，并将培训计入继续教育学时中，所获等级证书可以作为教师评职称的重要依据和条件。

（5）建立系统的多元化的校园足球活动竞赛体系，加强学生运动员的学籍及注册管理。

（6）制定将开展校园足球活动的工作量纳入绩效工资考核中的制度。

把开展校园足球课余训练、竞赛、课外足球活动、大课间足球活动、足球对外展示活动等工作量纳入年度绩效工资考核中，有效调动广大基层体育教师开展校园足球活动的积极性，这对推动校园足球活动的普及和培养青少年足球竞技体育后备人才具有重大意义。

（7）构建科学、完善的校园足球工作考核、评价体系，目标具体明确，切合实际，便于操作。

① 校园足球工作的首要任务是普及，因为没有普及就没有基础，没有普及就不可能提高，而足球教育教学作为校园足球普及的主要手段，应该是校园足球工作考核与评价的重点。

② 要不断完善足球特色学校的班级足球联赛制度，每一学期都要举行全校性的班级足球联赛，联赛期间能够有多种校园足球文化活动，如演讲比赛、摄影大赛、小报设计评比、足球嘉年华等文化活动。同时，通过班级足球联赛

能够让全校所有学生都参与到足球活动中来，切身体验到足球的乐趣，从而丰富校园足球文化的内涵。校园足球班级联赛工作是校园足球普及向深层次推进发展的重要工作，应该是校园足球工作考核与评价的重点目标之一。

③ 完善校园足球课余训练与竞赛体系，在做好普及工作的基础上抓好提高工作，为有足球天赋的学生提供向高水平方向发展的平台，使他们能够在接受科学化训练和竞赛的环境下健康成长，足球竞技水平不断提高，为学校争得荣誉，从而推动校园足球竞技水平的发展，也为国家培养更多的高水平足球后备人才，因此，高水平后备人才培养也应该是校园足球工作考核与评价的重要目标之一。

④ 足球的育人价值是促进学生身心健康水平的不断提高，要把提升学校全体学生的体质健康水平作为校园足球特色学校工作考核与评价的重要目标。

（8）制定校园足球专项资金审批使用制度，账目独立，专款专用，严格执行财务管理制度和审计规定，加强专项资金使用的管理。

（9）制定完善校园足球体育特长生的招生政策，理顺校园足球后备人才升学通道，解除家长的后顾之忧，促进课余训练的发展。

（10）探索和完善校园足球课余训练和足球竞技后备人才培养的新模式。

（11）加强校园足球科研队伍的建设。制定以校园足球为主的中小学体育教师岗位专业标准及发展规划，开展以校园足球为主的中小学体育教育学科带头人培养选拔工作，解决目前校园足球方面缺乏领军人才的瓶颈问题。①

（12）建立和完善校园足球活动安全保障和保险制度。

三、整合教育系统与体育系统的优势资源

学生分布在学校内，根据管理学中责任、权力、利益相互统一的原则，教育部门应顺理成章地成为校园足球的主要管理者，承担校园足球工作的责、权、利，通过理顺校园足球优秀运动员晋升和升学通道，让家长和学生真正重视校园足球，并有效参与校园足球活动。在开展校园足球活动过程中，教育部门具有负责学生文化教育和升学的优势，而体育部门在资金技术等方面具有得天独厚的资源优势。就其分工而言，教育部门搭建平台全面负责校园足球活动的组织与开展，制定相应的政策和实施措施，通过合理的组织形式推动校园足球活动的不断发展；体育部门在提供相应配套的政策的基础上发挥其足球专业资源及资金保障方面的优势，提供专项资金及技术上的支持，为校园足球四级

---

① 颜中杰，等：《上海市校园足球活动的困境与出路》，《上海体育学院学报》，2011 年第 1 期。

联赛的组织与管理、师资补充和培训工作提供业务指导和人力资源支持，并负责协助教育部门和学校发掘与培养有天赋的足球人才。

第三节　构建完善的校园足球管理体制和运行机制

一、完善校园足球特色学校管理体制

1. 完善管理标准的科学性，保障考核评价的准确性、客观性

全国青少年校园足球特色学校创建标准用于衡量申报学校是否符合特色学校的条件，复核标准检查、评价校园足球特色学校的建设与发展情况。客观准确的评价是两类标准的主要功能。增强两类标准的科学性，强化标准的目标性，要坚持以下几个原则：第一，体现两类标准的差异性原则。创建标准是重点评价申报学校是否符合特色学校的条件和要求，主要目标是资格的审定；复核标准评价的重点是特色学校已取得的成绩和效果，主要目标是成果、成效的验收与考核，复核的重点要放在足球教育教学、训练竞赛的成效上。第二，体现实践性原则。两类标准评价指标的设计与选择要有理论依据和实践落点，不能虚构或与实际不符，且要避免与国家相关部门的政策制度不兼容。第三，坚持可测性原则。既然复核特色学校的意义是成效验收，可测量是重中之重，那么就要在整合现有特色学校管理标准的基础上，突出每一个评价指标的可观测意义，保证每一个指标的可观测性，重新拟定的评价标准应该是可量化或易于评价的内容。第四，标准的语言表述要坚持简明性原则。在保证语义清楚的前提下，每一个评价指标都要尽量简明扼要，针对性强。①

2. 完善校园足球特色学校的准入和退出机制，保障特色学校的发展质量

（1）提高全国校园足球特色学校创建标准中普及指标的权重，强化普及工作意识。

创建标准指标中要加大学生体质健康水平、足球课、足球课程资源开发、班级足球联赛、校园足球文化建设、专项资金投入的比例等方面的权重，应适当降低对课余训练、高水平比赛及后备人才培养输送等指标的比重，促使特色学校重视校园足球普及工作的开展，突出校园足球的育人价值。

---

① 赵治治，等：《我国校园足球特色学校退出机制的理论分析》，《上海体育学院学报》，2018 年第 4 期。

（2）强化校园足球特色学校的退出机制，保障校园足球的发展质量。

第一，完善足球特色学校的考核退出机制，建立科学的奖惩制度。

2015—2017 年，中央财政累计投入 6.84 亿元校园足球扶持基金，各省份投入校园足球的资金累计 196.03 亿元。① 从资金投入来看，国家对每一所校园足球特色学校都有经费支持，且力度均等。经费不是直接划拨给特色学校，而是通过一级一级地方教育行政部门拨下去的，拨到特色学校的经费额度，不同地区可能存在较大差异。国家下拨经费后，各地区的特色学校得到的经费支持存在差异，未得到经费支持的地区和学校，不排除地方教育行政部门对经费进行统筹使用的可能。如何合理使用校园足球专项基金，利用有限的财力资源，最大化地调动地方和学校的积极性，实现校园足球的可持续发展，是当前校园足球发展的关键问题。

结合当前校园足球发展的状况，可以把校园足球特色学校的考核结果分成“优、良、差”3 个等级，总体比例 1∶8∶1，对每一省份末尾 10% 的校园足球特色学校所隶属的地级市（区），按照考评为“差”的特色学校减少次年的经费划拨额度，节约下来的经费用于奖励考核前 10% 的特色学校所属的地级市（区）；中间的 80% 划拨经费额度不变，使其形成了一种良性的资源循环。此外，对末尾 10% 特色学校所属的地级市（区），除减少经费支持外，还应实施惩罚。在借鉴社会组织建设研究的基础上，惩罚可分为两级：① 对首次考评“差”的特色学校，减少其所属地区的支持经费，同时提出警告并限期整改，使其产生危机感。② 对连续两次考评为“差”的特色学校，除向所属地区直接领导问责外，还应取消其全国校园足球特色学校资格，严格实行特色学校的退出机制，保障特色学校建设的质量。

第二，以各级政府为主导，联合教育部门、体育部门共同建立地级市（区）校园特色学校督导考核与评估专家人才库，加强校园足球特色学校的管理力度。

当前校园足球特色学校数量多，分布范围广，各地区发展不平衡。对特色学校的督导评估内容体系较多，主要有教学体系、训练与竞赛体系、足球文化建设、课外足球活动体系、专项资金使用、场地器材设备、后备人才培养、师资队伍建设等方面。检查督导评估方面的问题较为复杂，因此，必须要成立一支理论水平高、业务能力强的专家人才队伍，才能适应校园足球特色学校的检

① 王登峰，樊泽民：《全国青少年校园足球工作发展综述（2015—2017 年）》，《上海体育学院学报》，2018 年第 4 期。

查评估工作。校园足球专家人才库成员构成要以高校的专家、市区教研员、高级别足球教练为主，以及少量的具有足球教育经验的中小学高级教师。校园足球评估专家人才库的建立不仅能够满足当前对申报学校的实地调研与评估的需求，而且能够承担起对现有特色学校的督导检查与评估的任务。这对加强校园足球特色学校的管理与建设具有积极的意义，应该加以重视与研究。

第三，教育部门要落实好校长是校园足球工作第一责任人的制度。

校园足球的成败在当前大环境下主要取决于各个特色学校的校长。2018年3月，教育部提出，校长是校园足球特色学校建设质量的第一责任人，要抓好校长队伍建设工作，使其切实成为普及开展足球运动、深入开展足球教育的示范与标杆。[①] 明确责任的同时要对校长进行培养与监管。① 加强校长专项培训，提高校长的专项管理业务水平，使校长树立正确的校园足球发展观。② 校长要能够参与校园足球教学改革，更新教学理念，落实足球教育课时，探索创新足球教学模式，以《全国青少年校园足球教学指南（试行）》为抓手，不断提高校园足球教学水平，使全校学生都能从足球课中受益，推动足球普及。③ 广泛开展易于普通学生参与的校园足球比赛，创新校园足球比赛规则，引导校园足球比赛价值的回归，淡化足球竞技成分和名次至上的观念。④ 促使校长盘活全校各类资源，组织专家团队对存在的安全风险的因素进行识别、评估与防范，构建校园足球安全保障体系。⑤ 通过教育与奖惩综合施策，督促校长推进校园足球的决策，执行与监督和重要部门的合理分工，强化校园足球人事和财务监管，构建良好的学习管理生态系统，实现以普及为导向的特色学校的健康发展。

二、构建校园足球特色学校的良好运行机制

校园足球是中国足球改革发展的基础性工程，其最主要的任务是在广大中小学普及足球运动，提高学生足球人口的数量和质量，促进学生体质健康水平的提高，并在此基础上发现和培养足球后备人才。当前，对校园足球特色学校“政绩”的评价应该以普及为主，突出足球的育人价值。在做好普及的基础上，提高校园足球的竞技水平是一项必须要坚持的工作，否则校园足球便缺乏前进的动力。因此，在构建校园足球良好的运行机制上要普及与提高并重，一方面，要加强特色学校的足球教育教学和校内竞赛活动，在考核地方政府领导

① 王登峰，樊泽民：《全国青少年校园足球工作发展综述（2015—2017年）》，《上海体育学院学报》，2018年第4期。

和足球特色学校校长时，要加大校园足球普及指标的考核比重，建立健全考核与激励机制，对普及工作到位的地方和学校予以精神和物质奖励；同时在检查评估上要实行一票否决制，即未能达到最低普及工作标准的特色学校就应该取消其特色学校的称号，并追究教育主管部门的责任，对相关领导也要给予一定处罚，保障特色学校首先要做好普及工作。另一方面，在扎实做好普及工作的基础上，特色学校要建立校足球队，重点培养少数足球苗子，做好精英化训练，参加高级别的比赛，努力在全省和全国取得好成绩，向更高层次学校输送足球优秀后备人才。对取得好成绩的特色学校应该给予奖励，这也是校园足球努力的方向，但不应该作具体要求。综合两方面的发展要求，校长要能够在做好足球普及工作的基础上，抓好足球提高，树立正确的“政绩观”，为构建良好的校园足球运行机制做出自己的贡献。

三、成立第三方校园足球社会评估机构，以中立、公正客观为价值追求，对校园足球工作的评估与管理提出更高的要求

在足球特色学校考核与评估的过程中，为更公正地对足球特色学校的工作成效和取得的成绩进行评估，可以建立第三方评估的机制。目前，世界上很多国家开始积极引入第三方评估机构，以克服政府部门既当“裁判员”又当“运动员”的弊端。由于第三方评估具有专业性、独立性和公正性，因此，在分离政府职能、保障评估结果的专业性上取得了较好的成效。引入第三方评估的实质是设立公正的裁判。第三方评估的最大优势在于其独立性，作为一种必要而有效的外部制衡机制，它既打破了第一方和第二方由于自身利益而不能客观、公正进行评估的局限性，又消除了政府在校园足球管理和评估中既任裁判员又当教练员的弊端。此外，第三方评估作为连接政府、教育机构间的桥梁和纽带，在缓解矛盾和弥补缺陷方面发挥着不可或缺的作用。从管、办、评分离的角度来看，校园足球评估的主体应该超越行政立场，回归社会和专业本位，借助第三方，如大学、科研院所、民间行业组织的专业优势，通过政府购买或委托的方式来进行，以保证评估的客观公正、有效自律，最终达到“强强联合”。为此，首先应大力支持社会和专业化第三方评估机构进入质量评估体系，使机构质量评估回归社会和专业本位。其次，应建立完善的第三方评估监督管理机制，对第三方评估的内容、标准、委托程序及其中的权利与义务加以规范。同时为保障第三方评估的专业性，应对评估人员的专业知识、专业能力和专业伦理进行监督，建立一支具有多领域人才、素质优良、专业过硬的评估人员队伍。最终，通过对第三方评估的扶持、规范发展和人员配备，构建具有

客观、公正、可信的校园足球质量评估第三方评估系统。

开展青少年校园足球活动要坚持以政府为主导，各级政府要高度重视和关心青少年足球运动的发展，把支持开展青少年校园足球活动列入各级政府的基本公共服务内容，建立政府为主导，教育部门、体育部门密切协作的管理体制和运行机制，整合体育部门和教育部门的资源优势，促进本地区青少年足球运动水平的发展。通过引入第三方校园足球社会督查机构，定期对特色学校的校园足球工作进行专项检查，出现问题对政府相关部门进行问责；通过加强社会对特色学校校园足球工作的管理力度，增强政府相关职能部门的责任意识，使其能够更加积极主动地参与校园足球工作，提高服务水平和能力。促进政府对校园足球工作的重视，是当前校园足球管理制度的创新，对校园足球的可持续发展具有积极的意义。

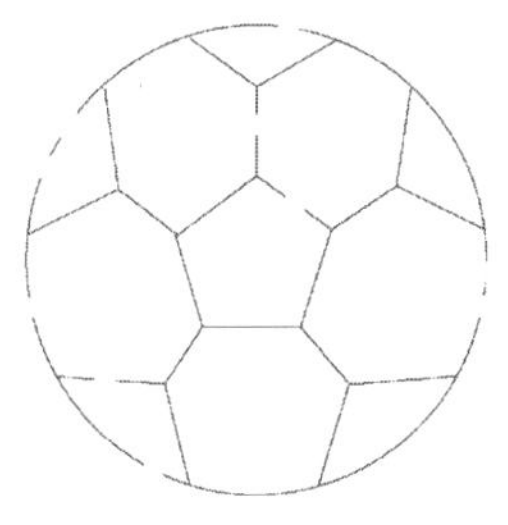

第八章

校园足球文化体系的构建

第一节　校园足球文化概述

一、体育文化与足球文化的概念

（一）体育文化的概念

国际体育情报协会名词术语委员会1974年在罗马尼亚出版的《体育运动术语词典》中解释道：体育文化（Physical Culture）作为“广义文化的一个组成部分，它是综合各种利用身体练习和提高人的生物学和精神潜力的范畴、规律、制度和物质设施”。

卢元镇对体育文化的界定为：“体育文化是关于体育运动的物质、制度、精神文化的总和。”①

（二）足球文化的概念

足球文化是以足球运动为载体而形成的物质、精神、行为和制度的符号系统，主要指以足球运动的生理和社会功能为轴心内容的精神与行为的综合。②

二、校园足球文化概述

（一）校园足球文化的概念

基于校园足球文化建设的研究，“校园足球文化”的概念，即与校园足球相关的物质、制度、精神、行为文化的总和③，主要表现为参与主体在参与校园足球活动中的行为方式、价值取向、制度、理念、精神、道德及个人获得的才能与习惯。

（二）校园足球文化的内涵

校园足球文化具有丰富的内涵，主要包括4个结构层次的文化体系：校园足球物质文化、校园足球精神文化、校园足球制度文化、校园足球行为文化。

1. 校园足球物质文化

校园足球物质文化是指校园足球活动主体在参与校园足球活动中的活动方式及其物质形态，包括与校园足球相关联的一切物质要素的集合，表现为校园

---

① 卢元镇：《中国体育社会学》，北京体育大学出版社，2000年，第238－239页。

② 李纪霞，徐仰才：《“校园足球”文化内涵及其建设路径研究——以上海市为例》，《辽宁体育科技》，2015年第1期。

③ 候学华，薛立，陈亚中，等：《校园足球文化内涵研究》，《体育文化导刊》，2013年第6期。

足球活动的场地器材设施、师资力量、配套资金、思想物化品等方面。①

2. 校园足球精神文化

校园足球精神文化是指人们依托校园足球活动改造世界观的活动方式及其全部产物，表现为校园足球活动的发展理念、校园足球活动的功能及校园足球对学生核心素养发展的影响三个方面。

3. 校园足球制度文化

校园足球制度文化是指与校园足球相关的一切制度的总和，是调控和规范校园足球活动中人们各种社会关系的组织机构和规章制度的总称，主要包括校园足球的规则体系和运行体系两个方面。校园足球制度文化是校园足球活动可持续发展的关键与枢纽。

4. 校园足球行为文化

校园足球行为文化是指学生在校园足球活动行为中所呈现出的价值取向、行为方式和行为环境等方面的文化现象。其中，价值取向主要包括价值目标、学生认识理解足球运动的基本理念，以及学生参与足球活动的精神状态；行为方式主要由足球竞赛、足球活动中的礼仪及足球相关的游戏活动构成；行为环境主要是指学校和城市的足球环境——开展足球活动的传统、氛围、自然条件等要素。②

三、校园足球文化建设的意义

（1）校园足球文化建设，对培养学生的体育兴趣和爱好、养成学生良好的运动习惯、促进学生的全面发展、提升校园体育文化的内涵等方面都具有积极的影响和作用。

（2）校园足球文化建设，对足球运动在学校的普及推广、扩大青少年足球人口数量、提高足球人口的质量、创新足球后备人才培养的理念和培养机制等方面均具有一定影响。

（3）校园足球文化建设，有利于形成良好的学校足球发展环境，提升学校特色体育文化的内涵具有积极的促进作用。

（4）校园足球文化建设，能够促进学校对足球文化建设的理解和重视，深化学生和教师对足球核心价值的理解，对学校体育教育教学的改革与发展具

---

① 李纪霞，徐仰才：《“校园足球”文化内涵及其建设路径研究——以上海市为例》，《辽宁体育科技》，2015 年第 1 期。

② 候学华，薛立，陈亚中，等：《校园足球文化内涵研究》，《体育文化导刊》，2013 年第 6 期。

有积极的意义。

（5）校园足球文化建设，能够促进足球文化与其他体育文化的融合，有利于创造一个适合中小学足球发展的多元化的校园足球文化体系，进一步丰富校园足球文化的内涵，形成校园足球自己的特色足球文化，为校园足球可持续发展提供足球文化软实力的支撑。

第二节　校园足球文化的内容体系

一、校园足球文化体系的结构

校园足球文化体系结构如图 8-1 所示：

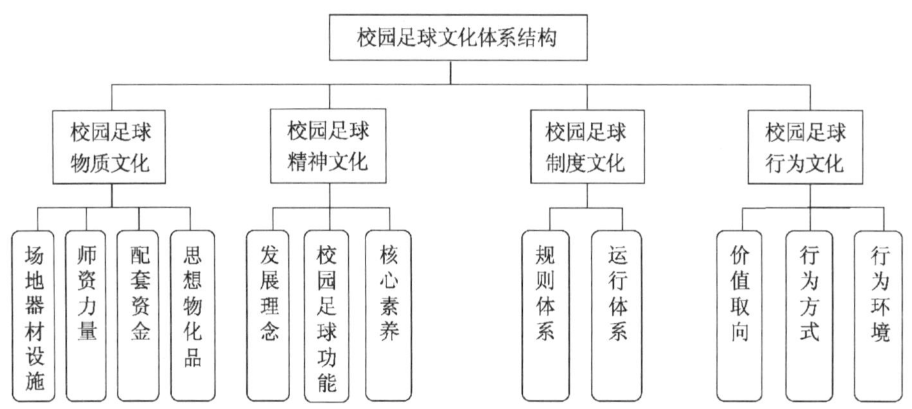

图 8-1　校园足球文化体系结构

二、校园足球文化体系的构建

（一）校园足球物质文化是学校开展足球活动的前提条件和基础

1. 场地器材设施

校园足球活动在校园内有效开展和普及推广必须要有相应的场地器材设施。场地包括 5 人制、8 人制、11 人制足球场和灯光设施，其中 5 人制足球场包含 5 人制笼式足球场和室内 5 人制足球场。器材主要包括足球、球门和各种足球教学训练的辅助器材：足球有 3 号、4 号、5 号足球 3 种型号；教学训练辅助器材有各种型号的球门、标志盘、标志桶、标志杆、绳梯等器材。另外，校园足球文化宣传的设施主要有：标志性的雕塑、足球文化宣传长廊的布置和设计，以及网络和多媒体的设备配置。

2. 师资力量

师资队伍建设是校园足球物质文化的建设的重要方面，师资队伍的质量和数量是决定校园足球活动发展的主要因素，加强校园足球师资队伍建设是校园足球物质文化建设的必然要求。校园足球师资队伍建设主要包括校长及管理干部队伍建设、足球教师和教练队伍建设、家长队伍建设、裁判员队伍建设等方面。

具有精通校园足球专业和管理能力的校长队伍是校园足球能够在学校内有效开展的重要保障，是校园足球取得成功的关键。加强足球特色学校校长队伍的建筑与管理，提高校长对校园足球工作重要性的认识和积极性，提升校园足球管理队伍的业务和管理能力，是校园足球文化建设的核心。

足球教师和教练队伍的质量和数量是开展校园足球活动的基础，没有高水平、高质量和足够数量的足球教师和教练员队伍，校园足球活动就得不到有效开展，活动质量就得不到保障，校园足球可持续发展将严重受阻。加强足球教师和教练员队伍建设，既是校园足球文化建设工程的基础，又是校园足球文化建设的重点。

家长也是校园足球师资队伍的重要组成部分，没有家长的支持，学生在参与足球活动积极性方面就会受到极大的影响。应加强对家长的培训，转变家长的教育观，提高家长对开展校园足球活动意义和价值的认识，这是校园足球文化建设不可或缺的部分。

足球运动的核心就是游戏和比赛，在保障足球比赛的公平、公正方面，裁判员队伍的素质和业务能力起到决定性作用，足球比赛的公平、公正是足球文化的重要体现。加强裁判员队伍的建设，提高裁判员的业务水平和职业道德，是校园足球文化体系建设中需要加以重视和研究的方面。

3. 配套资金

体育的发展离不开社会经济的发展，校园足球的发展同样也离不开教育主管部门和学校的资金支持。校园足球的发展必须要有配套资金的支持，各级教育主管部门和足球特色学校必须要有配套资金的预算和划拨，专款专用，全过程管理，确保资金的合理、高效使用。校园足球配套资金的管理与使用是校园足球物质文化体系的一部分，应该加以重视和提高。

4. 校园足球文化发展成果的思想物化品

校园足球文化发展成果的思想物化品主要包括：校园足球课程、运动训练教程、竞赛制度、大课间足球活动设计等。

足球课程是为全体足球特色学校的学生服务的，要根据不同学段学生的身体和心理发展的特点进行科学设计和规划，合理选择相应的教学内容、教学方法、教学评价体系，为广大基层学校足球教师上好每一节足球课提供指导和帮助，这对足球运动的普及与推广意义重大。足球课程体系是校园足球文化发展物化成果体现的重点部分。

运动训练教程主要为课余训练与比赛服务，为培养学生的足球专项技能和比赛能力的提高服务，是校园足球竞技水平提高的重要方面。

课外足球活动和体育大课间足球活动是学校特色发展的体现，是足球特色学校构建自身特色发展的重要途径，是学校足球特色和文化对外展示与宣传的窗口，也是校园足球文化的组成部分。

（二）校园足球精神文化

1. 校园足球发展的理念

青少年校园足球的健康发展离不开文化建设，对校园足球文化的认识不仅是提高青少年足球技术水平的基础，更是青少年正确认识足球运动、理解足球文化、文明参与足球运动的根源。校园足球要有自己的发展理念：一是“坚持健康第一”的理念，就是要为全体学生的身心健康服务；二是“坚持足球特长发展”的理念，为发展学生的足球运动技能和培养学生良好的运动习惯服务；三是“为振兴中国足球奠定基础”的理念，校园足球要担负起发现和培养具有足球天赋的优秀竞技后备人才的重任，为提高我国青少年足球竞技水平，提升校园足球竞技水平的国际竞争力，为国家足球的发展培养世界级高水平职业足球运动员培养后备人才，实现“中国足球的伟大梦想”服务。

2. 校园足球的基本功能

（1）健康功能：增进学生健康和促进学生强健体魄的形成，使学生养成良好的参与运动锻炼的习惯。

（2）强心功能：足球活动能够使学生身心放松和获得快乐，可以使学生的心理得到良性的调剂，促进学生心理健康发展。

（3）育人功能：足球游戏和比赛包含许多有利于学生成长的德育和智育元素，对学生的成长具有一定的教育意义。

（4）素质教育：国际通行的通过足球对学生进行遵纪守法、承担责任、不怕困难、顽强拼搏和团队协作的教育，以及赛前、赛后礼仪等都是素质教育的途径。

（5）足球普及：校园足球是我国足球普及的基础工程，是功在当代、利在千秋的国家战略，是实现国家足球振兴的基础。

（6）人才培养：校园足球可以直接为国家培养和输送高水平足球竞技后备人才，对实现中国足球竞技水平的突破具有积极的意义。

（7）校园竞技：足球比赛是学生表现才能的舞台，比赛可以张扬个性和启发心智。

（8）品牌功能：学校可以通过参与足球比赛取得好成绩从而扩大影响和塑造学校品牌。

3. 校园足球对学生核心素养的发展具有积极的作用

竞技体育有全面开发人的精神潜力的作用，比读书上课更有效率。当一个人能够驾驭身体的时候，也就能驾驭自己的思维和精神，并能获得宝贵的自信。① 校园足球活动与竞赛的开展对发展学生的核心素养具有积极的作用，特别是足球训练与比赛能够对学生球员的创新能力、批判性思维、公民素养、合作与交流能力、自主发展能力和信息素养 6 项核心素养的发展起到积极的作用，同时对学生自身创新能力和合作能力的发展也具有积极的作用。培养学生的创新能力，是 21 世纪中国教育的工作重心，是中国教育现代化的核心使命。②

（三）校园足球制度文化

校园足球制度文化是为了规范校园足球活动开展而制定与设立的，是校园足球活动正常开展的基本保障条件，主要包括与校园足球相关的规则体系和运行模式两个方面。

1. 校园足球规则体系

国家为了规范青少年校园足球工作的管理和规划，出台了一系列的指导性文件。2009 年以来，国家体育总局、教育部先后正式对外发布的文件有：《关于开展全国青少年校园活动的通知》（2009）、《关于加强全球青少年校园足球工作的通知》（2013）、《国务院办公厅关于印发中国足球改革发展总体方案的通知》（国办发〔2015〕11 号）、《教育部等 6 部门关于加快发展青少年校园足球的实施意见》（教体艺厅〔2015〕6 号）、《教育部关于成立全国青少年校园足球工作领导小组的通知》（教体艺厅〔2015〕1 号）、《教育部财政部关于印发〈青少年校园足球扶持专项资金管理办法〉的通知》（教体艺厅〔2015〕9 号）、《教育部办公厅关于印发〈全国青少年校园足球教学指南（试行）〉和

① 王超，王永盛：《哈佛大学竞技体育核心价值观研究》，2017 年第 1 期。

② 褚宏启：《核心素养的国际视野与中国立场——21 世纪中国的国民素质提升与教育目标转型》，《教育研究》，2016 年第 11 期。

〈学生足球运动技能等级评定标准（试行）〉的通知》（教体艺厅〔2016〕4号）、《关于印发全国足球场地设施建设规划（2016—2020年）的通知》（发改社会〔2016〕987号）、《关于组织申报聘请校园足球外籍教师支持项目的通知》（2017）、《教育部办公厅关于加强全国青少年校园足球改革试验区、试点县（区）工作指导意见》（2017）、《关于组织开展全国青少年校园足球教练员国家级专项培训的通知》（2018）、《教育部办公厅印发〈关于面向中小学生的全国性竞赛活动管理办法（试行）〉的通知》（教基厅〔2018〕9号）、《全国青少年校园足球工作领导小组关于做好2019年校园足球工作的通知》（教体艺函〔2019〕2号）等文件。这些文件的发布对构建校园足球规则体系起到了明确的指导作用，为校园足球的可持续发展提供了保障。

2. 校园足球运行模式

教育部直接领导校园足球的运行，教育部校园足球工作领导小组主要负责全国青少年校园足球发展的指导工作，各地校园足球工作领导小组是推进各地校园足球改革发展的决策机构和责任主体，重要事项需要进行集体研究，形成合力，以确保校园足球工作政令畅通、一抓到底。各地教育行政部门要履行好校园足球主管责任，按照《国务院办公厅关于印发中国足球改革发展总体方案的通知》（国办发〔2015〕11号）和《教育部等6部门关于加快发展青少年校园足球的实施意见》（教体艺〔2015〕6号）的具体要求，研究制订具体可行的工作方案并扎实推进。各地要加强对校园足球特色学校、试点县（区）和改革试验区的质量管理与考核，健全整改退出机制。教育行政部门要履行好校园足球主管责任，发挥校足办的统筹协调作用，负责校园足球的统筹规划、宏观指导和综合管理，推进校园足球“八大体系”建设，保障校园足球专项经费，不断提高资金使用效益。发展改革部门要会同教育、体育、足协等部门统筹场地设施规划与实施。财政部门要合理安排投入，积极支持相关部门开展校园足球工作。广播电视和新闻出版部门要充分发挥广播电视、报刊、网络、新媒体等的作用，利用公益广告等形式，多层次、多角度宣传推广校园足球，营造校园足球发展的良好社会舆论环境氛围。体育部门要积极推进教体融合，培养优秀竞技人才，支持退役运动员、优秀教练员到学校兼职校园足球教师，增加适合学生户外活动和体育锻炼的场地设施，持续推动各类公共体育设施向学校和学生开放。共青团系统要负责组织或参与开展校园足球文化活动。足协系统要发挥人才和资源优势，加强技术指导、行业支持和相关服务。

校园足球工作是一项系统、长期、基础工程，各地校园足球工作领导小组成员单位要持续关心、支持和参与校园足球工作，共同构建政府主导、学校主体、行业指导、社会参与的新时代校园足球发展格局，促进校园足球形成教学体系规范、训练架构完整、竞赛体系完备、人才渠道畅通、保障体系健全的校园足球运行发展体系。

（四）校园足球行为文化

足球行为文化是指与规范和约束学生足球活动的行为相关，属于基本规范范畴进行系统划分的文化。

1. 行为价值取向

现代社会的急遽变化给中小学学生的未来发展提出了严峻的挑战。足球运动的价值具体表现为：通过参加足球竞赛活动，学生不仅可以体验竞争感受，树立公平竞争、遵守规则的体育精神，还可以汲取知识、愉悦身心、发展体能和心智能力，培养人格的力量和团队合作的能力；比赛场上的获胜并非体育竞赛的终极目标，学生运动员在整个训练期和竞赛过程中，克服重重困难，追求更高、更快、更强的拼搏精神，则是他们人生的宝贵财富和未来成功的不竭动力。一个整天沉湎于书本的柔弱书生，是不可能有能力来处理真实世界中瞬息万变的种种挑战的①，应通过个人发展和团体协作追求卓越，塑造性格力量和领导能力。哈佛大学研究认为，"在具有高度竞争性的环境中，广泛开展校内外体育竞赛活动是极其重要的，体育竞赛活动对参与者的身体健康、社会适应能力等方面具有积极作用"。②

2. 行为方式

良好的体育行为表现在以下几个方面：无论场内场外，行为都要符合道德、坚守规则、承担责任；遵守体育道德、尊重对手，谦虚地接受胜利、有风度地承认失败；尊重跨文化认识和接受的价值；形成健康的工作和生活方式。参加体育运动是学生们成长、学习和得到快乐的途径之一，也是他们利用和开发个人技能、身体技能和智力技能的途径之一；获胜本身并非目的，力争最佳努力获得成功才是竞技体育教育的根本；开展竞技体育的主要目的是让学生接受竞技体育教育，促使学生身体素质、学业发展和人格塑造都出类拔萃，而不是在竞技场上争锦夺冠，也不是为职业队和国家培养运动员。③ 足球运动能提升人的专注力和培养坚韧精神，训练和竞赛需要避免所有与之无关的干扰，这种专注力对学习、工作是十分重要的；同时，足球运动能提升人的信息处理效

---

① 王超，王永盛：《哈佛大学竞技体育核心价值观研究》，《北京体育大学学报》2017 年第 1 期。

② Harvard University. Introduction to the Harvard Intramural Athletics Program. (2006 - 08 - 12) [2016 - 04 - 02]. http://www.athletics.harvard.edu/recreation/Intramurals/IM index.html.

③ 王超，王永盛：《哈佛大学竞技体育核心价值观研究》，《北京体育大学学报》，2017 年第 1 期。

率和工作效益。

3. 行为环境

环境对行为的影响是潜移默化的，良好的环境对人的行为具有积极的促进作用，因此，创造良好的足球环境对足球在校园内的普及推广具有现实的意义。行为环境文化建设也是校园足球文化的重要组成部分，应该加以研究与发展。校园足球行为环境主要有三个方面：校内足球行为环境、校外足球行为环境、家庭足球行为环境。

（1）校内足球行为环境建设

校内足球行为环境不仅包括足球物质文化环境的建设，而且包括足球活动开展的文化氛围环境的建设。一方面，优美的校园环境、充足的运动器材设施、完善的运动场地等物质环境对激起和满足学生的运动爱好具有积极的作用；另一方面，由于学生是行为活动的主体，学生的参与动机、学习兴趣、足球理念、足球文化认知等方面会直接影响其自身的行为，因而学校要正常开展足球课教学和各种足球竞赛活动，课堂教学要以“游戏和比赛”的足球运动核心理念为主，开展趣味性和有效性相结合的课堂教学新模式，足球竞赛活动形式要丰富，要为学生创造良好的足球活动行为环境氛围，激发学生的学习兴趣和参与动机，培养学生良好的运动习惯。

（2）校外足球行为环境建设

为满足社区开展足球活动与竞赛活动的需要，学校要利用自己的体育设施和场地器材优势，做到定期开放学校的体育场地，为喜欢足球运动的社区人群提供运动场所，丰富社区的足球文化生活，向社区居民宣传当前国家大力提倡和发展校园足球的有关文件精神，提高社区居民对足球运动价值的认识，吸引更多的人参与足球活动，进一步改善社会足球环境，为学生参与足球活动创造良好的校外行为环境，优化校园足球文化结构，促进校园足球的发展。

（3）家庭足球行为环境建设

家庭环境对孩子的成长具有方方面面的影响，家庭足球环境对孩子的足球行为发展影响较大，家长的教育观念是主要因素。在当前社会竞争日益激烈的大环境下，孩子的文化学习是最为重要的任务，其他一切都可以为文化学习让路，当踢球与文化学习发生冲突时，足球必须要为文化学习让路，让孩子考上好学校成为大多数家长唯一的教育目标。家长的教育观如果得不到改变，学生参与足球活动的动机和兴趣将会被大大削弱。要改变家庭足球环境，先要改变家长的教育观念，要加强家庭足球行为环境建设。要加强对家长的培训，学校要组建家长委员会，定期开设家长培训班，把国家发展校园足球的政策和文件精神、足球的育人价值、优秀运动员升学政策和学生职业生涯规划等内容作为培训材料，通过系列培训以期有效改变家长的教育观念，让家长鼓励孩子参加足球运动，增强身体素质，为培养学生的足球兴趣创造良好的家庭足球环境，进一步提高校园足球的文化内涵和水平。

第三节　加强校园足球文化建设的建议与对策

校园足球经过十多年的发展与探索，充分发挥了足球的育人价值，使校园足球文化在发展中不断丰富，校园足球事业在新时期也取得了一些成绩。校园足球文化发展之路只有结合国内和国际青少年足球发展的趋势，在不断借鉴中调整策略，才能不断实现校园足球文化发展的质的飞跃。

一、提高对足球文化的认识，促进校园足球文化事业的发展

要提高人们对校园足球文化建设的认识，促进校园足球文化事业的发展。一是要端正态度，提高对建设校园足球文化的科学认识。要从改变观念入手，从战略上首先把校园足球文化的定位提高为为普遍提高中小学学生综合素质服务，各省市、区足球特色学校要把足球文化的建设提到战略的高度，建设和谐校园足球文化，推进校园足球文化创新，积极争做校园足球文化的建设者和创新者。二是要精心制订提升校园足球文化建设的发展规划。首先要以前瞻性的理念制订好规划。一方面，发展规划要符合客观的发展规律，不仅要符合客观经济发展规律、社会发展规律，还要符合校园足球文化自身发展规律；另一方面，规划还要体现统筹各省、市、区校园足球特色学校足球文化建设的发展理念，做到与时俱进。其次，要以创新的思维设计好校园足球文化发展规划，有省级发展规划和市、区级足球特色学校发展规划；有远景规划和短期规划；要不断完善校园足球文化建设发展规划体系。再次，以强有力的措施实施好规划，要制定相关的法律条例保障规划的实施，避免规划约束力和执行力不强等问题的出现。

二、培育校园足球文化特色，构建完善校园足球文化价值体系

一个完善的价值体系由价值体系中处于不同地位、发挥着不同作用的价值观念通过相互说明、相互支持和相互补充而组成。在完善的价值体系中，总有一个或几个价值观念被称为核心价值观念，发挥着主导的作用，占据着核心的

地位，代表着整个价值体系的总方向和总特征。核心价值观念约束着外围价值观念，为外围的价值观念提供方向和根据，从而维护价值体系保持稳定和统一。在我国，马克思主义指导思想、中国特色社会主义共同理想、以爱国主义为核心的民族精神和以改革创新为核心的时代精神、社会主义荣辱观，构成了社会主义核心价值体系的基本内容。校园足球文化作为一个内涵丰富的概念，对人的发展具有启迪和影响作用，能激发学生健康向上的精神，追求人的健康、健美的发展，从而最大限度地激发人的潜能，初步形成精神世界的健康自由的心理状态。因此，校园足球文化也是学生核心素养发展的集中体现。

校园足球文化要深深植根于传统文化，并与传统文化价值观紧密相关。其具体表现为爱国主义、集体主义、乐观自信、公平竞争、讲求规则、团结协作、敬业奉献、科学求实、勇于创新等精神。这些精神是社会主义核心价值观的重要组成部分，在长期的学校教育实践中不断发挥出它的特殊功能，展现出它的无限魅力。如果能将这种精神渗透到每个人的心中，作为指导学生学习的力量，势必产生巨大效力。

校园足球文化价值体系应该能使学生核心素养的发展实现利益最大化，同时对任何人的伤害最小化，这样的校园足球文化价值才有可能为学生的健康成长服务。构建完善的校园足球文化价值体系，能够为校园足球可持续发展奠定基础。

三、优化足球社会文化环境，营造校园足球发展的良好氛围

人们的传统思想习惯、价值观念、行为方式、对足球文化的传统态度和看法，以及教育、科技、道德和人们的价值观与道德水准等社会文化环境都是影响校园足球文化发展的重要因素。因此，参与校园足球文化事业建设的各级主体都要高度重视社会足球环境建设，政府各相关部门要把净化足球社会文化环境工作提上日程，建立优化足球社会文化环境的组织协调机制，要从战略的高度充分认识社会足球文化环境的建设对高质量发展校园足球的重要性；政府各相关部门要从体制、机制、投入、人才培养、科学研究等方面给予高度重视，积极营造宽松优化的社会足球文化环境；要积极建立优化足球社会文化环境的工作激励机制，把优化校园足球文化社会环境纳入政府的精神文明创建活动中去，同时还需要动员社会力量广泛参与。

总之，要坚持以《国务院办公厅关于印发中国足球改革发展总体方案的通知》《教育部等 6 部门关于加快发展青少年校园足球的实施意见》等文件精神为指导，以建设社会主义核心价值为目标，建立文明、诚信、和谐的足球社

会文化环境，共同营造校园足球发展的良好氛围。

四、提高校园足球师资队伍的整体素质，塑造足球教师和教练员团队的良好形象

校园足球师资队伍主要由校园足球专业师资队伍和校园足球管理干部队伍两大部分组成。校园足球专业师资队伍主要是指特色学校足球教师、教练员、足球裁判员等；校园足球管理干部队伍是指足球特色学校校长和学校分管领导队伍，以及国家、省、市校园足球办公室管理人员。他们是校园足球的代表，担负着我国足球事业振兴的重任。为此，校园足球工作者要具备两大意识。首先，校园足球管理者要具备创新意识和精品意识，要不断解放思想，更新观念，创新工作内容、方法和机制，使校园足球工作体现时代性、把握规律性、富于创造性。其次，要培养一批具备良好的职业道德、过硬的专业素质、全面的知识结构（人文素养与科学素养协调发展）的足球教师和教练员，还要打造出有良好风貌和很好的思想素质、技艺精湛、能代表我国青少年足球运动最高水平的后备人才队伍，进一步提高校园足球后备人才的竞技水平和竞争力。

五、建立校园足球竞技后备人才培养体系，促进青少年足球竞技高水平发展

要从认识上重视足球竞技后备人才培养的重要性和培养路径的科学性。足球竞技后备人才的培养首先要突破安于现状的观念，以居安思危的意识走向世界。其次，要突破因循守旧的观念，以改革创新意识开创培养体制的新局面。再次，要突破封闭狭隘的观念，以开放合作意识寻找培养的新动力。最后，要克服片面发展的观念，走校园足球竞技后备人才全面发展、多元发展的道路。在这些观念的指导下，我国足球竞技人才培养还要以学校为依托，夯实技能人才培养的基础。学校是发现、培养和输送体育技能人才的基地，抓好大、中、小学一条龙课余训练和竞赛体系的研究是我们的着眼点。从培养形式来看，要灵活地采取一切有利于竞技足球人才发展的方式方法，实行足球教学、课余训练、校外培训相结合的三位一体的方式开展足球培训。从培养战略上来看，应从小培养，系统科学地进行训练，打好思想、身体、技术、战术、心理等各方面的基础，为国家输送优秀足球后备力量。

六、加大校园足球文化事业建设投入，建立扩大足球人口的社会网络

加大足球文化事业的投入，建立全民参与足球的社会网络，建设和完善体

育基础设施是关键。从长远来看，推进体育基础设施的建设是构建和谐社会、统筹经济社会协调发展的重大举措。体育基础设施本身就是一种文化现象，是人的本质力量的外化。同时，它又是意识文化的载体，凝聚和展示着人类的知识、思想和智慧，体现着人们的情操、意志和价值观等多种文化特质，这些特质又能折射出人们的心灵，对人起到一种潜移默化的作用。因此，体育基础设施建设是开展体育活动的平台，是全民参与足球的前提，是扩大足球人口的基础。

体育设施是体育文化建设的硬件，包括各种公共体育设施、各类综合体育馆和体育场、各种露天球类场馆和学校体育设施，如标准化的田径场、篮球场、排球场、网球场等学校体育场地器材和设施。目前，我国公共体育设施存在的主要问题是投入不足，数量少，质量差，设施老化，功能单一，不能满足人们生活内容多元化背景下的需求多元化的要求。另外，大多数学校的体育设施利用率不高，长期闲置。为此，首先要加大公共体育设施的投入，完善体育设施的管理和功能的发挥，构建多元化体育设施服务体系。其次，以不影响学校的正常工作的开展为前提，积极实现学校体育设施的对社区开放，实现资源共享，提高社区群众参与体育运动的热情。再次，在规划建设体育设施时，配套建设一批具有城市特征的足球体育文化设施，包括足球文化宣传廊、体育书店、体育雕塑等。最后，为了使各种体育设施和场所的功能得到很好的发挥，还要加强体育设施的管理工作，构建和完善“亲民、利民、便民”的多元体育设施服务体系和网络体系。

七、提升校园足球教育科学研究水平，夯实校园足球发展理论基础

足球专业教育科学研究是校园足球事业发展的文化支撑力量，加强足球教育科学研究不仅能丰富人们对足球教育规律特点的认识，提高足球教师、教练员的素质和教育质量，还能为我国足球教育改革提供科学的依据和理论指导，最终服务于我国足球事业的建设。

大量的事实已经证明，无论是提高体育办学水平，还是提高体育教育教学质量，乃至促进教师和教练员的成长，科研都是一条有效的途径。我国目前采取以国家专门体育科研机构为主，与体育院校训练基地和其他科研单位相配合，在政府统一领导下开展科研活动的集中型的科研体制。这种科研体制下，出现了一系列问题，致使陈旧的理论框架不能适应我国当前足球改革和发展的需要。为此，为了更好地发挥体育教育与科研的作用，要从以下几个方面来开展校园足球工作：首先，要提高足球教学与训练科研的科学性。从科研的内容

上看，足球科研应包括研究人和足球的理论。在关注人的研究方面，要重视足球运动的育人价值，特别是对人的核心素养发展的积极影响；要把学科核心素养的理论融入足球教学与训练竞赛中去，不断完善足球教学与训练中心理论和社会交往理论的内涵，拓展足球运动训练理论的研究范围，这对校园足球理论的创新与发展具有积极意义。足球科研是着眼于提高运动员的竞技水平和比赛能力，并在比赛中将其最大限度地转化为运动成绩的助推剂。应该意识到，教练员脱离科研、按经验办事，或科研人员脱离运动实践等偏差都是应该避免的。在校园足球教育教学研究中，对于人的研究，就是运用各种硬指标和软指标对足球运动员的状况进行诊断和改善。其次，是运用科学方法对人的健康、体能、技能等进行科学监测，把力量、速度、耐力和协调素质作为体能指标的参考。利用普通摄像、高速摄像、定量分析、重心位移、计算机模拟等微观的方法对足球技战术进行有效的诊断，能够提高足球技战术训练的科学性和有效性。再次，对运动员战术、心理等软指标的关注则能从改变运动员的认知上入手，从根本上提高运动员的比赛能力和竞技水平。目前，我国足球科研方法单一，主要以技术战术研究为主，忽略了人的核心素养发展对运动技能掌握的积极影响作用，缺乏跨学科研究，足球教育教学与运动训练的科学研究不能适应学校教育教学发展的需求。因此，应依据跨学科的理论知识（如信息论、控制论、系统论、教育学、运动训练学、心理学），采用定性与定量结合的方法全方位、多角度、多层次地进行足球教学与训练方面的研究，提高校园足球的理论科研水平。通过跨学科研究培养创新思维和创造性，这种新的思维方式符合人的认识发展规律，即从单一性到多义性、从线性研究到非线性研究、从绝对性到相对性、从精确性到模糊性、从单面视角到多维视角、从单一方法到系统方法等，这样才能从实际情况出发更好地运用各种方法，科学有效地为校园足球科研提供正确的研究方法和研究体系，进一步夯实校园足球的理论科研基础。

八、拓宽校园足球文化对外宣传渠道，提高校园足球文化传媒人才的整体水平，不断提升校园足球的影响力

校园足球经过十多年的发展，在教学、训练、联赛、课外活动、后备人才培养、对外国际交流、师资队伍培养等方面取得了巨大的成就，初步形成了自己的发展体系，但在校园足球文化对外宣传上还存在着交流渠道不畅和足球文化传媒人才整体水平不高的问题，导致校园足球在社会上的影响力不高，这对校园足球可持续发展不利，需要加强建设。

随着多媒体技术的高速发展，各种移动通信设备的使用现已成为常态。如何把校园足球开展的活动情况及时向社会宣传，并能提供高水平、高质量的新闻，扩大社会影响力，已成为校园足球向深层次发展刻不容缓的问题。一方面，要拓展文化宣传的渠道。国家要加大对新闻媒体参与校园足球新闻报道的支持和管理力度，形成校园足球新闻媒体报道奖励机制，鼓励更多的社会新闻媒体参与到校园足球的新闻报道中来，多渠道、多角度、正面报道校园足球的活动和取得的成果，不断扩大社会影响力，这样也能进一步净化校园足球发展的社会环境，为校园足球的可持续发展提供良好的社会舆论环境。另一方面，要不断提升校园足球传媒人才队伍建设水平，把足球传媒人才建设作为校园足球向深层次发展和推进的重要方面。我国足球传媒人才的现状是高水平的传媒人才稀缺，人才流失严重，足球传媒人才的专业素养有待提高，这些因素严重阻碍了校园足球文化的对外传播。因此，为了使我国足球文化传媒人才能适应校园足球对外宣传的需要，我们应做好以下几方面的工作：

一是提高足球传媒从业人员的竞争意识。足球传媒人员要能适应全球化和市场经济带来的变化，提高竞争意识，只有把自己置身于全球化的浪潮中，接受世界范围内的较量和市场经济情况下人们意识观念的冲击，才能适应不断变化的外界的需求。

二是足球传媒从业人员具有较高的政治素质和思想素质，有全局意识，具备较高的理论水平和政策水平，把握好传媒的政治方向，坚持正确的舆论导向。

三是提高足球传媒人才的业务能力。提高体育传媒人员的业务能力不仅要求体育传媒从业人员有扎实的基本功，具备扎实的词法、语法知识，还要强化语言文字基本功。此外，为了适应现代社会的需要，还应具有多学科相结合、不断发展的知识结构。不仅要学好专业，还要有历史、经济、科技、管理等知识；不仅要有社会科学的知识，还应有自然科学的知识。

四是在对外传播过程中，要注意积极维护好国家足球形象和校园足球形象。现代媒体具有多样性、开拓性，传播的速度快、范围广、自由度高、难以监控，使其容易产生不真实和不恰当的报道，给不良事件的处置增加困难，尤其是对一些负面事件大肆渲染，使事实脱离真实。应该加强足球传媒人才队伍思想政治建设，为校园足球的发展提供正能量的宣传报道。

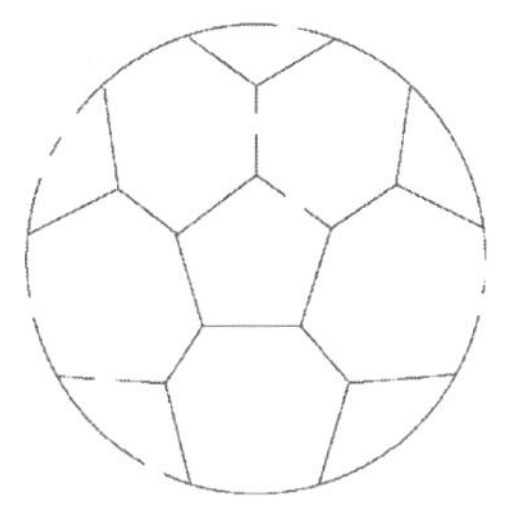

第九章

幼儿足球

第一节　幼儿足球的发展现状与分析

一、幼儿足球的发展现状

2016 年 5 月，第一批“江苏省足球特色幼儿园”创建。2019 年 5 月，全国开始了第一批“全国足球特色幼儿园”的创建工作。随着足球运动在幼儿园的普及推广，幼儿足球已成为部分幼儿园的特色。随着幼儿足球活动的不断深入发展，幼儿教师开展足球活动的能力表现出严重的不足。加强对幼儿教师足球知识与教学能力方面的培训，提高幼儿教师开展幼儿足球活动的能力，培育具有幼儿足球领域知识和教学能力的幼儿教师队伍，已成为幼儿足球发展急需解决的瓶颈问题。当前，在幼儿园足球活动开展过程中，幼儿教师面临着教什么、教谁、怎么教的问题，如何从这三个方面对幼儿教师进行培训，提高幼儿教师开展足球活动的能力、培养幼儿的足球兴趣、促进幼儿的身心健康发展，是目前幼儿教师队伍建设最需要解决的问题。对幼儿教师来讲，在开展幼儿足球活动中主要面临的问题有三个方面：教什么——教学内容知识储备、教学计划和教案的设计与要求；教谁——教育对象的知识及幼儿身心发展规律方面的知识；怎么教——幼儿足球教学方法和教学策略。幼儿足球活动和教学的开展对当前幼儿教师教学活动组织能力提出了更高的要求，特别是把足球知识、技能与幼儿教育相关领域的知识体系相互融合，形成幼儿足球领域的知识和体系。这主要体现在将幼儿学习与发展领域内的健康和社会两大知识体系与足球教学体系相互整合，形成幼儿足球自己领域的知识体系。在幼儿教育中要能以足球活动为载体，促进幼儿健康和社会方面的学习与发展，提高幼儿身心健康发展水平和社会交往能力，为幼儿的素质教育和核心素养的发展提高寻找新的路径，实现幼儿教育的改革与创新。

二、幼儿足球与幼儿教育的关系分析

（一）幼儿足球活动内容的选择、教学体系建设与幼儿教育

对于幼儿足球教学来说，教学内容的选择是一个难题。足球教学内容主要包括足球体能、足球技能（技战术）、心理和社会交往 4 个方面，每一个方面的发展对幼儿足球水平的提高和身心发展都具有积极的价值，因此，幼儿足球教学需根据《3 ～ 6 岁儿童学习与发展指南》中健康和社会两个领域的发展要

求，选取适合幼儿足球活动的内容来教授，突出足球为幼儿学习与发展服务的教育理念。

（二）幼儿足球活动的开展要适应幼儿身心发展的规律和特点

幼儿身心发展的特点和学习方式是教谁的问题，根据《3～6岁儿童学习与发展指南》的要求，在开展幼儿足球活动过程中要能做到以下几个方面①：

（1）关注幼儿学习与发展的整体性。

（2）尊重幼儿发展的个体差异。

（3）理解幼儿的学习方式和特点。

（4）重视幼儿的学习品质。

（三）足球游戏是开展幼儿足球活动的重要形式

幼儿足球活动的形式是怎么教的问题：需真正理解幼儿的学习方式和特点。幼儿的学习是以直接经验为基础，在游戏和日常生活中进行的活动。要重视游戏和生活的独特价值，创设丰富的教育环境，合理安排一日生活，最大限度地支持和满足幼儿通过直接感知、实际操作和亲身体验获取经验的需要，严禁“拔苗助长”或超前教育和强化训练。在幼儿足球教学活动中，要以动作示范为主，讲解要精练；要以模仿练习为主要教学形式，在练习中不要过分强调动作细节，以初步掌握动作为主；要以游戏和比赛为主要活动形式，强调每一位幼儿都能参与其中，培养幼儿的活动兴趣；同时注意安全防范措施要到位，一定要给幼儿创造一个安全的活动环境。

（四）幼儿教师开展足球活动能力的培养

有效提高幼儿教师的执教能力和水平，就是要把幼儿健康和社会两大知识体系与足球教学领域的知识体系加以整合，初步形成幼儿足球教学、游戏、比赛活动领域的知识体系，幼儿教师在开展幼儿足球活动时能够在掌握和理解这一知识体系的基础上，合理设计足球活动组织形式，提高活动的有效性和针对性，以满足幼儿对参与足球活动的需求，培养幼儿的足球兴趣，并且能够利用足球活动这一载体发展幼儿的基本运动能力，提高幼儿的身心健康发展水平、人际交往能力和社会适应能力，达到体育运动之于幼儿的教育目的，发挥运动教育在幼儿核心素养发展中的价值和功能。同时，要发现和培养具有足球天赋的幼儿足球苗子，在幼儿足球发展关键期对他们进行科学正规的足球培训，为国家竞技足球人才的培养和足球未来高水平的发展奠定坚实基础，这对实现伟大的中国足球梦具有积极的意义。

---

① 教育部：《3～6岁儿童学习与发展指南》，首都师范大学出版社，2012年，第2-3页。

（五）构建幼儿足球活动课程，为幼儿教师开展有效足球教学提供指导

当前，幼儿足球活动的开展与教学活动的实施对幼儿教师来说最需要解决的问题就是课程构建。目前，我国幼儿足球缺乏科学完整的课程体系，特别是符合幼儿身心发展特点的以足球游戏为主的课程体系。要将足球运动技能形成规律与幼儿身心健康发展的需求相结合，根据《3～6岁儿童学习与发展指南》的精神，充分挖掘足球运动的教育价值和功能，设计出不同年龄阶段的幼儿足球游戏课程，通过足球游戏这一载体为每一位幼儿的健康成长提供科学合理的运动教育。同时，也为广大的幼儿教师开展幼儿足球教学和足球活动提供科学指导，提高幼儿足球教学与活动的有效性。幼儿足球游戏课程必须要把足球运动元素与幼儿学习、发展元素这两方面的知识体系相互融合，形成科学完整的幼儿足球游戏课程领域的知识体系；要把幼儿健康与社会两个领域的知识体系与足球运动教育理论知识体系有机结合，做到相互融合，设计出符合幼儿学习与发展需求的科学完整的幼儿足球游戏课程，这对幼儿体育教育的发展和创新具有积极的意义。

（六）拓展幼儿教师知识体系，提高幼儿教师综合素质，促进幼儿运动教育实践的改革与创新

1. 幼儿健康领域的知识体系

根据《3～6岁儿童学习与发展指南》健康领域方面的内容与要求，幼儿的健康成长与体育运动相关的方面包括运动、生活和心理健康。幼儿教师只有在这三个方面有完整的知识储备，才能实现通过体育运动来促进幼儿的健康发展：幼儿身体控制和平衡能力、身体移动能力、器械操控能力；幼儿生活自理能力、安全和自我保护能力；幼儿的情绪管理能力——幼儿心理健康发展的重点。

2. 幼儿社会发展领域的知识体系

根据《3～6岁儿童学习与发展指南》社会发展领域方面的内容与要求，幼儿人际交往、社会适应能力的发展与参与集体体育运动紧密相关，掌握幼儿社会发展领域知识体系，对幼儿教师开展有主题的社会能力发展教育具有积极的意义。幼儿人际交往主要包括：愿意与人交往、能与同伴友好交往、具有自尊、自信、自主的表现、关心尊重他人。幼儿社会适应主要包括：喜欢并适应群体生活、遵守基本的行为规范、具有初步的归属感。①

---

① 教育部：《3～6岁儿童学习与发展指南》，首都师范大学出版社，2012年，第28－41页。

第二节　幼儿健康领域的发展

2012 年教育部颁布了《3 ～ 6 岁儿童学习与发展指南》，提出了 5 个儿童领域的发展建议。其中，健康和社会领域的发展是最需要通过整合教育与体育的方式来实现的。由于幼儿教师对体育教育方面缺乏相应的理论基础和实践经验，因而对儿童的动作发展及运动比赛中的合作、人际关系、社会适应等方面的发展缺乏相关的领域知识，特别对幼儿球类操控能力发展方面的知识十分缺乏。鉴于此，加强幼儿教师有关幼儿健康领域方面的知识培训，对幼儿园开展体育活动和促进幼儿健康成长具有积极的意义。

一、幼儿健康概述

健康是指人在身体、心理和社会适应方面的良好状态。幼儿阶段是儿童身体发育和机能发展极为迅速的时期，也是形成安全感和乐观态度的重要阶段。发展良好的身体、愉快的情绪、强健的体质、协调的动作、良好的生活习惯和生活能力是幼儿身心健康的重要标志，也是幼儿其他领域学习与发展的基础。

二、幼儿健康领域的核心素养知识

根据《3 ～ 6 岁儿童学习与发展指南》中健康领域知识的分析，课题组初步形成了幼儿健康领域核心素养的架构（见表 9-1）。

表 9-1　幼儿健康领域核心素养架构

维　度	核心素养
运动	身体控制和平衡能力
	身体移动能力
	球类操控能力
生活	生活自理能力
	安全和自我保护能力
心理健康	情绪管理能力

三、幼儿运动核心素养发展领域知识

幼儿基本运动能力的发展，主要体现在身体控制和平衡能力、身体移动能力、球类操控能力三个方面。发展这三个方面的能力，对发展幼儿力量、速度、耐力、灵活性、协调性等方面的身体素质具有积极的作用，对幼儿形成良好的兴趣爱好和运动习惯具有重要意义。

（一）幼儿身体控制和平衡能力的发展

身体控制和平衡能力是维持身体姿势和运动的基本前提，人们通过对身体姿势控制的感知调节以适应不同的任务和环境的要求。在完成身体移动和器械控制之前，幼儿首先需要发展身体控制和制动能力。

1. 身体控制和平衡能力的概念

（1）身体控制指的是控制身体在空间的位置以达到稳定性和方向性的目的。身体控制的方向性可以分为垂直方向和水平方向。在进行直立、行走、跳跃、旋转等动作时，需要保持身体垂直方向性；在进行垫上翻滚、腾空翻等动作时，则需要保持身体的水平方向性。受到地球引力的影响，人体多数身体控制任务需要保持身体的垂直方向性。

（2）身体控制的稳定性，也被称为平衡。平衡是一个有着丰富内涵的概念，在不同领域有不同的界定。在运动学领域，Gibson 将平衡系统归为“基础定向系统”，人们需要适应地球引力和地面的特征，平衡系统为适应这些特征提供了前提条件，否则人们将不能直立行走，也不能感知在他周围同一空间里其他人的位置而做出反应。① 所有的身体姿势控制任务中都带有方向性的和稳定性的成分，不同任务和环境对于身体控制的稳定性和方向性的需求有所不同。

2. 身体控制和平衡能力与身体素质

身体控制和平衡能力是一种综合能力，它包含了柔韧性、灵敏性、力量、速度、耐力等身体素质。幼儿身体控制和平衡能力的目标内容见表 9-2。

表 9-2　幼儿身体控制与平衡能力的目标内容②

3 ～ 4 岁	4 ～ 5 岁	5 ～ 6 岁
1. 能沿地面直线或在较窄的低矮物体上走一段距离。	1. 能在较窄的低矮物体上平稳地走一段距离。	1. 能在斜坡、荡桥和有一定间隔的物体上较平稳地走。
2. 能双脚灵活交替上下楼梯。	2. 能匍匐、膝盖悬空等多种方式钻爬。	2. 能以手脚并用的方式安全地爬过攀登架、网等。

① 柳倩，周念丽，张晔：《学前儿童健康学习与发展核心经验》，南京师范大学出版社，2016 年，第 17 – 18 页。

② 教育部：《3 ～ 6 岁儿童学习与发展指南》，首都师范大学出版社 . 2012 年，第 7 – 8 页。

续表

3～4岁	4～5岁	5～6岁
3. 能身体平衡地双脚连续向前跳。	3. 能助跑跳过一段距离，或助跑跨跳过一定高度的物体。	3. 能连续跳绳。
4. 分散跑时能躲避他人的碰撞。	4. 能与他人玩追逐、躲闪跑的游戏。	4. 能躲避他人滚过来的球或扔过来的沙包。
5. 能双手向上抛球。	5. 能连续自抛自接球。	5. 能连续拍球。

（根据《3～6岁儿童学习与发展指南》整理）

3. 幼儿身体控制和平衡发展的价值

（1）幼儿阶段是身体控制和平衡能力发展的重要阶段。

（2）发展幼儿身体控制和平衡能力有助于提高他们的生活适应能力。

（3）身体控制和平衡能力的发展能促进幼儿感知觉系统和运动系统的发展。

（4）身体控制和平衡能力的发展有助于培养幼儿坚决、勇敢的品质，促进幼儿认知发展。

4. 幼儿身体控制与平衡能力的发展教育策略

一是为幼儿提供发展身体控制和平衡能力的充足时间和多元化的活动方式：提供多样化的环境和运动设备；通过调节任务的多元化、层次性拓展幼儿身体控制平衡的经验。

二是根据幼儿身体控制的不同运动水平设定相应的教育目标和教师指导。

三是以动态平衡练习为主、静态平衡为辅，兼顾上、下支撑平衡能力发展。幼儿动态、静态平衡能力发展目标见表9-3。

表9-3　幼儿动态、静态平衡能力发展目标

动态平衡	静态平衡
1. 窄道移动	1. 用脚尖站立
2. 缩小自身支撑面时行走	2. 单脚站立
3. 旋转及动作变化	3. 跑步骤停
4. 在晃动或活动性器材上人保持平衡	4. 侧身平衡
5. 闭目移动	5. 支撑和悬垂
6. 沿器材在水平上保持平衡	6. 燕式平衡

续表

动态平衡	静态平衡
7. 滚动和侧翻	7. 对抗性平衡
8. 跳跃中人保持平衡	—
9. 结合动作中身体控制能力	—

（二）幼儿身体移动能力的发展

1. 身体移动能力的概念

身体移动能力是指独立和安全地将自己从一处移动到另一处，是身体在空间上移动的技术。身体移动是一项基本运动技能，包括三个特征：行进、身体控制和适应。行进指的是朝着期望的方向运动，行进需具有起始和终止运动的能力；身体控制指的是稳定性，即平衡性，包含在移动中建立与保持一个合适姿势的要求，以及移动身体时的动态稳定性的要求；适应指的是适应环境改变的能力。①

2. 身体移动能力的分类

菲力斯·卫卡特根据身体重心转移形式变化，将身体移动分成 5 种基本形式：

（1）重心从一脚转移至另一脚。

（2）重心从双脚转移至双脚。

（3）重心从一脚转移至同一脚。

（4）重心由单脚转移至双脚。

（5）重心从双脚转移至单脚。

3. 身体移动和身体素质

身体移动需要以平衡、协调、力量、耐力、灵敏等身体素质作为基础。身体移动需要有一定的力量，只有当腿部力量素质达到一定的程度时，才能完成跳跃等动作。身体移动还需要灵敏性，例如跨越障碍物时需要快速反应和调整。身体移动需要协调腿部、躯干肌肉等各个部位，各个部位需要有足够的协调性，否则就会出现动作僵硬不协调。某些基本的身体移动形式，例如快跑、单脚跳、蹦跳、纵跳、旋转、跨跳、翻滚、爬行、快走、四肢着地走、屈体走或者这些动作的组合可适用于任何身体素质训练。

---

① 柳倩，周念丽，张晔：《学前儿童健康学习与发展核心经验》，南京师范大学出版社，2016 年，第 77 页。

身体移动方向的改变可以使运动从重点锻炼某一种身体素质转换到锻炼另一种身体素质，重点锻炼的身体素质取决于身体移动动作的具体形式，以及动作组合的呈现方式。教师应该有意识地通过改变幼儿身体移动方式的方法达到不同的身体素质锻炼目标，通过身体移动练习促进身体素质的提高。任何一项身体移动练习中所涉及的身体素质占比并不均等，按照身体素质在身体移动中的重要性和直接性，由高到低依次可划分为核心素质和基础素质。例如，跳跃主要用于发展下肢力量，其核心素质是力量素质，平衡、灵敏、协调等就是其基础素质；躲闪跑的核心素质是灵敏、协调，力量就是其基础素质。

4. 幼儿身体移动能力发展的目标内容

幼儿身体移动能力发展的目标内容见表9-4。

表9-4　幼儿身体移动（无器械）发展目标内容

3～4岁	4～5岁	5～6岁
1. 能沿地面直线或在较窄的低矮物体上走一段距离。	1. 能沿地面直线或在较窄的低矮物体上平稳地走一段距离。	1. 能在斜坡、荡桥和有一定间隔的物体上较平稳地走。
2. 能双脚灵活交替上下楼梯。	2. 能匍匐、膝盖悬空等多种方式钻爬。	2. 能以手脚并用的方式安全地爬过攀登架、网等。
3. 能身体平稳地双脚连续向前跳。	3. 能助跑跨跳过一定高度的物体。	3. 能躲避他人滚过来的球或扔过来的沙包。
4. 四散跑时能躲避他人的碰撞。	4. 能与他人玩追逐、躲闪跑的游戏。	4. 能单脚连续向前跳8米左右。
5. 能单脚连续向前跳2米左右。	5. 能单脚连续向前跳5米左右。	5. 能快跑25米左右。
6. 能快跑15米左右。	6. 能快跑20米左右。	6. 能行走1.5公里左右（途中可适当停歇）。
7. 能行走1公里左右（途中可适当停歇）。	7. 能行走1.5公里左右（途中可适当停歇）。	—

（根据《3～6岁儿童学习与发展指南》整理）

5. 发展幼儿身体移动能力的价值

（1）幼儿阶段是身体移动能力学习与发展的重要阶段。

（2）身体移动能力是幼儿生存必须具备的基本身体活动能力。

（3）幼儿身体移动能力是未来运动技能发展的基础。

（4）身体移动有利于降低感知障碍的发生，促进幼儿感知觉发展。身体移动时需要运用视觉、听觉、本体觉、运动觉等多种感官感知自己身体和环境中的多种信息，通过调整自己的步态以完成身体移动任务。在这一过程中，多种感知觉能力得到了发展和完善。

（5）身体移动拓展幼儿自主活动、探索的空间，促进认知和社会性的发展。

（6）身体移动促进幼儿建立自我概念和社会交往。

6. 幼儿身体移动能力发展和教育策略

（1）为幼儿提供发展身体移动能力的时间、场地和运动设备。幼儿园要保证幼儿每天开展身体移动练习的时间，教师要能够合理、巧妙地利用场地资源，提高幼儿身体移动练习与游戏的有效性和趣味性。

（2）鼓励幼儿自觉进行身体移动练习，培养幼儿运动的兴趣和爱好。教师在教学活动中要鼓励幼儿在自主运动中不断提高跑动的能力，创设有层次感的运动目标，使幼儿有机会选择挑战性的身体移动内容；提倡幼儿自我挑战运动和自我比较，减少相互之间的竞争；提高幼儿运动的自信心，培养幼儿运动的兴趣和爱好。

（3）通过环境和任务的改变，提高幼儿各种跑动的能力。在教学设计上，教师要能够调整跑动的时间、空间、人数、力量、路线、方向、幅度及组合部位等的要求，将多个身体移动动作进行组合，设计更有挑战性的动作，使身体移动和身体素质相互结合，通过环境和任务的改变提高幼儿各种跑动的能力。

（4）加强幼儿身体移动中的自我保护教育。

（5）身体移动与其他领域的整合和延伸。

（三）幼儿球类操控能力的发展

1. 球类操控能力概述

球类操控能力是指操纵或控制球类的能力，包括投掷、接、拍、击打球、运球、滚球、踢球、空中截击球的能力，具体指个体用拍、投、抛、接、踢击、顶、踩、踏球等各种方式，并有意识地使之在位置、方向、速度、状态等方面发生改变的运动能力。球类操控能力是基本运动技能的核心，在许多运动项目中都是很重要的。

2. 幼儿器械（球类）操控能力发展的内容

幼儿器械（球类）操控能力的发展需要相应的大肌肉群参与，一般幼儿大肌肉群参与的控制器械（球类）运动动作内容见表9-5。

表 9-5　幼儿大肌肉运动中发展器械（球类）操控能力的内容

3 ～ 4 岁	4 ～ 5 岁	5 ～ 6 岁
1. 能双手向上抛球。	1. 能连续自抛自接球。	1. 能连续拍球。
2. 能单手将沙包向前投掷 2 米左右。	2. 能单手将沙包向前投掷 4 米左右。	2. 能单手将沙包向前投掷 5 米左右。

（根据《3 ～ 6 岁儿童学习与发展指南》整理）

3. 幼儿球类操控能力发展的价值

幼儿球类操控能力的发展不仅有助于运动能力的发展，也有助于情感、认知及社会部分的发展。具体表现在以下几个方面：

（1）球类操控活动能够进一步提高幼儿的动作水平和身体素质。

（2）球类操控活动能够促进幼儿认知的发展。

（3）球类操控活动能够促进幼儿良好个性的形成。

（4）球类操控活动能够促进幼儿社会性的发展。

（5）球类操控活动能够帮助幼儿提高日常生活技能。

（6）球类操控活动能为特殊儿童提供矫治。

4. 促进幼儿球类操控能力发展的教育策略

（1）提供适宜的物质保障。在球类活动中要为幼儿提供大小适宜的空间，环境设置简单而富于挑战性，提供运动所需的合适、丰富的材料，在物质保障上能满足幼儿参与球类活动的需要。

（2）提供各种学习的机会。在球类活动中要能够给予幼儿充分的活动机会，活动组织形式要多元化，活动内容要有层次和拓展性，并能在活动中给幼儿提供适时的帮助。具体措施有：教师能够为特定的操作性技能的练习提供适当的提示；要鼓励幼儿用各种多样化的方式进行练习并探索操控技能；要能够根据幼儿学习的特点进行讲解指导与示范；教师站位与观察指导要符合幼儿活动的特点。

四、幼儿生活

（一）生活自理能力

1. 生活自理能力的概念

生活自理能力是人们在日常生活中照料自己的行为能力，即自我服务。自己照顾自己，是一个人应该具备的最基本的生活技能。

2. 幼儿生活自理能力的内容

幼儿生活自理能力的内容见表9-6。

表9-6 幼儿生活自理能力的内容

3～4岁	4～5岁	5～6岁
1. 在提醒下，按时睡觉和起床，并能坚持午睡。	1. 每天按时睡觉和起床，并能坚持午睡。	1. 养成每天按时睡觉和起床的习惯。
2. 喜欢参加体育活动。	2. 喜欢参加体育活动。	2. 能主动参加体育活动。
3. 在引导下不偏食、挑食。	3. 不偏食、挑食，不暴饮暴食。	3. 吃东西时细嚼慢咽。
4. 愿意饮用白开水，不喝饮料。	4. 喜欢吃水果、蔬菜等新鲜食品。	4. 主动饮用白开水，不贪喝饮料。
5. 不用脏手揉眼睛，连续看电视不超过15分钟。	5. 常喝白开水，不贪喝饮料。	5. 主动保护眼睛。不在过强或过暗的地方看书，连续看电视不超过20分钟。
6. 在提醒下，每天早晚刷牙。	6. 知道保护眼睛。不在过强或过暗的地方看书，连续看电视不超过20分钟。	
	7. 每天早晚刷牙且方法基本正确。	

（根据《3～6岁儿童学习与发展指南》整理）

3. 幼儿生活自理能力的价值

（1）有助于培养幼儿的独立性、责任心和自信心。

（2）促进幼儿精细动作发展和脑的发育。

（3）有助于养成健康的生活方式。

（二）幼儿生活自理能力发展的策略

（1）教育内容以自理行为为核心，兼顾认知、情感方面，同时体现年龄特点。

① 教育内容兼顾认知、态度和行为，尤其突出行为部分。

② 教育内容要体现分层性和选择性。

（2）培养幼儿的生活观意识和生活自理动机。

（3）运用方法帮助幼儿提高生活自理技能。

（4）提高精细动作的发展水平。

(5) 提供具有支持性的生活与学习环境。

(6) 提倡家园一致的生活自理机会——促进良好习惯的养成。

（三）幼儿安全和自我保护能力

1. 安全和自我保护能力概述

幼儿安全教育的目的就在于帮助幼儿获得和掌握日常生活中最基本的安全知识和技能，使幼儿逐步懂得爱护自己和他人，不断增强幼儿自我保护意识和能力。

自我保护能力，指个体保护自己免受伤害的能力，包括生理上的伤害（如饥饿、寒冷、流血等）和心理上的伤害（如自卑、怯弱等）。自我保护能力是一个人在社会中保存个体生命的最基本能力之一。为了保证幼儿的身心健康和安全，使幼儿顺利成长，家长应该从孩子幼年起就加强对他们进行自我保护的教育，培养和提高幼儿的自我保护能力。① 幼儿自我保护教育的具体内容应该包括身体安全、心理安全和社会安全教育（见表 9-7）。

表 9-7　幼儿自我保护教育的内容

安全和自我保护教育	内　容
身体安全教育	1. 个人习惯和公共卫生习惯。 2. 正确认识自己的身体。 3. 了解身体各部分的基本功能。 4. 认识周围生活中潜藏的危害身体的因素。
心理教育	1. 认识自己的情绪。 2. 懂得分享和控制情绪。 3. 明白自己的缺点。
社会安全教育	1. 熟记自己和家人的基本信息、联系方式、电话求助方法。 2. 认识安全图标、交通标识、安全提示，遵守安全规则。 3. 知道生活中的安全隐患并主动远离危险。 4. 获得一些基本的安全防范、自护和求救方法。

（根据《3～6 岁儿童学习与发展指南》整理）

（四）幼儿安全和自我保护能力发展的教育策略

(1) 为幼儿创设安全的活动环境。

(2) 为幼儿开展各种安全教育活动。

① 开展各种有针对性的安全教育活动。

---

① 柳倩，周念丽，张晔：《学前儿童健康学习与发展核心经验》，南京师范大学出版社，2016 年，第 257 页。

② 加强幼儿基本运动能力的练习，提高幼儿的安全和自我保护能力。

五、幼儿情绪管理能力

（一）幼儿情绪管理能力概述

情绪是个体对外界刺激的主观的有意义的体验和感受，具备心理和生理反应的特征。按照情绪的个体与社会维度来分，可分为基本情绪和社会情绪；按照情绪的向度来分，又可分为积极情绪和消极情绪。幼儿情绪发展的内容主要包括个体与社会、情感向度两个情感维度（见表9-8）。

表9-8　幼儿情绪的分类与内容

情感维度	内　容
个体与社会	1. 基本情绪：具有跨文化性的普遍性情绪。这些情绪通常称为基本情绪，是其他情绪的核心或基础，主要指的是人类的4种情绪，即快乐、愤怒、悲哀和恐惧。 2. 社会情绪：情绪社会化的一个基本内容，关乎个人的自我认知和对他人认知的体验与感受。它所包含的内容与个人有关的有自尊、自信、自卑，与他人有关的有安全感、信任感、爱、恨、嫉妒等。
情感向度	1. 积极情绪：个体能够感受到的愉悦、满足、爱等正向的情绪体验。积极情绪是具有正效价的情绪，体验正向情绪的个体对过去表示满意、满足，对现在感到愉快与欣慰，对未来充满期待。积极情绪包括愉快、兴趣、期望、惊奇、满足、自豪、希望和爱等保护基本情绪和社会情绪在内的情感，积极的情绪是个人幸福感的重要成分和指标。 2. 消极情绪：降低个体活动能力和积极性，使人的意志削弱以致完全丧失，并会产生消极因素的情绪。消极情绪是一种负面的情绪体验，包括怒、哀、惧、嫉妒、自卑等。

（二）幼儿情绪发展和情绪调控的特点

（1）幼儿情绪发展的共同特点是“三易”，即易变化、易暴露、易冲动。

（2）幼儿情绪调控的特点：

① 情绪调控的发展被认为是儿童期社会情绪发展的核心成分，是十分重要的社会情绪能力。

② 情绪调控是幼儿情绪发展的高级阶段。

③ 情绪调控能力强的幼儿心理素质好，社会交往能力强。情绪调控是幼儿社会化过程中需要重点发展的能力。

（三）幼儿情绪管理能力发展的教育策略

《3～6岁儿童学习与发展指南》中提出，让幼儿保持安定愉快的情绪，就是让幼儿的基本情绪和社会情绪都能处于较为稳定的积极情绪状态，即使暂时处于消极状态，也要尽可能迅速地向积极情绪转化。在实践中，发展幼儿的积极情绪要从以下几个方面来落实：

1. 优化人文环境

（1）家庭中亲子关系的优化，包括营造和谐的家庭气氛、有充分的亲情陪伴、经常有亲子游戏等。

（2）幼儿园师生互动的优化，包括满足幼儿爱的需要、给幼儿以鼓励的眼光、给予幼儿及时的帮助等。

2. 合理运用各种媒体材料

绘本、音乐、美术、心理剧、手偶、指偶、木偶等都可以成为促进幼儿情绪能力发展的有效媒体材料。

3. 开展各种活动

庞丽娟认为，在教育实践活动中要促进幼儿情绪管理能力的发展，必须在教育活动设计中涵盖三个方面的内容：（1）帮助幼儿形成积极良好的情绪体验；（2）培养幼儿形成较好的情绪调控能力；（3）发展幼儿的情绪智能与情绪识别能力。

第三节　幼儿社会领域的发展

一、幼儿社会领域的学习与发展的意义

幼儿社会领域的学习与发展过程是其社会性不断完善并奠定健全人格基础的过程，人际交往和社会适应是幼儿社会学习的主要内容，也是社会性发展的基本途径。

第一，提高幼儿人际交往和社会适应能力，促进幼儿社会性良好发展。良好的社会性发展对幼儿身心健康和其他各个方面的发展都具有重要影响。

第二，通过社会领域的学习与发展，幼儿能够有效地发展自信和自尊，获得安全感和信任感。

第三，通过社会领域的学习与发展，创造良好的社会环境及文化环境，让幼儿学会遵守规则，形成基本认同感和归属感。

第四，幼儿的社会性主要是在日常生活和游戏中通过观察与模仿，潜移默化地发展起来的。成人应该注重自己言行的榜样作用，避免简单生硬的说教。

二、幼儿社会领域学习与发展的目标

幼儿社会领域学习与发展的目标主要包括人际交往和社会适应两个方面（见表9-9）。

表9-9　幼儿社会领域学习与发展的目标内容

维　度	目标内容
人际交往	1. 愿意与人交往。 2. 能与同伴友好相处。 3. 具有自尊、自信、自主的表现。 4. 能关心尊重他人。
社会适应	1. 喜欢并适应群体生活。 2. 遵守基本的行为规范。 3. 具有初步的归属感。

（根据《3～6岁儿童学习与发展指南》整理）

（一）幼儿人际交往的发展目标

根据《3～6岁儿童学习与发展指南》的内容，幼儿人际交往能力发展的具体目标主要包括以下几个方面：

1. 幼儿愿意与人交往的目标

幼儿愿意与人交往的目标内容见表9-10。

表9-10　幼儿愿意与人交往的目标内容

年　龄	目　标
3～4岁	1. 愿意和小朋友一起游戏。 2. 愿意与熟悉的长辈一起活动。
4～5岁	1. 喜欢和小朋友一起游戏，有经常一起玩的小伙伴。 2. 喜欢和长辈交谈，有事愿意告诉长辈。
5～6岁	1. 有自己的好朋友，也喜欢结交新朋友。 2. 有问题愿意向别人请教。 3. 有高兴的或有趣的事愿意与大家分享。

2. 幼儿能与同伴友好相处的目标

幼儿能与同伴友好相处的目标内容见表9-11。

表9-11　幼儿能与同伴友好相处的目标内容

年　龄	目　标
3～4岁	1. 想加入同伴的游戏时，能友好地提出请求。 2. 在成人指导下，不争抢、不独霸玩具。 3. 与同伴发生冲突时，能听从成人的劝解。
4～5岁	1. 会运用介绍自己、交换玩具等简单技巧加入同伴游戏。 2. 对大家都喜欢的东西能轮流、分享。 3. 与同伴发生冲突时，能在他人帮助下和平解决。 4. 活动时愿意接受同伴的意见和建议。 5. 不欺负弱小。
5～6岁	1. 能想办法吸引同伴和自己一起游戏。 2. 活动时与同伴分工合作，遇到困难能一起克服。 3. 与同伴发生冲突时能自己协商解决。 4. 别人的想法与自己不一样时，能倾听和接受别人的意见，不能接受时会说明理由。 5. 不欺负别人，也不允许别人欺负自己。

3. 幼儿自尊、自信、自主的表现

幼儿自尊、自信、自主的表现见表9-12。

表9-12　幼儿自尊、自信、自主的表现

年　龄	表　现
3～4岁	1. 能根据自己的兴趣选择游戏或其他活动。 2. 为自己好的行为或活动成果感到高兴。 3. 自己能做的事情愿意自己做。 4. 喜欢承担一些小任务。
4～5岁	1. 能按自己的想法进行游戏活动或其他活动。 2. 知道自己的一些优点和长处，并对此感到满意。 3. 自己的事尽量自己做，不愿意依赖别人。 4. 敢于尝试有一定难度的活动和任务。
5～6岁	1. 能主动发起活动或在活动中出主意、想办法。 2. 做了好事或取得了成功后还想做得更好。 3. 自己的事情自己做，不会的愿意学。 4. 主动承担任务，遇到困难能够坚持而不轻易求助。 5. 与别人的看法不同时，敢于坚持自己的意见并说出理由。

4. 幼儿关心尊重他人

幼儿关心尊重他人的目标内容见表9-13。

表9-13 幼儿关心尊重他人的目标内容

年 龄	目 标
3～4岁	1. 长辈讲话时能认真听，并能听从长辈的要求。 2. 身边的人生病或不开心时表示同情。 3. 在提醒下能做到不打扰别人。
4～5岁	1. 会用礼貌的方式向长辈表达自己的要求和想法。 2. 能注意到别人的情绪，并有关心、体贴的表现。 3. 知道父母的职业，能体会到父母为养育自己所付出的辛劳。
5～6岁	1. 能有礼貌地与人交往。 2. 能关注别人的情绪和需要，并能给予力所能及的帮助。 3. 尊重为大家提供服务的人，珍惜他们的劳动成果。 4. 接纳与自己的生活方式或习惯不同的人。

（二）社会适应发展目标

根据《3～6岁儿童学习与发展指南》的内容，幼儿社会适应能力发展的具体目标有以下几个方面：

1. 幼儿喜欢并适应群体生活的目标

幼儿喜欢并适应群体生活的目标内容见表9-14。

表9-14 幼儿喜欢并适应群体生活的目标内容

年 龄	目 标
3～4岁	1. 对群体活动有兴趣。 2. 对幼儿园的生活好奇，喜欢上幼儿园。
4～5岁	1. 愿意并主动参加群体活动。 2. 愿意与家长一起参加社区的一些群体活动。
5～6岁	1. 在群众活动中积极、快乐。 2. 对小学生活有好奇和向往。

2. 幼儿遵守基本的行为规范的目标

幼儿遵守基本的行为规范的目标内容见表9-15。

表 9-15　幼儿遵守基本的行为规范的目标内容

年　龄	目　标
3～4 岁	1. 在成人提醒下，能遵守游戏和公共场所的规则。 2. 知道不经允许不能拿别人的东西，借别人的东西要归还。 3. 在成人提醒下，爱护玩具和其他物品。
4～5 岁	1. 感受规则的意义，并能基本遵守规则。 2. 不私自拿不属于自己的东西。 3. 知道说谎是不对的。 4. 知道接受了的任务要努力完成。
5～6 岁	1. 理解规则的意义，能与同伴协商制定游戏和活动规则。 2. 爱惜物品，用别人的东西时也知道爱护。 3. 做了错事敢于承认，不说谎。 4. 能认真负责地完成自己所接受的任务。 5. 爱护身边的环境，注意节约资源。

3. 幼儿具有初步的归属感的目标

幼儿具有初步的归属感的目标内容见表 9-16。

表 9-16　幼儿具有初步的归属感的目标内容

年　龄	目　标
3～4 岁	1. 知道和自己一起生活的家庭成员与自己的关系，体会到自己是家庭的一员。 2. 能感受到家庭的温暖，爱父母，亲近与信赖长辈。 3. 能说出自己家所在街道、小区的名称。 4. 认识国旗，知道国歌。
4～5 岁	1. 喜欢自己所在的幼儿园和班级，积极参加集体活动。 2. 能说出自己家所在的省、市、县（区）名称，知道当地有代表性的物产或景观。 3. 知道自己是中国人。 4. 奏国歌、升国旗时能自动站好。
5～6 岁	1. 愿意为集体做事，为集体的成绩感到高兴。 2. 能够感受到家乡的发展变化并为此感到高兴。 3. 知道自己的民族，知道中国是一个多民族的大家庭，各民族之间要相互尊重，团结友爱。 4. 知道国家的一些重大成就，爱祖国，为自己是中国人感到自豪。

（三）幼儿社会领域学习与发展的教育建议

1. 幼儿社会交往领域学习与发展教育的要求

（1）家长和教师要主动亲近和关心幼儿，经常和幼儿一起游戏或活动，让幼儿感受到与成人交往的快乐，建立亲密的亲子关系和师生关系。

（2）家长和教师要创造交往的机会，让幼儿体会与人交往的乐趣。

（3）家长和教师要结合具体情境，指导幼儿学习社会交往的基本规则和技能。

（4）家长和教师要结合具体情境，引导幼儿换位思考，学习理解别人。

（5）家长和教师要和幼儿一起谈谈好朋友，说说喜欢这个朋友的原因，引导幼儿多发现同伴的优点、长处。

（6）家长和教师要关注幼儿的感受，保护其自尊心和自信心。

（7）家长和教师要鼓励幼儿自主决定，独立做事，增强其自尊心和自信心。

（8）家长和教师要以身作则，以尊重、关心的态度对待自己的父母、长辈和其他人。

（9）家长和教师要引导幼儿尊重、关心长辈和身边的人，尊重他人的劳动及成果。

（10）家长和教师要引导幼儿学习用平等、接纳和尊重的态度对待差异。

2. 幼儿社会适应领域学习与发展教育的要求

（1）家长和教师要经常和幼儿一起参加一些群体性的活动，让幼儿体会群体活动的乐趣。

（2）幼儿园组织活动时，教师可以经常打破班级界限，让幼儿有更多的机会参加不同群体的活动。

（3）老师可以带领大班幼儿参观小学，讲讲小学有趣的活动，唤起他们对小学生活的好奇和向往，为入学做好心理准备。

（4）家长和教师要遵守社会行为规则，为幼儿树立良好的榜样。

（5）家长和教师要结合社会生活实际，帮助幼儿了解基本行为规则或其他游戏规则，体会规则的重要性，学习自觉遵守规则。

（6）家长和教师要教育幼儿诚实守信。

（7）家长和教师要亲切地对待幼儿，关心幼儿，让幼儿感到长辈是可亲、可近、可信赖的，家庭和幼儿园是温暖的。

（8）家长和教师要吸引和鼓励幼儿参加集体活动，使幼儿萌发集体意识。

（9）家长和教师要采用幼儿喜闻乐见和能够理解的方式激发幼儿热爱家乡、热爱祖国的情感。

第四节　幼儿足球与幼儿健康

一、幼儿足球活动的开展对幼儿运动能力发展的影响

（一）经常参加足球活动有利于提高幼儿的身体控制与平衡能力

1. 幼儿身体控制与平衡能力的发展

足球运动的基本特征与运动技能的要求，使得幼儿在参与足球活动时需要单脚支撑，踢球时身体平衡，上下肢协调用力，在带球跑、带球过人、射门、传接球等足球技能运用过程中需要保持对自己身体平衡的控制。通过参与足球活动，幼儿的身体控制与平衡能力能够得到很好的发展，幼儿的基本运动能力也得到了提高，这是其他运动项目所不具备的优势。因此，在幼儿园开展足球活动对幼儿的身体控制与平衡能力的发展具有很强的实效性。

2. 幼儿双脚灵活性和身体重心控制能力的发展

在足球游戏活动中，通过对球的控制练习，如带球跑、转身、变向和急停等动作，能够有效提高幼儿的身体控制与平衡能力，对幼儿协调性、灵活性、柔韧性、力量和耐力等身体素质的提高具有很好的锻炼效果，特别是在提高幼儿双脚的灵活性和对自己身体重心控制能力方面具有十分明显的效果，这也是足球运动项目锻炼价值的显著特征。幼儿园应该充分利用足球的锻炼价值和优势大力开展幼儿足球活动，有效提高幼儿的身体控制与平衡能力，提高幼儿的基本运动能力和身体素质，拓展幼儿参与体育活动的形式，增强幼儿室外身体活动的锻炼效果，促进幼儿健康成长。

3. 幼儿动态平衡、静态平衡能力的发展

足球运动对幼儿静态平衡能力的发展主要体现在练习原地踢球动作时，单脚支撑踢球要维持自己身体平衡，这对幼儿身体静态平衡能力的发展具有很好的效果。在足球活动中，幼儿跑动中踢球、射门、带球变向等动作就是一个完美的动态平衡练习，经常参加足球活动的幼儿，其动态平衡能力的发展一定高于不经常参加足球活动的幼儿。身体动态平衡能力的提高可以为幼儿参与更为复杂、高级的体育运动打下坚实的基础，其协调性、灵敏性、速度和力量等身体素质的发展会更快。

（二）足球活动能够促进幼儿身体移动能力的发展

1. 幼儿身体移动能力的发展

幼儿身体移动动作主要包括走、跑、跳、跳转、攀爬、翻滚等。在不同的身体移动练习中，人的身体重心的变化有 5 种形式，即重心从一只脚转移到另一只脚、重心从双脚转移至双脚、重心从一只脚转移至同一只脚、重心由单脚转移至双脚、重心从双脚转移至单脚。幼儿在参与足球活动中需要身体重心不断变化，从而能够很好地发展控制自己身体重心的能力，这对幼儿身体移动能力的发展具有积极的影响。幼儿身体移动能力的发展是幼儿进行体育活动的基础，也是学习体育运动技能的基础，对幼儿身心健康的发展具有重要作用。

2. 幼儿经常参加足球活动能够有效提高自己的身体移动能力

（1）在参与足球游戏和比赛活动中，踢球单腿支撑、带球跑中急停、变向、转身、防守中快速移动等都需要身体重心的不断变化和身体移动，从而使得幼儿在活动中不知不觉地提高了自己的身体移动能力，身体素质也得到了提高，对促进幼儿健康成长具有积极的作用。

（2）通过参与足球活动能够有效提高幼儿的运动量，加深对幼儿身体生理机能的刺激，对幼儿的耐力和下肢大肌肉等的发展有很好的锻炼效果。随着耐力素质提高和下肢肌肉群力量的不断增长，幼儿的身体移动能力能够得到有效提高，为进行更为复杂和高级的运动动作技能学习奠定坚实的基础。

3. 幼儿经常参加足球活动能够有效提高基本的运动能力

通过参加足球活动，幼儿能够熟练掌握一些基本动作技能，这有利于幼儿保持良好的身体活动习惯，提高幼儿的协调性、灵活性、柔韧性、耐力、力量等身体素质。3 ～ 6 岁是人生发展和基本动作技能发展的关键期，错过了将会对幼儿将来运动能力的发展带来不可逆转的后果，应该加以重视，通过各种活动发展幼儿的基本运动技能，足球活动就是最有效的运动项目之一。同时，此阶段发展幼儿的基本运动能力，可有效降低肥胖发生的风险，能够促进幼儿体育素养的发展，对幼儿未来健康成长具有积极意义。

（三）足球活动的开展能够促进幼儿球类操控能力的发展

球类操控能力是基本运动技能的核心，在许多运动项目中都是很重要的。幼儿足球操控能力是指在参加足球活动中操纵或控制足球的能力，具体指对足球的拍、投、抛、接、踢、顶、踩等各种运动方式，并有意识地使之在位置、方向、速度、状态等方面发生改变的运动能力。幼儿的足球控球能力主要体现在球性球感练习、足球基本技术练习、游戏和比赛三个方面。

（1）足球球性球感练习主要包括抛接球练习、颠球练习、踩球、拉球、踏球、顶球、带球跑、接球转身等动作，目的是提高幼儿对足球的控制能力，为学习足球基本技术与技能打基础。这是幼儿参与足球活动经常要做的练习，是幼儿足球基本运动技能的核心。

（2）足球基本技术学习主要包括传接球、变向变速带球跑、射门、守门员技术等方面。这些足球基本技术的习得对幼儿的球类操控能力的提高非常有效，能够有效促进幼儿基本运动能力的发展，为幼儿能够参与足球游戏和比赛奠定基础。

（3）足球游戏和比赛是幼儿最喜欢参与的活动，幼儿兴趣浓厚，积极性高。通过完整地参与足球游戏和比赛活动，幼儿在活动中能够得到有意识地使球在位置、方向、速度、状态等方面都发生改变的运动体验；通过实战过程的体验，幼儿能够提高球类的比赛能力，对运动的体验上了一个台阶，对球的控制能力进一步提高，这对培养幼儿的运动兴趣和习惯具有积极的作用。

二、经常参加足球活动能够促进幼儿生活能力的发展

（一）经常参加足球活动能够有效提高幼儿的生活自理能力

通过参与足球活动，幼儿手脚的灵活性、上下肢的协调性、力量、耐力、柔韧性等身体素质均得到了发展和提高。身体素质的提高为幼儿形成生活自理能力打下了基础，使其在应对生活中需要自己完成的动作时具备了身体能力。身体素质好、运动能力强的幼儿，其生活自理能力往往就很强。

（二）经常参加足球活动能够有效提高幼儿的自我安全和自我保护能力

幼儿经常参加足球活动能够发展身体的协调性、灵活性和柔韧性，增加下肢大肌肉群的力量，使幼儿在进行身体活动时动作更加协调灵活，不易出现因身体重心失衡导致的伤害事故，而且在遇到危险时往往会做出正确的自我保护动作。经常参加足球活动的幼儿的自我安全和自我保护能力往往很强。

三、经常参加足球活动能够有效促进幼儿身心健康的发展

《3～6岁儿童学习与发展指南》健康领域中提出，身心健康发展的主要目标是幼儿保持安定愉快的情绪和具有一定的适应能力。一方面，要让幼儿的基本情绪和社会情绪都能处于较为稳定的积极情绪状态，即使暂时处于消极状态，也要尽可能迅速地向积极情绪转化，提高幼儿的情绪管理能力；另一方面，提高幼儿对外界环境变化的适应能力。幼儿经常参与足球活动能够有效提高这两方面的能力，从而达到促进幼儿身心健康发展的目标。

（一）足球游戏与比赛活动能够为幼儿保持情绪安定和愉快提供良好的人文环境

（1）在足球游戏教学活动中，要不断优化师生互动的人文环境，满足幼儿对爱的需求。活动中，教师要给予幼儿鼓励的眼光和语言，当幼儿遇到困难时要给予及时的帮助，要创造亲切、和谐、愉快的师生互动的人文环境，让幼儿始终保持情绪安定、愉快，在活动中身体得到锻炼，身心愉悦和健康发展。

（2）家长参与幼儿园足球活动对发展幼儿的积极情绪、保持幼儿情绪安定和愉快具有积极的作用。幼儿园开展的足球亲子游戏活动，可以使幼儿与自己的父母进一步亲近。父母的参与是最好的陪伴，幼儿和父母共同完成足球游戏活动能够有效促进幼儿积极情绪的发展，是最好的和谐家庭氛围的生活体验，对幼儿健康成长具有积极意义。

（3）经常参与足球游戏和比赛活动能够有效促进幼儿情绪管理能力的发展。足球游戏和比赛活动有一定的规则和竞争性，幼儿在足球游戏和比赛活动中，有成功和胜利的喜悦，有失败的沮丧，积极情绪与消极情绪相互交错的体验为幼儿情绪管理能力的发展提供了良好的环境。首先，幼儿在足球游戏和比赛活动中取得了成功和胜利，能够帮助幼儿形成积极情绪的体验。其次，幼儿在足球游戏和比赛活动中的失败，可以让幼儿有消极情绪的切身体验，教师通过淡化比赛成绩、注重活动过程的个人表现、多给予表扬和激励等措施能帮助幼儿从消极情绪中走出来，让幼儿有了从消极情绪状态迅速转变到积极情绪状态的体验，强化运动的乐趣体验，从而达到提高幼儿情绪管理能力的教育目的。再次，幼儿在足球游戏和比赛活动中通过不同的情绪体验能够逐步形成辨别积极情绪与消极情绪的能力，对幼儿情绪智能与情绪识别能力的发展具有积极意义。

（二）幼儿经常参与足球活动能够有效提高自身的适应能力

（1）幼儿经常参加户外足球活动能够有效提高其对外界环境温度变化的适应能力，提高幼儿在较热和较冷的室外环境中连续活动的能力，从而促进幼儿的体能发展，对疾病预防也有一定的作用。

（2）幼儿经常参与足球活动，能够对新的足球伙伴和教师较快适应，在外出比赛和幼儿园对外足球活动展示等活动中能够较快适应新的人际关系环境，这也是幼儿环境适应能力提高的表现。

第五节 幼儿足球与幼儿社会领域的发展

一、经常参加足球活动能够促进幼儿人际交往能力的发展

（一）经常参加足球活动能够促进幼儿愿意与人交往能力的发展

（1）经常参加足球活动能够让幼儿从愿意和小朋友一起玩足球游戏，逐渐到喜欢和小朋友一起玩足球游戏并形成相对固定的玩伴关系，再到有自己的好朋友和喜欢结交新朋友。足球活动和游戏能够很好地促进幼儿的社会化发展进程，对幼儿未来的社会发展具有积极意义。

（2）经常参加足球活动的幼儿能够愿意与足球教师和长辈一起活动，喜欢与教师交谈，有事愿意告诉足球教师，在足球游戏活动中有问题愿意向教师或伙伴请教，有高兴的或有趣的事愿意和大家一起分享。

（二）经常参加足球活动能够培养幼儿与同伴友好相处的能力

（1）在参加足球活动的过程中，幼儿自主参与足球活动的能力逐步得到提高，从最初想要加入同伴的足球游戏时能友好地提出请求，到会运用介绍自己、谈论足球等简单技巧加入同伴游戏，最后能够想办法吸引同伴和自己一起进行足球游戏。

（2）经常参加足球游戏和比赛活动能够提高幼儿自主处理与同伴发生冲突的能力。在足球游戏和比赛活动中，幼儿与同伴发生冲突时，从能够听从老师的劝解到在他人的帮助下和平解决，最后能够自己与同伴协商解决。

（3）足球游戏和比赛活动是集体项目，有一定的游戏规则和比赛规则，能够培养幼儿与同伴的交流能力。幼儿在知道别人的想法有时和自己不一样时，能够倾听和接受别人的意见，不能接受别人的意见时会说明理由，在规则的约束下知道不能欺负别人，也不允许别人欺负自己。

（三）经常参加足球活动能够培养幼儿具有自尊、自主、自信的表现

（1）幼儿能够根据自己的兴趣选择足球游戏和活动，在足球活动中有自己的想法，随着自己足球运动能力的不断提高能够主动发起足球活动或者在足球活动中出主意、想办法，在足球活动中不断提高自主能力。

（2）经常参加足球活动能够让幼儿为自己好的表现或取得的胜利感到高兴和自豪，知道自己的一些优点和长处，并能在取得进步时还想做得更好，对自己充满了信心。

(3) 经常参加足球活动能够培养幼儿自己的事情自己做、不愿意依赖别人、不会的事情自己愿意学习的精神。

(4) 足球游戏和比赛活动能够培养幼儿敢于尝试有一定难度的足球动作和任务的勇气，特别是在参与足球比赛的过程中幼儿能够主动承担任务，遇到困难也能够坚持而不轻易求助，这对幼儿意志品格的培养具有积极的意义。

(5) 参与足球活动能够培养幼儿在与别人看法不同时，敢于坚持自己的意见并能说出理由，特别是在游戏与比赛的自我表现和活动规则执行等方面，能够为幼儿提供活动的经验。

（四）经常参加足球活动的幼儿更懂得关心、尊重他人

(1) 经常参加足球活动能够培养幼儿的专注力。足球游戏和比赛活动的趣味性和竞争性对幼儿的吸引力较大，他们在足球教学中能够认真听讲、仔细观察教师的示范动作，并能积极地模仿练习；在活动中能够遵守游戏和比赛规则，有时能够根据活动的具体情况用礼貌的方式向教师表达自己的要求和想法，通过参加足球活动逐步培养尊重他人的好习惯。

(2) 足球游戏和比赛活动是集体项目，活动中幼儿之间有一定的相互配合，也存在相互之间的竞争。经常参加足球活动能够培养幼儿关注别人情绪和需求的能力，并能给予力所能及的帮助，如在别人情绪低落的情况下能够有关心、体贴的表现。通过足球运动的教育，幼儿能够懂得关心他人。

(3) 经常参加足球训练与比赛的幼儿能够知道比赛中必须遵守规则、尊重对手、尊重裁判；随着足球运动能力和水平的不断提高，幼儿能够体会到教师或教练的辛苦，从而更加尊重教师和教练。这种通过幼儿足球训练和比赛的教育所培养起来的尊重规则、尊重他人的品质对幼儿的社会发展具有积极意义。

二、经常参加足球活动能够促进幼儿社会适应能力的发展

（一）经常参加足球活动的幼儿能够喜欢并适应群体生活

(1) 在参与幼儿园开展的足球活动的过程中，幼儿从开始对参加足球集体活动感兴趣，逐步发展到愿意主动参加集体足球活动，最后能够在集体足球活动中表现出积极、快乐的情绪。经常参加足球活动能够培养幼儿喜欢并适应集体生活的良好习惯，为幼儿进入小学适应小学集体生活奠定基础。

(2) 足球活动的游戏性和竞争性对幼儿的吸引力巨大，幼儿对足球运动充满了好奇心，这是吸引幼儿积极参加足球集体活动的动力。幼儿园在开展

足球亲子游戏活动中，由于家长的参与，幼儿参与集体生活的积极性被充分调动了起来，通过与父母的合作，幼儿在足球游戏活动中取得了成功，能够给他们带来无比的快乐和幸福的运动体验，从而激起幼儿对足球运动的好奇心，产生加入足球队集体生活的好奇心和向往，体现了足球运动的育人价值。

（二）经常参加足球活动能够培养幼儿遵守基本行为规范的能力

（1）参加足球活动，不仅要发展幼儿基本的运动能力和足球的基本技能，也要培养幼儿遵守比赛规则的意识。足球游戏和比赛活动的正常开展必须要有相应的规则做保障，没有规则就没有游戏和比赛。幼儿在参与足球游戏和比赛的活动中首先要对规则和要求进行学习，教师制定规则要符合幼儿身心发展的特点，规则要简单有效，语言要精练，便于幼儿理解和执行。幼儿规则意识的培养是一个渐进的过程，从开始能在提醒下遵守足球游戏与比赛活动的规则，到能够感受规则的意义并能基本遵守规则，再到能够理解规则的意义，能与同伴协商制定足球游戏和活动的规则。规则意识的逐渐形成对幼儿遵守基本行为规范能力的发展具有积极的作用。

（2）幼儿在参与足球游戏和比赛的活动中，能够遵守活动规则和要求，知道接受了的任务要努力完成，在活动中不断提高个人运动能力，切身体会到规则的意义。这种对规范行为的经验对幼儿形成良好的运动习惯、培养幼儿的体育运动兴趣和爱好、增强幼儿的体质健康水平具有积极的作用。

（三）经常参加足球活动能够让幼儿获得初步归属感，对幼儿形成合作、团结、友爱的团队精神具有积极的意义

（1）幼儿经常参加集体足球活动，能够感受到集体生活的温暖，能够爱教师，亲近与信赖教师和长辈，能够感受到幼儿园生活的温暖，从而使幼儿对幼儿园有了初步归属感，喜欢上幼儿园，感到幼儿园集体生活很快乐。

（2）在幼儿园室内足球文化课堂上，通过图片、录像等资料介绍幼儿园足球活动开展的情况，能够让幼儿喜欢自己所在幼儿园的班级和球队。通过多媒体对幼儿进行足球文化教育，让幼儿了解本地区、本省、全国，以及世界的足球文化，能够知道 1 ～ 2 名世界级足球明星；要让幼儿知道不同民族、国籍的球队、球员要相互尊重、团结友爱，知道自己是中国人，要爱祖国，有为中国足球争光的理想，为自己是中国人感到自豪。通过足球文化的教育，要使幼儿具有初步的中华民族归属感，这也是爱国主义、集体主义教育的重要组成部分。

第六节　幼儿足球游戏课程

一、当前我国幼儿足球活动课程建设的发展现状

幼儿足球活动课程的内容选择应该符合“以幼儿后续学习和终身发展奠定良好的素质基础为目标，以促进幼儿在体、智、德、美各个方面的全面协调发展为核心”的发展任务。

从目前幼儿足球活动课程建设的现状来看，幼儿足球活动课程目标不明确不统一，要求不具体，活动内容缺乏完整性、系统性和可持续发展性，教学组织形式比较单一，缺乏趣味性和游戏性，教学目标设计不完善，与《3～6岁儿童学习与发展指南》中健康和社会领域的目标联系不紧密，脱离了《指南》的精神，小学体育教学化严重。《指南》明确了3～6岁儿童身心发展的规律和特点，提出了各个年龄阶段幼儿身心发展的要求与目标，即在身体健康领域中提出发展幼儿的平衡能力、身体移动能力、协调性灵活性、力量与耐力等基本活动能力。但是，《指南》只是提出了目标和要求，缺乏对3～6岁各个年龄阶段幼儿体育活动内容的具体指导，特别是针对不同年龄阶段的特点，选择发展幼儿身体的最佳动作方面有待细化。当前幼儿期体育活动内容存在忽视幼儿运动经验的储备、内容单一、特殊项目技能练习缺乏、练习动作的形式与种类不足、不重视练习动作的负荷与强度、不重视精神环境的营造等问题，这些都是目前影响幼儿足球活动正常开展的因素之一。

在幼儿园开展足球活动的过程中，由于幼儿教师在体育教育与足球教学相关领域知识的储备不足，导致幼儿教师在体育专业技能、足球活动组织能力和教学实践能力等方面存在严重不足，因而亟需解决在技能培训和幼儿足球活动课程建设方面存在的问题。一方面，要通过培训提高幼儿教师体育专业技能，幼儿教师要加强体育教育与足球教学相关领域知识的学习，提高教学实践的能力；另一方面，应加强幼儿足球活动课程的建设，能够在幼儿足球教学与活动中给予广大基础幼儿园教师科学的指导，以提高幼儿足球活动的有效性和趣味性，促进幼儿身心健康发展，培养幼儿的体育兴趣和爱好。因此，根据3～6岁幼儿不同年龄阶段身心发展的特点，构建完整的幼儿足球活动课程是当前幼儿足球发展的重中之重，必须优先发展。当前，在幼儿足球活动课程建设的研究领域，往往重视足球技能的发展，忽略了幼儿基本运动能力和体育兴趣爱好的发展；在足球游戏化教学与活动方面研究不深入，特别是在游戏活动情境设

计上，缺乏适应幼儿模仿和参与成人活动的心理需求，以及幼儿社会化需求的设计，应该引导幼儿通过探索性活动参与足球游戏活动，而不是偏重动作技能的学习和训练。幼儿活动课程建设应当以游戏活动为主，要能够根据幼儿身心发展的规律设计完整的幼儿足球游戏课程，通过情境化的游戏活动调动幼儿参与足球活动的兴趣，让幼儿在有故事情节和竞争的环境下积极而有兴趣地参与活动，在快乐的活动过程中不知不觉地掌握足球技能，锻炼身体，同时也为幼儿积累了丰富的集体生活经验，提高了幼儿的身心健康水平和社会交往能力。幼儿足球游戏课程的建设对促进幼儿足球的发展具有积极意义。

二、幼儿足球游戏课程的性质

幼儿足球游戏课程以《3～6岁儿童学习与发展指南》的精神为依据，以为幼儿后续学习和终身发展奠定良好素质为目标，促进幼儿德、智、体各方面的协调发展，通过设计出3～6岁各个年龄阶段幼儿足球游戏课程的发展目标和相应的教育内容、教学建议、评价体系，帮助幼儿园教师了解3～6岁幼儿体育教育领域学习与发展的基本规律，建立对幼儿体育发展的合理期望，开展足球游戏和比赛活动，为幼儿提供丰富的集体生活经验，实施科学的保育和教育，让幼儿度过一个快乐而有意义的童年。

三、幼儿足球游戏课程设计的基本理念

（一）幼儿足球游戏概述

1. 幼儿足球游戏的概念

《辞海》对游戏的解释是：“游戏是体育的重要手段之一，是文化娱乐的一种形式，主要包括智力游戏、活动性游戏、竞技性游戏，游戏一般有规则，对发展智力和体力有一定作用。”

幼儿足球游戏是以足球活动为载体，以发展幼儿基本运动能力、培养幼儿足球兴趣、娱乐幼儿身心、促进幼儿学习与发展为目标的一种现代游戏方法。

2. 幼儿足球游戏的特点

（1）趣味性：幼儿足球游戏作为一种幼儿户外体育活动游戏，必须要有趣味性，有趣味性才能称为游戏。幼儿足球游戏以足球活动为载体来满足幼儿对于户外体育活动的需求，使幼儿在精神上得到放松和愉悦，能够吸引幼儿积极主动地参与足球活动，激发幼儿参加足球活动的兴趣。

（2）规则性：幼儿足球游戏是在一定规则约束下进行的，这样可以保证游戏的公平性，同时规则对游戏中的幼儿也能够起到保护和指导的作用，能够

培养幼儿遵守规则的意识，提高幼儿的人际交往、社会适应和体育运动等方面的能力。规则在游戏执行中起着非常重要的作用。

（3）锻炼性：幼儿参与具有一定身体运动负荷和运动量的足球游戏活动，对于提高幼儿的力量、耐力、协调性、灵活性等身体素质有积极作用，也可以帮助幼儿培养自信、自主、乐于合作等意志品格，促进其身心健康地发展。

（4）综合性：幼儿足球游戏具有综合性。首先，游戏不受时间、人数、器材等限制，场地问题容易解决；其次，足球游戏针对幼儿身体的各个部位都有专门的练习方法，既可以提高幼儿身体的基本活动能力，还可以提高幼儿足球的运动技能；再次，足球游戏简单易学，生动有趣，可以培养幼儿团结协作、尊重他人、敢于拼搏的精神。

3. 幼儿足球游戏的类型

（1）热身活动类游戏

热身活动类游戏可以使肌肉的温度上升，促进血液循环并增加氧的供应，更好地改善肌肉的收缩和放松，提高身体的灵活性，从而避免活动中出现运动伤害。

足球热身活动游戏包括无球热身活动和有球热身活动。在无球热身活动中，让幼儿进行与足球教学内容相关的身体素质练习，为接下来的足球学习活动做好准备；在有球热身活动中，让幼儿通过足球游戏活动达到热身的效果，掌握足球相关的技术与技能，同时在有趣的游戏中进一步提高对足球的认识。

（2）足球技术、技巧类游戏

幼儿足球技术、技巧类游戏属于教学技术游戏，是以游戏的形式进行足球基本技术的教学。其优点是教学活动具有趣味性、竞争性，能够有效调动幼儿参与游戏活动的积极性，通过游戏为幼儿创造一种放松、快乐、愉悦的活动氛围，提高幼儿练习的有效性，让幼儿在快乐的游戏活动中掌握足球相关的技术技能，但要注意掌握正确的动作要领。

（3）体能类游戏

体能类游戏是指通过游戏活动促进幼儿运动能力的发展，使幼儿的力量、速度、耐力、协调性、灵活性、柔韧等身体素质得到提高。其优点是解决了身体素质练习枯燥乏味的难题，通过游戏的趣味性、竞争性来调动幼儿参与练习的积极性，从而增加运动量和运动负荷，促进幼儿体能的发展。

（4）比赛类游戏

比赛也是一种练习手段。幼儿足球比赛类游戏具有浓厚的娱乐性和趣味性，它不仅能够检验幼儿学习足球技术、技能的情况，还能提高幼儿学习足球游戏的乐趣，培养幼儿良好的人际交往能力、团队协作精神和敢于探索和竞争的意识。比赛类游戏还可以让幼儿学到足球比赛的相关规则和简单的战术配合。

4. 幼儿足球游戏的功能与作用

（1）能够提高幼儿学习的兴趣和集中注意力。

（2）有助于增强幼儿足球活动的教学效果。

（3）有利于幼儿身心健康的发展。

（4）有利于幼儿社会领域方面能力的发展。

（5）幼儿足球游戏教学改变了传统的教学观念，体现了快乐体育、快乐足球的教育观。

（二）幼儿足球游戏课程的理念

1. 关注幼儿学习与发展的整体性

儿童的发展是一个整体，要注重各个领域、目标之间的相互渗透和整合，促进幼儿身心全面协调发展，而不应该片面追求某一方面或几方面的发展。

2. 注重幼儿发展的个体差异

幼儿的发展是一个持续、渐进的过程，同时也表现出一定的阶段性特征。每个幼儿在沿着相似进程发展的过程中，各种发展的速度和到达某一水平的时间不完全相同。要充分理解和尊重幼儿发展进程中的个别差异，支持和引导他们从原有水平向更高水平发展，按照自身的速度和方式到达《3 ～ 6 岁儿童学习与发展指南》所呈现的发展“阶梯”，切忌用一把“尺子”衡量所有的幼儿。

3. 理解幼儿的学习方式和特点

幼儿的学习是以直接经验为基础，在游戏和日常生活中进行的。要珍视游戏和日常生活的价值，创设丰富的教育环境，合理安排一日生活，最大限度地支持和满足幼儿通过直接感知、实际操作和亲身体验获得经验的需要，严禁“拔苗助长”式的超前教育和强化训练。

4. 重视幼儿的学习品质

幼儿在游戏活动过程中表现出的积极态度和良好行为倾向是终身学习与发展所必需的宝贵品质；要充分尊重幼儿的好奇心和学习兴趣，帮助幼儿逐步养成积极主动、认真专注、不怕困难、敢于探究和尝试、乐于想象和创造等良好学习品质；忽视幼儿学习品质培养，单纯追求知识技能学习的做法是短视而有害的。

四、幼儿足球游戏课程的目标

（一）幼儿健康领域的发展目标

1. 促进幼儿身心健康发展

（1）通过足球游戏课程的学习使幼儿具有健康的体态。

（2）通过足球游戏课程的学习使幼儿情绪安定愉快。

（3）通过足球游戏课程的学习使幼儿具有一定的适应能力。

2. 促进幼儿动作的发展

（1）通过足球游戏课程的学习促进幼儿身体移动能力的发展，并使幼儿具有一定的平衡能力，动作协调、灵活。

（2）通过足球游戏课程的学习提高幼儿的力量和耐力。

（3）通过足球游戏课程的学习使幼儿手和脚的动作灵活协调。

（4）通过足球游戏课程的学习使幼儿具有良好的生活与卫生习惯。

（5）通过足球游戏课程的学习使幼儿具有基本的生活自理能力。

（二）幼儿社会领域的发展目标

1. 促进幼儿人际交往能力的发展

通过足球游戏课程的学习，幼儿人际交往能力的发展表现为：

（1）愿意与人交往。

（2）能够与同伴友好相处。

（3）具有自尊、自主、自信的表现。

（4）关心、尊重他人。

2. 促进幼儿社会适应能力的发展

通过足球游戏课程的学习，幼儿社会适应能力的发展表现为：

（1）喜欢并适应群体生活。

（2）遵守基本的行为规范。

（3）具有初步的归属感。

五、幼儿足球游戏课程的教学内容

幼儿足球游戏课程教学内容见表 9-17。

表 9-17　幼儿足球游戏课程教学内容

年龄段	基础运动能力	足球技术、技巧	游戏比赛	心理和社会
3～4岁（小班）	走、跑、跳、攀爬、平衡性练习、协调性练习。	拍球、双手抛球、夹球跳、运球、踢球。	平衡性游戏、变向跑游戏、单人和双人足球游戏。	专注力、观察能力、自信、快乐、运动兴趣。
4～5岁（中班）	跑、跳、跑跳组合、变向跑、转身跑、协调和灵活性练习、反应。	练习拍球、抛接球、带球跑、脚内侧踢球、脚背踢球、脚掌停球、射门。	躲闪游戏、变向和变速跑游戏、双人或多人球性球感游戏。	专注力、观察能力、自信、快乐、运动兴趣、初步的合作与规则意识。
5～6岁（大班）	跑、跳、跑跳组合、急停、急起、转身跑、变速跑、协调性、灵活性、反应速度、力量、耐力、柔韧。	拉球、扣球、脚背颠球、跳踩球、带球转身、变向运球及过人、正脚背踢球、脚内侧传接球、射门。	原地跳转游戏、躲闪游戏、变向和变速跑游戏、提高身体素质游戏、协调性灵活性游戏、双人或多人球性球感游戏、3vs3 或 4vs4 小场地足球比赛。	专注力、观察能力、自信、自主、自尊、快乐、兴趣、规则意识、归属感、合作、身体感知与自我保护。

六、幼儿足球游戏课程的教学方法

要根据幼儿的学习方式和特点来选择幼儿足球游戏的教学方法。幼儿的学习是以直接经验为基础的，在游戏教学方法的选择上要最大多限度地支持和满足幼儿通过直接感知、实践操作和亲身体验习得技能的需要。因此，幼儿足球游戏课程的教学方法主要以示范讲解法、重复练习法、游戏法为主。示范讲解法的要求是示范动作要正确，示范角度要尽量和幼儿练习的方向一致，分解示范与完整示范相结合，以完整示范为主，讲解简明扼要。重复练习法的要求是不要过分强调动作的细节，以幼儿能够初步完成正确的动作为主要目标，强调动作的协调性、连贯性、灵活性，在练习过程中以表扬为主，鼓励幼儿积极参与活动。游戏法的要求是要根据幼儿身心发展的特点，为幼儿提供开放的学练空间，通过游戏来激发幼儿参与运动的积极性，发展幼儿的基本运动能力，让幼儿切身体验运动的快乐，愉悦心情，促进幼儿身心健康的发展。游戏进行的形式主要有接力、追逐、攻防、比远、集体竞快、掷远等。

七、幼儿足球游戏课程的评价

幼儿足球游戏课程的学习与发展评价重点是以活动过程性评价为主，包括幼儿游戏活动的安全性评价和学习与发展评价。游戏设计与游戏活动中要把保障幼儿的安全当作第一要务来考虑。游戏设计首先要科学合理，运动量和强度要适中，场地器材的使用要安全。游戏活动中要有安全防范措施，教师要能够全方位地组织好游戏活动，确保游戏活动中幼儿的安全。学习与发展评价的重点是过程性评价，在游戏活动的过程中要关注幼儿的进步与成长，要以表扬鼓励为主，可以采用积分、贴星、奖券等方式对幼儿参与游戏活动中的表现给予记录，通过一个月或一学期的积累来给予幼儿阶段性学习发展的评价，调动幼儿的积极性，培养幼儿的运动兴趣和爱好，促进幼儿的身心健康发展。

第七节　幼儿关键期足球训练课程

一、幼儿关键期足球训练课程的理念

1. 坚持以未来足球发展对球员的要求来指导幼儿的训练

在幼儿关键期开展足球训练与培养必须坚持整体设计与精细化阶段性培养相结合，按照幼儿关键期的年龄段特征，根据幼儿的兴趣爱好和需求进行有针对性的训练，提高训练的科学性与有效性，为幼儿足球的未来高水平发展奠定基础。

2. 坚持把“球性和随之带来的创造力”作为球员发展最基本的技能

在幼儿关键期的足球训练课程与游戏设计上都要以发展球员对球的控制能力为重点，训练应该围绕幼儿控球、带球等球性来设计，当幼儿逐渐开始掌握控球技能，并能够在比赛中以更具有创意的方式展现这些技能后，才能把“一脚传球”、小范围战术等知识慢慢地传授给他们。

3. 重视游戏与比赛的价值，幼儿足球训练要以游戏和比赛为主

在幼儿关键期的足球训练中要重视游戏和比赛的价值，创设丰富的活动环境，让幼儿学会将足球视为一种快乐游戏去体验和享受，只有这样，他们才能认识到足球的魅力，也会为他们一生钟爱足球打下基础。因此，幼儿关键期足球训练要以游戏和比赛为主，练习方法要多样，难易度要适中，要符合幼儿的特点，训练要充满趣味性，训练活动中以表扬鼓励为主，要为孩子们提供一个展示他们所学技术和运动创造力的活动情境。

4. 重视养成思考和学习的良好品质

幼儿在游戏和比赛活动过程中表现出的积极态度和良好行为倾向是终身学

习与发展所必需的宝贵品质；要充分尊重和包容幼儿的好奇心和学习兴趣，帮助幼儿逐步养成积极主动、认真专注、不怕困难、敢于探究和尝试、乐于想象和创造等良好学习品质；忽视幼儿学习品质培养、单纯追求知识技能学习的做法是短视而有害的，幼儿关键期足球训练活动中要重视幼儿良好学习品质的培养。

5. 以“让孩子从和球的接触中自我学习摸索”为中心

坚持以“让孩子从和球的接触中自我学习摸索”为中心。最好的老师就是足球本身的探究学习的教育理念，要培养孩子批判性思维和创造性，提高孩子自我学习与发展的能力。

二、幼儿关键期足球训练课程的目标

（一）促进幼儿身心健康

幼儿关键期足球训练促进幼儿身心健康表现在以下方面：

（1）幼儿具有良好、健康的身体形态，身高和体重适宜，经常保持正确的站、坐和行走姿势，形成正确的身体姿态。

（2）培养幼儿具有良好的情绪管控能力，保持情绪安定愉快。

（3）培养幼儿良好的适应外界环境变化的能力，包括对季节温度变化的适应能力和对不同人际环境变化的适应能力。

（二）促进幼儿全面运动能力的发展，提高幼儿的身体素质

幼儿关键期足球训练促进幼儿全面运动能力的发展表现为：

（1）促进幼儿身体控制和平衡能力的发展，提高幼儿身体的协调性、灵活性。

（2）促进幼儿身体移动能力的发展，提高幼儿的速度、力量、耐力等身体素质。

（3）促进幼儿安全与自我保护能力的发展，使幼儿养成良好的运动习惯。

（三）促进幼儿足球基本技术与技巧的发展，有效提高幼儿的控球能力和比赛能力，为幼儿足球未来的发展奠定良好的基础

（1）通过有球的练习和比赛提高幼儿身体的协调性、灵活性和移动技术。

（2）坚持把球性球感练习作为训练的重点，提高幼儿对球的控制能力，并作为最基本的技能来重点发展。当幼儿的球性开始真正建立来后，关于足球的其他方面就更容易教授，幼儿学习起来也会更加快速。

（3）逐步培养幼儿自己能够发展并解决比赛或训练中遇到的各种问题和挑战的能力，为幼儿创造勇于展示他们所学技术和自身创造力的环境，促进幼

儿比赛能力的不断提高。

（4）通过游戏与比赛的训练让幼儿了解足球的基本规则。

（四）促进幼儿社会交往能力的发展

（1）促进幼儿良好人际交往能力的发展，使幼儿愿意与人交往，能与同伴友好相处，关心和尊重他人，有团结互助的精神，有一定的沟通与交流的能力，在训练比赛中有自尊、自主、自信的表现。

（2）促进幼儿社会适应能力的发展，使幼儿能够融入集体生活，能够遵守规则，有公平竞赛的意识，具有团队归属感，观察能力和团队协作能力不断提高，处理信息和决策的能力得到不断发展。

三、幼儿关键期足球训练课程的内容

幼儿关键期足球训练课程的内容见表 9-18。

表 9-18　幼儿关键期足球训练课程内容

年龄段	目标	身体运动能力	足球技能、技巧	心理和社会
3～4 岁（小班）	发展幼儿基本运动能力，幼儿具有一定的平衡能力、动作协调；初步建立球感。	走、跑、跳、攀爬、平衡性、协调性。	拍球、双手抛球、夹球跳、运球、踢球。	自信、专注力、快乐、运动兴趣。
4～5 岁（中班）	发展幼儿基本运动能力，幼儿具有一定的动态平衡能力，动作协调、灵敏；学习基本的足球技术，球性和球感进一步增强。	跑、跳、跑跳组合、变向跑、转身跑、协调性、敏捷性、反应。	练习拍球、抛接球、带球跑、脚内侧踢球、脚背踢球、脚掌停球、射门。游戏和比赛：1vs1 或 3vs3。	专注力、观察能力、自信、快乐、自主运动兴趣、初步的合作与规则意识。
5～6 岁（大班）	发展有球和无球的身体协调性、灵活性、平衡性；提高个人基本技术，具有一定的个人控球能力，在场上比赛中能够站好位置。	跑、跳、跑跳组合、急停、急起、转身跑、变速跑、协调性、敏捷性、灵活性、反应、速度、柔韧。	拉球、扣球、脚背颠球、跳踩球、带球转身、变向运球及过人、正脚背踢球、脚内侧传接球、射门。游戏和比赛：3vs3 或 4vs4。	自信、自主、自尊、专注力、观察能力、快乐、兴趣、规则意识、归属感、合作、竞争、身体感知与自我保护。

四、幼儿足球训练课的结构

训练的最终效益系于训练措施与专项需求的整体平衡，这就必须审视“训练措施整体环节”与“运动能力整体设置”之间的平衡关系。① 幼儿足球训练课的结构要考虑“训练措施整体环节”与“运动能力整体设置”之间的平衡关系，使训练措施与专项需求的整体相对平衡，在借鉴国外先进青少年足球训练课结构的基础上，课题组初步设计出幼儿足球训练课的结构（见表9-19），以供参考。

表9-19　幼儿足球训练课的结构

训练阶段	训练内容	时间占比
准备部分	热身	10%
	身体训练（平衡性、协调性、灵活性、速度）	20%
基本部分	足球基本技术练习	20%
	融合基本技术动作的游戏练习	20%
	兼具重点的情景模拟对抗性游戏或比赛	20%
结束部分	放松性练习	10%

五、幼儿足球课余训练的评价

幼儿足球训练是一个新的课题，目前对幼儿足球运动技能的评价没有权威性的测试体系和标准，根据《3～6岁儿童学习与发展指南》中健康领域的要求，结合足球运动技能的发展规律，课题组初步设计出幼儿足球训练评价内容与权重比，为训练提供指导（见表9-20）。

表9-20　幼儿足球训练课评价内容与权重比

球感	占比%	运球	占比%	踢球	占比%	身体素质	占比%	比赛能力	占比%	总分
颠球、踩拨球	10	往返运球	20	射门	25	冲刺跑	15	小场地比赛（3或4人制）	25	10

① 王长琦：《论日本校园足球成功运作范式及其对中国的启示》，《南京体育学院学报》，2017年第5期。

第八节　幼儿足球教学

一、幼儿足球教学的理念

教学的理念：踢球—学习（通过游戏去学习如何练习）—获得快乐。

游戏和比赛是幼儿足球课堂教学的主要组成部分，应相互结合使用，最重要的是根据课堂教学的目的去进行游戏练习，重点是与小组游戏比赛相结合——小场地比赛。要求所有幼儿充分参与，通过足球比赛让所有幼儿有获得成功的机会，让幼儿学会承担角色而不仅仅是参与者，让幼儿在游戏和比赛中获得无穷的欢乐，进而认识到足球的魅力，逐渐喜欢足球、爱上足球。

二、幼儿足球教学的目标

（一）促进幼儿参与足球运动所必备体能的发展

走、跑、跳、急停、转身、变向、速度、力量、协调性灵活性、身体平衡能力等，均是幼儿参与体育活动所必备的基本运动能力和身体素质。具备较强的基本运动能力的幼儿，足球活动能力也强，这些基本运动能力之间是相互促进发展的关系，是幼儿足球教学中关键要素，在开展幼儿足球教学的活动过程中，应该优先发展这些基本运动能力和素质。

（二）促进幼儿对足球知识的了解，使幼儿具有初步的足球运动能力

1. 知识

幼儿足球知识主要是幼儿通过学习知道足球运动是一项用脚踢球的运动，知道一些基本规则。如正式比赛中除了守门员能够用手拿球外，其他场上队员不能用手拿球、球出界的发球、射门得分、场上人员的位置任务等简单的知识，以及赛场上的礼仪和比赛等（如服从裁判、尊重队员、关心队员等）。

2. 技能

重点发展幼儿的动作技能和足球基本技术，以及初步比赛的能力，如正脚背、脚内侧踢球，各种方式的带球跑，知道射门进球是得分的重要方式，掌握比赛场上的站位，知道比赛规则，重点是在比赛与游戏运动中得到乐趣。

3. 情感

幼儿通过足球教学活动能够初步体验足球的乐趣，乐于和同伴交往，在足球技能逐步提高的基础上更加自信；能够培养集体意识和形成初步的归属感，这对幼儿团队协作能力的发展具有积极作用。

（三）促进幼儿心理健康的发展

在教学中，要尽量培养幼儿的积极情绪，能够使幼儿个体感受到愉悦、满足、爱等正向的情绪。积极情绪是具有正效价的情绪，体验正向情绪的个体对过去表示满意、满足，对现在感到愉快与欣慰，对未来充满乐趣。幼儿的积极情绪包括愉快、兴趣、期望、惊奇、满足、自豪、希望和爱等，应保护基本情绪和社会情绪在内的情感。积极情绪是幼儿幸福感和安全感的重要成分和指标。要减少幼儿个体消极情绪的产生。消极情绪会降低幼儿个体的活动能力和积极性，使幼儿的意志被削弱以致完全丧失。消极情绪是一种负面的情绪体验，包括怒、哀、惧、嫉妒、自卑等。在幼儿足球教学中，要通过培养幼儿个体的积极情绪来提高幼儿个人情绪的管控能力，形成良好的运动习惯和健全的人格，促使幼儿健康成长。

（四）有利于幼儿社会交往能力的发展

幼儿在参与足球教学活动的过程中要能够逐步提高个体的社会交往能力，教师应从以下几个方面对幼儿进行教育和指导，创造幼儿健康成长的社会环境：

（1）主动亲近和关心幼儿，经常和幼儿一起游戏或活动，让幼儿感受到与成人交往的快乐，建立亲密的师生关系。

（2）创造师生、幼儿之间的交往机会，让幼儿体会与人交往的乐趣。

（3）结合具体情境，指导幼儿学习交往的基本规则和技能。

（4）结合具体情境，引导幼儿换位思考，学习理解别人。

（5）和幼儿一起谈谈好朋友，说说喜欢这个朋友的原因，引导幼儿多发现同伴的优点、长处。

（6）关注幼儿的感受，保护其自尊心和自信心。

三、幼儿足球教学的决策

1. 课堂教学实施前准备阶段的计划和决策——决定教学意图和目标

根据幼儿身心发展的特点和幼儿足球技能发展的情况，以及教师自身的教学特点，来制定教学目标，体现教学的意图，设计完整的课时教学计划和教案。

2. 课堂教学实施过程中的决策——决定教学的实践行动（包括教学活动、任务参与和表现）

在课堂教学实践中，教师要能够根据幼儿在练习活动中的具体情况，随时调整自己的教学组织形式，对教学任务和运动量进行及时调整，提高教学的有效性，提高幼儿教师教学实践中的教学决策能力，促进幼儿体育教学改革与实践的创新。

3. 课堂教学实施评价阶段的决策——决定课堂教学评价（包括对课程实施阶段表现的反馈、学习活动的意图与行动之间是否一致）

在足球课堂教学中，对幼儿学习活动的评价是一个多元化的过程，不仅要关注幼儿知识与技能的发展，还要关注幼儿活动过程中情感体验的变化，要以表扬鼓励为主，要根据课堂教学的情景引导幼儿向积极情绪方向发展，让幼儿在活动中得到快乐，愉悦身心，培养幼儿积极的运动兴趣，促进幼儿健康发展。

四、幼儿足球教学行为

1. 理解

幼儿教师在足球游戏教学备课过程中应完全理解学科知识的概念与结构，并且完全明白幼儿足球和幼儿健康与社会领域知识中包含的一些概念及其意义。

2. 转化

幼儿教师能够将重要的概念观点用易于幼儿学习与理解的方式转化，这包含4个步骤：（1）准备。教师详尽解释教学内容。（2）呈现。教师要采用多种方式介绍教学内容。（3）选择。教师采用一种或多种教学材料及呈现方式以促进幼儿对教学内容的理解。（4）适宜。教师根据幼儿的个性采用不同的方式进一步帮助幼儿掌握教学内容。

3. 讲授

讲授内容包括幼儿足球教学过程中所有可以看到的要素。例如，教学内容讲解的清晰程度、教师的讲授方式、幼儿与教师之间的互动，以及幼儿与幼儿之间的互动。

4. 评价

教师评估幼儿对教学内容的掌握情况，应探索有助于学生理解和掌握的教学方式，并且寻找能够帮助学生避免常见错误动作的有效手段，提高课堂教学的有效性。

5. 反思

教师能够认真分析自己的教学行为，包括帮助幼儿内化教学内容、讲授的有效性、幼儿的思维及表现等方面。

6. 新的理解

教师应在学科领域知识、学习者的知识、教学法的知识中获得新的理解，并在此基础上获得进一步的发展，从而能够把握幼儿动作发展的敏感期，通过幼儿足球教育来促进幼儿身心的全面发展。

五、幼儿足球游戏课程教学设计

幼儿足球游戏课程教学设计见图 9-1。

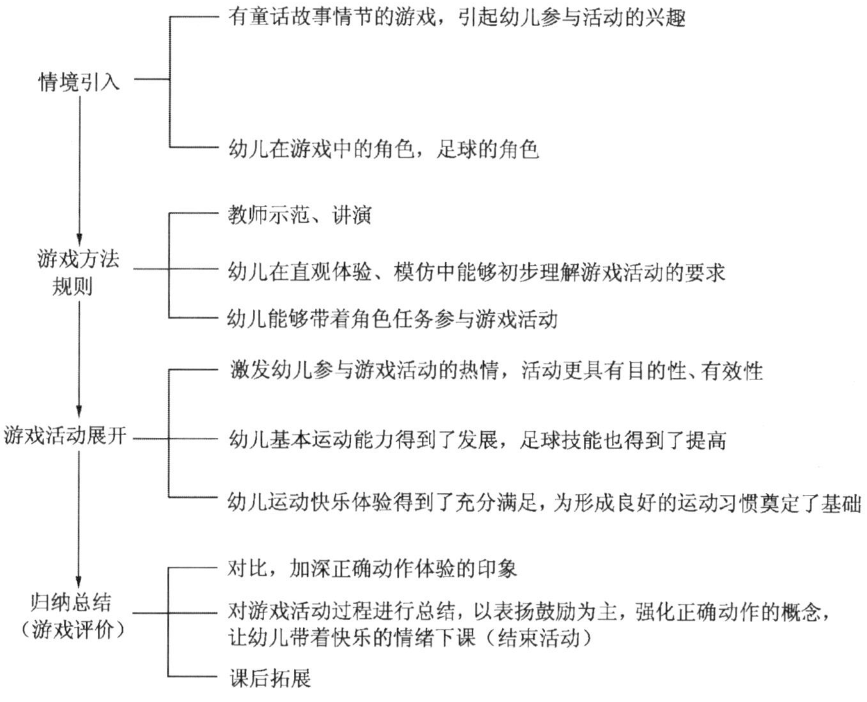

图 9-1 幼儿足球游戏课程教学设计

六、幼儿足球游戏课程教案撰写格式

幼儿足球游戏课程教案撰写格式如下所示：

（一）游戏活动名称

（二）活动目标

1. 知识与技能

2. 过程与方法

3. 情感、态度、价值观

（三）活动重点、难点

（四）活动准备

（五）足球游戏情境设计与游戏方法

（六）活动过程

1. 游戏热身

2. 情境引入，游戏活动展开

3. 结束部分

（1）归纳总结，加深印象

（2）愉悦放松性活动

（六）课外拓展

（七）教学评价与反思

七、教案（活动）案例

幼儿足球游戏名称：公主营救之旅（大班）

一、活动目标

1. 幼儿通过学习和练习能够初步掌握正确的脚内侧踢球动作。

2. 发展幼儿协调、平衡能力。

3. 体验足球带来的乐趣，对足球产生兴趣，游戏活动具有自信的表现。

二、活动内容

1. 身体协调性、灵活性练习

2. 运球与停球练习

3. 脚内侧踢球

三、活动重难点

能够听指令按照游戏规则进行活动，较熟练地练习带球和停球，用脚内侧踢球。

四、活动准备

足球 20 只、拉线 2 条、小彩旗 4 面、音乐 4 段、怪兽面具 1 个、贴着怪兽图案的小椅子 20 张。

五、足球游戏情境设计与方法

游戏情境：公主被怪兽围困，幼儿作为小勇士应该把公主救出来，足球是小勇士的“导弹”，小勇士要用“导弹”打败怪兽救出公主。

游戏方法：小勇士要通过运球把“导弹”从营房运到“导弹”发射阵地，用脚内侧的能量点踢球发射“导弹”，球碰到怪兽就算打败怪兽救出公主（拓展提高可以击倒怪兽才算打败怪兽救出公主)。

六、教学过程

(一) 热身活动

1. 熟悉“导弹”运输的路线：跑过草地—跨过小河—绕过山冈—到达阵地，进行跑、跳的练习。

2. 柔韧性练习。

(二) 游戏活动

活动1

“导弹”运输练习：经过草地—通过小桥—绕过山冈—到达阵地，进行运球、停球练习。

活动2

打怪兽救公主，运送足球“导弹”。从营房出发，通过指定路线运球将“导弹”运送到“导弹”发射阵地红点后，幼儿停球射门，调整角度和姿势后，用脚内侧的能量点踢球发射“导弹”打败怪兽营救公主。

师：我们已经将足球“导弹”运到发射台了，我们的公主在等着我们营救呢。可是前面有怪兽挡着，小勇士们能用你们的足球“导弹”击败怪兽吗？

幼儿：尝试脚内侧踢球击倒怪兽。

(三) 结束部分

1. 归纳总结、加深运动体验的印象

师：本次课我们的小勇士表现得都很勇敢，敢于果断地用“导弹”打怪兽，踢球的力量线路都很好，下面我请××小朋友来展示一下他的本领，希望大家看清并能够记住动作，下次你也能像他一样踢球射门。本次课的球星技能展示—小朋友观察和模仿—大家给予鼓励、击掌，加深正确动作的体验。

2. 愉悦放松：庆祝舞会

师：我们的小勇士们真的很厉害，成功营救出了公主。公主让我们勇士们休息一下，公主准备了礼物等着我们。跟着音乐放松一下，用足球敲一敲腿，敲一敲屁股，做一做深呼吸。

（四）课外拓展

1. 两人一组进行脚内侧传接球练习。

2. 用脚内侧踢球射门练习，每人踢球射门 10 次，看进球的数量。

七、教学评价与反思

1. 幼儿参与游戏活动的兴趣是否高涨。

2. 活动中游戏规则的设计是否合理。

3. 幼儿理解、执行游戏规则的情况。

4. 幼儿活动量是否合理，主要看幼儿跑动的距离和速度，活动中出汗的情况。

5. 游戏活动是否有利于幼儿基本运动能力发展和运动技能的掌握。

6. 游戏对幼儿学习与发展方面突出的教育作用是什么（突出一点就行）。

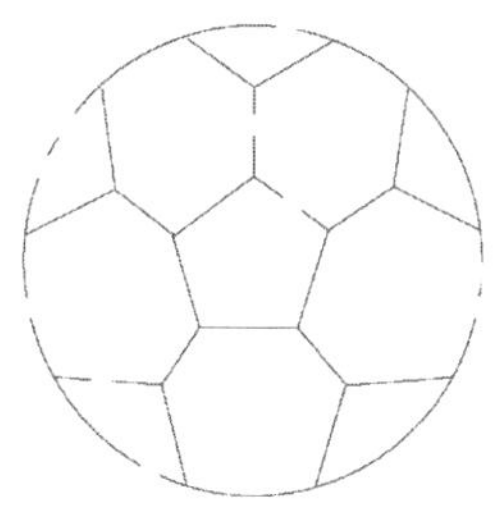

第十章

中等职业学校足球

第一节　中等职业学校足球运动课程

一、中等职业学校足球运动课程的性质和基本理念

（一）中等职业学校足球运动课程的性质

中等职业学校足球运动课程是一门以足球练习为主要手段，以体育与健康知识、技能和方法为主要学习内容，以培养中职学生的体育与健康学科核心素养、增进中职学生身心健康为主要目标的专项运动课程。本课程是体育与健康课程体系的重要组成部分，是面向全体中职学生的基础教育，对落实立德树人根本任务、发展素质教育和培养全面发展的人具有独特的功能和价值。本课程具有基础性、实践性、选择性和综合性的特点。基础性强调在义务教育基础上进一步全面提高学生的学科核心素养，为学生终身体育锻炼和保持健康奠定坚实的基础；实践性强调以身体练习为主要手段，关注学生通过适宜的运动负荷和多种方法进行体能练习和运动技能学习，积极参加体育课内学习，以及课外体育锻炼、足球社团活动和足球竞赛活动；选择性强调学生根据自身的特点和需求，让学生对足球项目进行自主选择，较为系统地学习足球运动，培养中职学生的足球兴趣爱好和专长，养成体育锻炼习惯；综合性强调关注多学科和多种方法的整合，以体育教育为主，融合健康教育，注重学科德育，培养学生的健康意识和行为，促进中职学生全面发展。

（二）中等职业学校足球运动课程的基本理念

1. 落实立德树人根本任务和健康第一指导思想，促进学生健康与全面发展

中等职业学校足球运动课程以贯彻和落实立德树人为根本任务，以健康第一为指导思想，强调健身育人功能，高度重视培养学生的学科核心素养，注重设置足球知识与技能、过程与方法、情感态度与价值观有机整合的课程目标和课程结构；在强调体能、运动技能和体育文化学习的同时，融合与学生成长相关的健康教育知识和方法，关注学生健康与安全意识的培养，以及健康文明生活方式的形成，重视培养学生积极进取、不怕困难、挑战自我、顽强拼搏、追求卓越、团结合作、公平竞争和遵守规则等体育品德，促进学生身心健康、体魄强健，获得全面发展。

2. 尊重学生足球专项学习需求，培养学生良好的足球运动习惯

中等职业学校足球运动课程强调以学生发展为中心，从课程设计到课程实施的各个环节都遵循中职学生的身心发展规律，充分关注学生的足球专项学习兴趣和需求，在发挥教师主导作用的同时，突出学生的主体地位；创设师生和谐互动、形式灵活多样、气氛热烈活泼的课堂教学氛围，注重课堂教学的实际效果，充分调动学生学习的积极性，增强学生内在的学习动力，引导学生深刻体验足球运动带来的乐趣和理解足球运动的价值，促使学生由被动运动向主动运动转变，喜爱足球专项运动的学习，乐于参与课外足球活动和竞赛，养成良好的体育锻炼习惯，形成积极的体育消费观，使体育成为中职学生生活中不可或缺的重要组成部分。

3. 优化中等职业学校足球运动课程内容与教学方式，提高中职学生的综合能力和优良品格

中等职业学校足球运动课程在内容方面，关注足球运动对学生学习和发展的教育意义，强调课程与学生的参与足球运动体验紧密联系，突出有利于培养学生终身体育锻炼习惯的足球知识、技能和方法；在教学方式方面，力求避免过于注重单一知识点，以及把结构化的知识和技能割裂开来的灌输式教学模式，倡导多样化的教学方式，重视与信息技术的深度融合，注重学生的自主学习、合作学习和探究学习，将知识点的教学置于复杂情境之中，引导学生用结构化的知识和技能去解决足球比赛实践中的问题，促进学生体育核心素养的发展，培养学生的创新精神、综合能力和优良品格。

4. 注重学生足球比赛能力的培养，奠定学生终身体育意识的基础

中等职业学校足球运动课程重视培养学生的足球比赛能力，强调学生系统地学习 1 ～ 4 个足球模块，积极参与学校足球教学活动、足球社团活动和形式多样的足球竞赛活动，形成锻炼习惯，发展体育核心素养。因此，学习目标的确定、教学内容的选择和教学方法的选用应遵循足球教学规律，特别要关注学生的足球基础、足球文化认知、个人特长和个性发展，促使学生积极主动地进行足球学习和竞赛，全面提高足球的运动水平，充分体验足球学习的成功感，树立积极的自我价值观，为形成终身体育的习惯和能力奠定良好的基础。

5. 建立多元学习评价体系，激励学生更好地学习和发展

中等职业学校足球运动课程重视促进学生更好地达成课程目标和形成体育核心素养，注重评价的激励、反馈和发展功能，构建主体多元、内容全面、方法多样的评价体系。在评价主体方面，提倡在以教师评价为主的基础上，引导

学生积极进行自我评价和相互评价；在评价内容方面，重视对学生的运动能力、健康行为和体育品德进行综合评价；在评价方法方面，倡导将定量评价与定性评价、相对性评价与绝对性评价、过程性评价与终结性评价相结合。评价中特别要关注那些运动基础相对较弱但学习态度认真的学生，真正体现评价的激励和发展功能，增强他们对足球学习的自信心和自尊心。多元的体育学习评价体系注重与学业质量标准紧密联系，使学业质量水平评价的使用更有助于学生形成体育核心素养，获得全面发展。

二、学科核心素养与中等职业学校足球运动课程目标

（一）学科核心素养

学科核心素养是学科育人价值的集中体现，是学生通过学科学习而逐步形成的正确价值观念、必备品格与关键能力。体育与健康学科核心素养主要包括运动能力、健康行为和体育品德。①

1. 运动能力

运动能力是体能、技战术能力和心理能力等在身体活动中的综合表现，是人类身体活动的基础。运动能力分为基本运动能力和专项运动能力。基本运动能力是从事生活、劳动和运动所必需的能力；专项运动能力是参与某项运动所需要的能力。运动能力的具体表现形式为体能状况、运动认知与技战术运用、体育展示与比赛。

2. 健康行为

健康行为是增进身心健康和积极适应外部环境的综合表现，是提高健康意识、改善健康状况并逐渐形成健康文明生活方式的关键。健康行为包括养成良好的锻炼、饮食、作息和卫生习惯，控制体重，远离不良嗜好，预防运动损伤和疾病，消除运动疲劳，保持良好心态，适应自然和社会环境的能力，等等。健康行为的具体表现形式为体育锻炼意识与习惯、健康知识掌握与运用、情绪调控、环境适应。

3. 体育品德

体育品德是指在体育运动中应当遵循的行为规范，以及形成的价值追求和精神风貌，对维护社会规范、树立良好的社会风尚具有积极作用。体育品德包括体育精神、体育道德和体育品格三个方面。体育精神包括自尊自信、

① 中华人民共和国教育部制定：《普通高中体育与健康课程标准（2017 年版）》，人民教育出版社，2018 年。

勇敢顽强、积极进取、超越自我等；体育道德包括遵守规则、诚信自律、公平正义等；体育品格包括文明礼貌、相互尊重、团队合作、社会责任感、正确的胜负观等。体育品德的具体表现形式为体育精神、体育道德和体育品格。

上述三个方面的学科核心素养联系密切、相互影响，在中等职业学校足球教学过程中得以全面发展，并在解决复杂情境的实际问题过程中整体发挥作用。

（二）中等职业学校足球运动课程目标

1. 总目标

总目标为：通过本课程的学习，学生喜爱足球运动，积极主动地参与足球运动；学会体育与健康学习和锻炼，增强科学精神、创新意识和体育实践能力；树立健康观念，形成健康文明生活方式；遵守体育道德规范和行为准则，塑造良好的体育品格，发扬体育精神，增强社会责任感和规则意识。促进学生运动能力、健康行为和体育品德三个方面学科核心素养协调和全面发展，培养学生在未来发展中应具备的体育与健康的正确价值观念、必备品格与关键能力，形成乐观开朗、积极进取、充满活力的人生态度，身心健康、体魄强健，为新时代健康文明生活做好准备。

2. 分目标

（1）足球专项运动能力：中职学生足球运动能力发展的重点是发展足球专项体能、运用足球技能和提高足球运动认知。通过本课程的学习，学生能够运用所学的足球运动知识、技能和方法，参加与组织足球展示活动和足球竞赛活动，显著提高体能与足球比赛能力，掌握和运用足球的裁判知识和规则，增强发现问题、分析问题和解决问题的能力；能够独立或合作制订和实施专项体能锻炼计划，并对足球技术练习效果做出合理的评价；了解和分析国内外的重大足球赛事和重大足球事件，具有欣赏足球比赛的能力。

（2）健康行为：中职学生健康行为养成的重点是锻炼习惯、情绪调控和适应能力。通过本课程的学习，学生能够积极主动地参与校内外的体育锻炼，掌握科学锻炼方法，养成良好锻炼习惯，形成基本健康技能，学会自我健康管理；情绪稳定、包容豁达、乐观开朗，善于交往与合作，适应环境的能力强；关注健康，珍爱生命，热爱生活，养成健康文明生活方式，改善身心健康状况，提高生存和生活的能力。

（3）体育品德：中职学生体育品德培养的重点是积极进取、遵守规则和社会责任感。通过本课程的学习，学生能够自尊自强，主动克服内外困难，具有勇敢顽强、积极进取、挑战自我、追求卓越的精神；正确对待比赛的胜负，胜不骄、败不馁；胜任不同的运动角色，表现出团队合作与负责任的行为；遵守规则、文明礼貌、尊重他人，具有公平竞争的意识和行为。

三、中等职业学校足球运动课程结构

（一）中等职业学校足球运动课程设计的依据

1. 高中体育与健康课程方案的要求

中等职业学校足球运动课程是高中体育与健康课程的重要组成部分，应根据普通高中体育与健康课程的要求构建本课程，要有助于中职学生培养目标的达成。本课程的设计理念是保证基础、强调选择、关注融合、重在运用。保证基础是指促进学生体能、运动技能和健康教育知识、技能与方法的学习和提高，为终身体育和形成健康文明生活方式奠定基础；强调选择是指重视让学生根据自己的特点选择发展自己在足球比赛场上相应位置的比赛能力，深刻体验足球比赛中的成功感，提高自尊心和自信心，获得个人特长和个性发展；关注融合是指注重体育与健康教育内容、体能与技能，以及学习与锻炼、比赛等方面的有机结合，提高学生融会贯通的能力；重在运用是指将体育与健康知识、技能和方法运用到学习、锻炼、竞赛和日常生活中，提高学生的体育与健康实践能力。

2. 中等职业学校体育与健康学科的特点

中等职业学校体育与健康学科的主要特点是以身体练习为主，具有很强的实践性。本课程期望主要通过身体练习的手段和方法培养学生的学科核心素养，促进学生健康、全面地发展。因此，本课程的主体是足球专项运动技能学习和体能练习。同时，为培养学生的健康意识和行为，足球模块教学还包括健康教育的内容；为培养学生的体育文化素养，还应将体育文化知识的内容穿插在足球专项技能和体能的教学过程中。

3. 中等职业学校学生参与足球运动的发展需求

为满足中职学生参与足球运动的不同需求，激发学生的足球兴趣和内驱力，促进学生的个性发展，培养学生终身体育的意识和能力，课程重视基础性与选择性的有机统一，特别强调让学生根据自己的特长选择比赛场上的不同位置进行学习。因此，本课程充分体现了比赛能力学习的特点，根据学校开设足球课程的具体情况选择 1—4 足球专项模块进行较为系统和全面的学习，使学生学会、学精，培养足球爱好和个人专长，以及积极进取、追求卓越的精神。

（二）中等职业学校足球运动课程结构

中等职业学校足球运动课程结构的特点是以学科核心素养统领课程的目标、内容、方法和评价，即课程目标、课程内容、教学方法、学习评价等都紧密围绕足球学科核心素养来设计和构建（见图 10-1）。足球学科核心素养形成的途径不仅包括足球课，还有课外足球活动、足球竞赛活动和足球社团活动等。课程内容包括足球专项体能和健康教育。足球教学内容的选择是满足学生形成运动爱好和专长，以及个性发展的需要；课程内容包括足球专项体能、技术、战术、心理和社会交往 4 个方面。整个中等职业学校足球运动课程根据职业学校的教学特点，由包含相对完整内容的 4 个模块组成，以便学生对足球进行较为系统的学练。每个模块场包括内容要求、教学提示和学业要求。

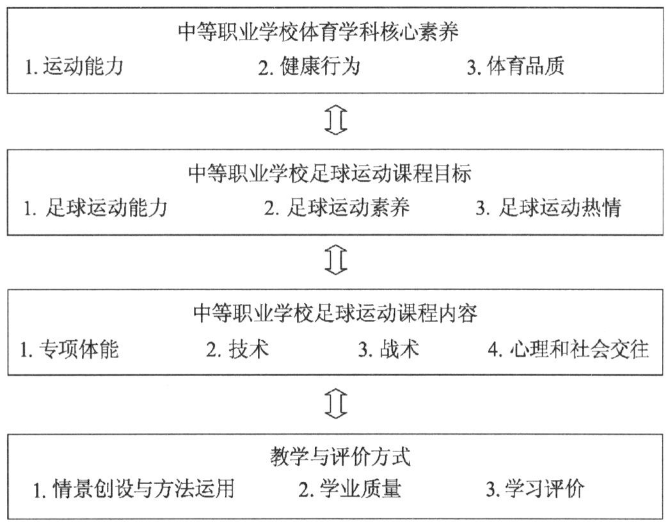

图 10-1　中等职业学校运动课程结构

四、中等职业学校足球运动课程内容

（一）课程内容学业水平的模块设计

中等职业学校足球运动课程是学生选修课程，根据职业学校课程设置的特点，足球运动课程划分为 4 个模块进行学习，可以分为 4 个学期来安排教学计划，模块 1—4 是递进关系，有不同的教学要求和学业水平要求。模块教学关系见图 10-2。

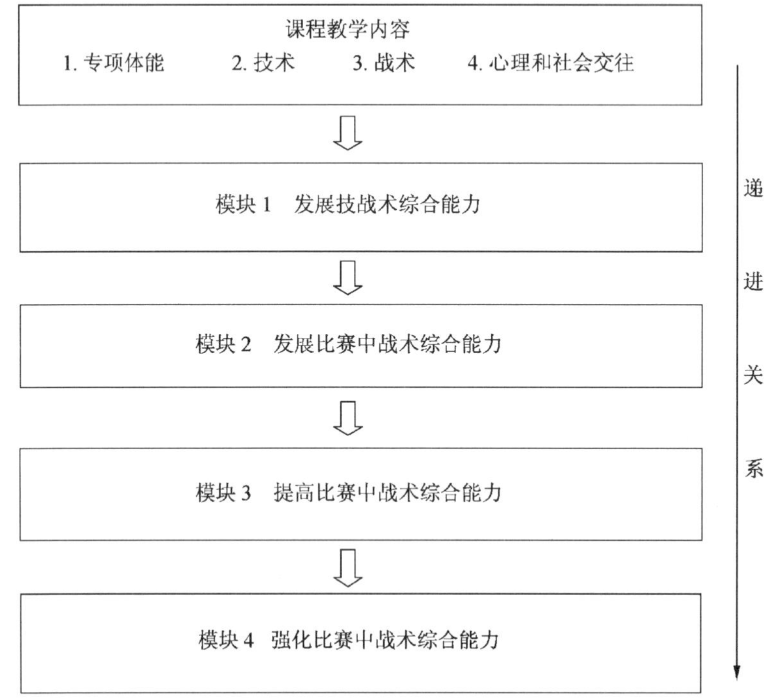

图 10-2 中等职业学校足球运动课程教学模块

（二）中等职业学校足球运动课程内容

中等职业学校足球运动课程模块教学内容设计见表 10-1。

表 10-1 中等职业学校足球运动课程模块教学内容设计

教学模块	教学目标	教学内容			
		体能	技术	战术	心理和社会交往
模块 1	1. 通过足球活动养成良好的体育锻炼习惯。 2. 发展学生技战术的综合运用能力。 3. 在足球活动中表现出良好的体育道德和合作精神。	1. 柔韧性、灵敏性、协调性。 2. 速度、反应。 3. 有氧耐力。 4. 专项身体素质练习。 5. 身体感知与伤病预防。	1. 球感、颠球。 2. 运球及运球过人。 3. 传球与接球。 4. 射门。 5. 头球、1 vs 1 进攻。	1. 进攻、防守原则。 2. 快速和准确传球（短传）。 3. 控球、跑动。 4. 个人突破。 5. 撞墙式 2 过 1。 6. 区域防守。 7. 比赛：8 vs 8、11 vs 11。 阵型：4：4：2。	1. 动机。 2. 自信。 3. 合作能力、沟通与交流。 4. 团队协作。 5. 尊重与风纪。

续表

教学模块	教学目标	教学内容			
		体能	技术	战术	心理和社会交往
模块 2	1. 通过足球活动养成良好的体育锻炼习惯。 2. 发展学生对抗中技战术的综合运用能力。 3. 在足球活动中表现出良好的体育道德和合作精神。	1. 柔韧性、灵敏性、协调性。 2. 速度。 3. 核心力量。 4. 有氧耐力。 5. 不同位置的专项身体素质练习。 6. 身体感知与伤病预防。	1. 球性球感。 2. 运控球。 3. 传球与接球。 4. 射门。 5. 1 vs 1 防守。 6. 紧逼、抢断。 7. 守门员技术。	1. 进攻、防守原则。 2. 攻守转换原则。 3. 快速和准确传球（短传与长传相结合）。 4. 撞墙式 2 过 1。 5. 3 vs 2 进攻配合。 6. 定位球战术。 7. 边路进攻。 8. 回防、压缩空间。 9. 语言交流。 10. 比赛：8 vs 8、11 vs 11。 阵型：4∶4∶2。	1. 动机。 2. 自信。 3. 合作能力。 4. 沟通与交流。 5. 竞争能力。 6. 团队协作。 7. 尊重与风纪。
模块 3	1. 通过足球活动养成良好的体育锻炼习惯。 2. 提高学生比赛中技战术的综合运用能力。 3. 在足球活动中表现出良好的体育道德和合作精神。	1. 柔韧性、灵敏性、协调性。 2. 速度、反应。 3. 核心力量。 4. 有氧耐力。 5. 速度耐力。 6. 不同位置的专项身体素质练习。 7. 身体感知与伤病预防。	1. 球性球感。 2. 运控球。 3. 传球与接球。 4. 头球。 5. 射门。 6. 1 vs 1 防守。 7. 紧逼、抢断。 8. 盯人、掩护。	1. 进攻、防守原则。 2. 攻守转换原则。 3. 快速和准确的传球。 4. 撞墙式 2 过 1（加入第三名球员的配合，传球和跑位的连贯，以便再次要球）。 5. 创造局部人数优势。 6. 中路进攻。 7. 2vs3 防守。 8. 区域防守。	1. 动机。 2. 自信。 3. 合作能力。 4. 沟通与交流。 5. 竞争能力。 6. 团队协作。 7. 尊重与风纪。 8. 责任与忠诚。

续表

教学模块	教学目标	教学内容			
		体能	技术	战术	心理和社会交往
模块4	1. 通过足球活动养成良好的体育锻炼习惯。 2. 强化学生比赛中技战术的综合运用能力。 3. 在足球活动中表现出良好的体育道德和合作精神。	1. 柔韧性、灵敏性、协调性。 2. 速度、反应。 3. 核心力量。 4. 有氧耐力。 5. 速度耐力。 6. 不同位置的专项身体素质练习。 7. 身体感知与伤病预防。	1. 球性球感。 2. 运控球。 3. 传球与接球。 4. 头球。 5. 射门。 6. 观察。 7. 交流。 8. 跑动与接应。 9. 紧逼、抢断。 10. 盯人、掩护。	1. 进攻、防守原则。 2. 攻守转换原则。 3. 快速和准确的传球。 4. 撞墙式2过1（加入第三名球员的配合）。 5. 创造局部人数优势。 6. 转移换边。 7. 防守逼人。 8. 利用三条线之间的距离，保持攻守平衡。	1. 动机。 2. 自信。 3. 合作能力。 4. 沟通与交流。 5. 竞争能力。 6. 团队协作。 7. 尊重与风纪。 8. 责任与忠诚。 9. 批判性思维。 10. 解决问题能力。 11. 决策能力。 12. 创新能力。

（三）中等职业学校足球运动课程学业质量水平

中等职业学校足球运动课程学业质量水平是指中职学生在选学完足球4个模块系列内容后应该达到相应的阶段性学业质量要求（见表10-2）。学业质量水平划分为5级①，即水平1至水平5。水平2是合格要求，水平3—4为良好，水平5为优秀。

表10-2　中等职业学校足球运动课程学业质量水平

水平	质量描述
1	1-1　了解足球运动的一些基本原理和规则，初步掌握足球动作技术，参加小场地足球竞赛活动，对足球运动有一定的体验。 1-2　在教师指导下参与一般体能和专项体能的练习。 1-3　每学期通过现场或多种媒介观看4次高水平足球比赛。 1-4　在参与足球学练和比赛的过程中保持一定的情绪稳定性，能够面对困难、不怕困难，与同伴交流合作，基本适应自然环境的变化。 1-5　了解同伴、对手和自己所担任的运动角色。 1-6　知道足球运动的基本安全知识，有一定的安全意识。 1-7　结合所学运动项目每周进行1次课外体育锻炼。

① 中华人民共和国教育部制定：《普通高中体育与健康课程标准（2017年版）》，人民教育出版社，2018年。

续表

水平	质量描述
2	2-1　进一步了解足球运动的基本原理和规则，基本掌握足球动作技术和战术，运用所学的基本原理、技术和战术参与足球游戏和4 vs 4、5 vs 5 足球比赛，进一步加深对足球运动的体验。 2-2　比较积极地参与一般体能和专项体能的练习，体能水平有一定程度的提高，达到《国家学生体质健康标准》中高二年级的合格水平。 2-3　每学期通过现场或多种媒介观看 6 次高水平足球比赛。 2-4　在参与足球学练和比赛的过程中情绪比较稳定，努力克服困难，坚持到底；积极与同伴交往，具有一定的合作精神，较好地适应自然环境的变化，安全意识不断提高。 2-5　按照规则和规范参加足球活动和比赛，尊重同伴，关注对手，体验不同的运动角色。 2-6　结合所学运动项目每周进行 2 次课外体育锻炼。
3	3-1　理解足球运动的基本原理和规则，并能运用于实践中，在 5 vs 5、8 vs 8 的足球比赛中能够运用所学的技战术。面对足球比赛变化的情境具有一定的应对能力，对足球运动有比较完整的体验和一定的理解。 3-2　对一般体能和专项体能的练习表现出较高的热情，体能水平明显提高，达到《国家学生体质健康标准》中高二年级的良好水平。 3-3　每学期通过现场或多种媒介观看 8 次高水平足球比赛。 3-4　在参与足球学练和比赛过程中具备一定的情绪调控能力，相互尊重，具有合作精神和公平竞争意识，表现出勇敢顽强、挑战自我的意志品质，正确对待比赛胜负；注意防范安全隐患。 3-5　懂得足球运动的保健知识。 3-6　结合所学运动项目每周进行 3 次课外体育锻炼或比赛。
4	4-1　将所学的较复杂的动作技术、组合动作技术和战术运用于足球 8 vs 8、11 vs 11 的实战比赛情境中，初步具有运用综合知识和技能分析问题和解决问题的能力，对足球运动的完整体验和理解进一步加深。 4-2　体能水平进一步提高，体力更加充沛，达到《国家学生体质健康标准》中高二年级的优秀水平。 4-3　每学期通过现场或多种媒介观看 10 次高水平足球比赛。 4-4　在参与足球学练和比赛过程中表现出较强的情绪调控能力和自信心，合作能力和公平竞争意识不断增强，文明礼貌、尊重对手、尊重裁判，勇于挑战自我，正确对待胜负。 4-5　学会预防足球运动损伤的方法。 4-6　结合所学运动项目每周进行 4 次课外体育锻炼或比赛。

续表

水平	质量描述
5	5-1 较熟练地将所学的较复杂的动作技术、组合动作技术和战术运用于足球11 vs 11的实战比赛情境中，具有较强的运用综合知识和技能分析问题和解决问题的能力，表现出较强的实战能力，对足球运动的完整体验和理解进一步加深。 5-2 体能水平显著提高并能保持，体力充沛。 5-3 每学期通过现场或多种媒介观看12次高水平足球比赛。 5-4 参与组织班级足球比赛并参加裁判工作。 5-5 自尊自信，合作能力和公平竞争意识强，文明礼貌、遵守规则，勇于挑战自我，不断追求进步。 5-6 学会处理足球运动中的疲劳问题并积极进行身心恢复。 5-7 结合所学运动项目每周进行5次课外体育锻炼或比赛。

（四）中等职业学校足球运动课程实施建议

1. 教学建议

教师在开展足球运动课程教学中，应始终以培养学生的学科核心素养为主要目标，将其贯穿在教学过程中，并结合足球运动的特点和学生的实际情况，创造性地开展教学，科学地设置学习目标，合理选择教学内容，改革和创新教学组织形式，灵活运用教学方法和手段，不断提高教育教学质量。

（1）教学组织建议

学校应根据实际条件和情况，选择和创造出适合本校的足球教学组织形式，开展与实施足球选项教学。常见的足球选项教学组织形式有以下4种：

① 年级内选项教学组织形式

该教学组织形式是中等职业学校课程教学的主要形式，是打破原有的教学行政班界限，以学生的运动兴趣、爱好和运动基础等作为依据，将选择足球项目的学生重新编班，由足球教师进行足球运动项目教学的组织形式。

② 班内选项教学组织形式

该教学组织形式一般在学校规模较小、同年级班级数较少、大班额等情况下采用，是一种在班内根据学生情况适当安排几个项目，并由同一教师实施教学的组织形式。这一组织形式虽然会增加教师教学管理的难度，但可以让有运动专长的学生发挥其特长，协助教师开展教学。

③ 年级内与班内选项相结合教学组织形式

该教学组织形式是上述两种形式的有机结合，是将几个班级组合起来进行选项，由这几个班级的任课教师分别对学生所选的不同项目进行教学的组织形式。

④ 打破年级界限的选项教学组织形式

该教学组织形式打破了职业学校的年级界限，以学生选择的运动项目为依据，重新编班进行教学。这种组织形式较适用于班数较少的学校。

（2）教学计划制订建议

教师应根据中等职业学校体育教学的特点来制订足球模块教学计划和课时教学计划。应根据学生、体育场地器材设备、气候等实际情况，从有助于促进学生形成学科核心素养的角度出发，设置学习目标，选择教学内容与方法，开展学习评价。

① 制订模块教学计划

中等职业学校足球运动课程的 4 个教学模块的内容和学业质量水平，可以为学校和教师在制订相应的模块教学计划时提供指引和参考，学校和教师应根据学生的学习基础和学校实际，有针对性地制订足球模块教学计划。在制订足球模块教学时应注意以下 5 点：

第一，每一个模块中的内容要求要明确，主要强调学什么和学到什么程度；教学提示主要针对内容要求，强调在什么情境中怎么教，特别强调如何把具体的教学内容通过情境设计和教学方式的转变来促进学生学科核心素养的形成；学业要求主要是强调通过某个模块的教学，学生在运动能力、健康行为、体育品德三个方面学科核心素养的具体表现如何。

第二，足球教学模块的设计要与义务教育阶段教学的内容相衔接。鉴于从初中升至职业学校的学生在义务教育阶段已经学练了一些足球技战术，学校和教师应在充分了解学生足球水平和能力的基础上，设计 4 个足球模块，特别要注意足球的第一个模块要与义务教育阶段的教学内容相衔接。

第三，要重视足球 4 个模块之间的有机联系，下一个模块建立在上一个模块的基础上，是上一个模块的巩固和发展；模块之间应贯彻循序渐进、逐步提高的原则。足球技能水平的提高是一个螺旋式上升的长期学练过程，不仅需要学习，更需要反复练习。每一个模块均应侧重某些内容和方法，但并不意味着以前的内容和方法不再教和学。

第四，应该深入挖掘足球对培养学科核心素养的价值，通过多种多样的教学设计发挥足球的育人功能，促进体育核心素养的形成。

② 制订课时教学计划

课时教学计划是对模块教学计划的进一步细化，是以一个课时为单位做出的设计和安排，是对一节课的学习目标、教学内容、教学方法、学习评价等教与学活动的预设。课时教学计划要根据模块教学计划，并结合学生的学习情况来制订，主要包括学习目标、教学内容、教学步骤、学法与教法、运动负荷（运动密度、练习密度、运动强度）、安全防范措施和教学后记等基本要素，形式可以多样。

③ 制订教学计划的基本要求

第一，要突出足球运动课程的实践性。制订教学计划要以有利于发展学科核心素养为目的，保证大多数教学时间用于体育实践活动。同时，应利用雨雪天气等适当安排一定课时讲授足球文化知识。教师应鼓励和指导学生课外阅读相关资料、观看足球比赛的视频等，使学生获取更多足球比赛方面的知识。

第二，要体现基于学科核心素养的目标整体性。在设计教学计划时，应将运动能力、健康行为和体育品德三个方面的学科核心素养有机地融合在教学设计中，并细化为不同教学阶段的具体学习目标，树立目标引领教学内容和教学方法的思想，通过选择和组合有效的教学内容和教学方法，促进学习目标的整体实现，帮助学生形成体育与健康学科核心素养。

第三，要保证教学计划安排和实施的灵活性。在制订足球运动课程教学计划时，应充分考虑学生的实际情况，以及教学内容的性质、价值、难易程度及不同教学方法的特点等，并留有一定的调整余地。在实施教学计划的过程中，应根据学生的学习基础、达成学习目标的情况等，灵活调整教学计划，增强学生的学习效果。

（3）课堂教学建议

课堂教学是教师与学生面对面进行教与学的认知活动和情感交流的过程，也是实现课程目标的核心环节。教师应根据足球运动课程的目标，以培养学科核心素养为基本追求，有效实施足球课堂教学。

① 强化目标意识，将学科核心素养完整地渗透到学习目标中

教师应树立明确的目标意识，以及目标引领内容和方法的思想，将足球运动课程目标具体化为每堂课的学习目标。学习目标应具体明确、难度适宜，可操作性强，综合体现体育学科核心素养的思想，并设计和选择有利于实现学习目标的教学内容、教学情境和教学方法等，通过实现每一堂课的学习目标，促进学生形成运动能力、健康行为和体育品德三个方面的体育学科核心素养。

② 创新知识观，从注重单个知识点和技术教学向注重学科核心素养培养转变

要避免在课堂上孤立、静态地进行足球基本技术的教学，应该让学生进行多种技术动作的组合练习，设计形式多样的游戏和比赛，重视问题导向，注重模拟比赛情境的创设，促进学生比赛能力的提高，使学生能够在比赛情境中运

用掌握的技战术解决实际问题，提高学以致用的能力，使学生逐步形成学科核心素养。

③ 改变教学方式，促进学生积极主动地学习

为了激发学生的运动兴趣，促进学生积极主动地学练，提高学生的学习能力，教师应充分挖掘学生的体育学习潜能，培养学生学会学习的能力；应避免采用单一的灌输式教学方式，注重多样化的教学方式，把更多的精力放在设计学习和活动情境、激发学生积极主动地学习方面；积极倡导“自主、合作、探究”的学习方式，合理运用学生独立学习、小组学习、全班学习等多种教学组织形式；避免教师讲得多、学生练得少的状况，充分给予学生独立、能动学习的时间和空间，引导学生在做中学、做中思、做中乐，尽早地进行完整化、结构化的学习，形成丰富的、深刻的、个性化的运动体验，真正实现由以教为主向以学为主的转变，打造形式灵活多样、学习充满活力的足球课堂教学形态。

④ 线上线下学习深度融合，提高学生的信息素养

为了应对信息技术对教育发展所产生的革命性影响，促进足球运动课程内容、教学手段和方法的现代化，教师应秉持以学习者为中心和技术支持学习的理念，在足球运动课程中重视利用现代信息技术手段，将多媒体、电子白板、智能手机、运动手表、心率监测仪、计步器、加速度计等信息技术手段深度融合到体育与健康课程教学中。同时，尝试在足球课程中开展微课、慕课、翻转课堂等教学，促进学生体育与健康课程的线上与线下学习相结合，为学生提供更多现代化的学习体验，提高学生的信息素养。①

⑤ 重视区别对待，关注每个学生的进步和发展

足球运动课程教学是面向全体学生的教育活动，不是为了甄别或选拔运动员，而是要培养学生自强不息、勇敢顽强、挑战自我、追求卓越的精神，力争让每个学生更能、更强、更健康。在教学中，教师应注意因材施教、区别对待，对运动基础较好的学生提出更高的学习要求，促进他们更好地发展，形成运动专长；对运动基础较差的学生要循循善诱，耐心给予指导和帮助，使他们在足球运动项目上有所进步；对病弱和残障学生要更加关注和关爱，并给予有针对性的运动与健康指导，弱有所扶，使他们有更多的获得感。如果课堂教学中的学生较多，可以采用分层教学或分性别教学的形式，提高教学的针对性和有效性。要创设积极进取、团结合作、富有挑战性的学习情境，使不同运动基

---

① 中华人民共和国教育部制定：《普通高中体育与健康课程标准（2017 年版）》，人民教育出版社，2018 年。

础的学生都能通过自己的努力获得进步，感受和体验体育学习的成功感和乐趣，提高体育学习的内在动力，增强体育学习的自尊心和自信心。

⑥ 保证一定的运动负荷，提高学生课堂学习效果

运动负荷由运动密度、练习密度和运动强度来衡量，是提高学生体能和技能水平，培养学科核心素养的根本保证，也是衡量足球课教学质量的重要指标之一。足球课必须保证一定的运动负荷，每节足球课学生总体运动时间占课堂总时间的比例，即运动密度，应不低于75%；每节足球课单个学生的练习时间占课堂总时间的比例，即练习密度，应不低于50%；每节足球课学生的平均心率，即运动强度，应达到140 ～ 160次/分。为贯彻落实《中共中央国务院关于加强青少年体育增强青少年体质的意见》（中发〔2007〕7号）和《国务院办公厅关于强化学校体育促进学生身心健康全面发展的意见》（国办发〔2016〕27号）等文件精神，确保足球课的运动负荷，每节课应安排10分钟左右的体能练习，体能练习的手段和方法要丰富多样、实用有趣，以促进学生身体素质的全面发展。①

⑦ 根据足球运动的特点，采用有针对性的教学策略

要根据足球运动的技能特点加强学生对足球技战术的完整体验和学练，在理解与体验完整运动的基础上学习、掌握和运用各种技能。特别强调通过创设由易到难、由简单到复杂的活动和比赛情境，使学生在活动和比赛情境中提高运动技能水平，以及分析和解决问题的能力，不断挑战自我，形成良好的体育品德。

⑧ 课内外有机结合，培养学生参与课外体育活动的习惯

要提高学生的体能和足球技能水平，培养学生的学科核心素养，增进学生的身心健康，仅仅靠一周一节足球课是远远不够的。教师应高度重视课内教学和课外体育活动的有机结合，在上好足球课的前提下，积极组织、指导和引导学生参与课外足球竞赛活动，促进学生将课内所学的足球知识与技能运用到课外足球活动、足球社团活动和足球竞赛中，真正将学校、家庭和社区体育有机结合，培养学生坚持体育锻炼的习惯，缓解学生的压力，丰富学生的课余文化生活，促进学生更好地形成学科核心素养。

2. 学习评价建议

足球运动课程评价是通过系统收集学生的体育学习态度与表现、课外体育锻炼情况与成效、健康行为等信息，依据一定的标准和方法对所达到的学科核

---

① 中华人民共和国教育部制定：《普通高中体育与健康课程标准（2017年版）》，人民教育出版社，2018年。

心素养水平进行判断和评估的活动，是不断完善课程建设的重要环节和途径。足球运动课程评价的主要目的是对学生的足球运动技能与健康行为进行观察、诊断、反馈、引导和激励，并衡量课程目标的达成程度。

（1）设置学习评价目标

足球运动课程评价的目标主要强调几个方面：第一，了解学生在足球学习和发展的过程中，包括运动能力、健康行为和体育品德三个方面学科核心素养的形成情况；第二，对学生在足球课学习中存在的困难和不足进行分析、判断，进而改进教学；第三，挖掘学习潜能，为学生提供展示自己能力、水平和个性的机会，促进学生足球运动水平的提高；第四，培养与提高学生自我认知、自我教育和自我发展的能力，促进其学科核心素养的形成。

（2）选择学习评价内容和方法

在足球课学习评价的过程中，评价内容和方法的选择应围绕学科核心素养，依据学业质量标准，选择多元的评价内容，注意多种评价方法的有机结合，强调多元评价主体的共同参与。首先，评价内容的选择要关注学生通过不同模块学习之后的收获与变化。每个模块评价内容的选择应根据不同的学习内容而有所侧重，紧扣运动能力、健康行为和体育品德三个方面的学科核心素养，依据学业质量标准对学生的学习态度和行为等给予积极的关注。对于一些无法量化的评价内容，如学生是否能够调控个人情绪、运动过程中个人对于团队和成员的接纳和服务意识等，则可以通过行为观察和记录等，把健康行为和体育品德由隐性表现转化为显性表现，从而提高这些评价内容的可观测性和可操作性。其次，注意多种学习评价方法的有机结合，注重过程性评价与终结性评价、定量评价与定性评价、相对性评价与绝对性评价的结合，注意在多种情境中运用多种方法对获得的足球课学习反馈信息进行评价，以便充分了解学生现有的学习水平。例如，对运动能力的评价可以强调过程性评价与终结性评价的有机结合，过程性评价可以以学习团队为单位进行，每个学习团队可以包括4～6名成员，贯穿整个模块学习的始终，团队中每个成员都应为团队的成功而努力，课堂上教师可以给予每个团队课堂表现分数，主要关注团队技战术运用、比赛成绩，以及合作行为、进取精神、意志品质、角色胜任、遵守规则和尊重他人等方面；模块学习结束时，每个团队的所有课堂表现总分即为该团队中每位成员在整个模块学习过程中的平时成绩。终结性评价侧重于对学生个体运动知识和技能的掌握及运用情况进行评价。再次，强调多元评价主体的参与，获取更为全面的反馈信息。例如，可以通过学生自评与团队互评、家庭和社区反馈等方式，促进学生将足球课学习和日常生活相融合，形成健康文明的生活方式和良好的体育品德，从而突出足球运动课程的育人功能。

（3）收集学习评价所需要的信息

学习评价应该紧扣学科核心素养，通过不同方式收集学生在运动技能、运动认知、体能、锻炼习惯、心理状态、适应能力、体育品格、体育精神和体育道德等方面的表现信息，既要了解学生通过足球学习模块已达到的程度，更要关注学生学习后的进步幅度；既要关注学生对于运动知识和技能的掌握程度，更要关注学生对所学知识与技能的灵活运用能力。此外，足球运动课程学习评价非常强调在实践情境中收集学生的相关学习和活动信息，鼓励有条件的地区或学校尝试利用信息技术（如手机运动应用软件 APP）记录学生生活中的自主锻炼情况等信息，确保评价信息的客观性、准确性和全面性。

（4）学习评价结果的反馈与解释

教师应充分发挥学习评价的反馈、导向、激励和改进等教育功能，在足球教学的不同阶段可以采用不同形式对学生进行反馈，如采用口头、即时通信工具、成绩单等形式进行及时的评价反馈，注重激发和强化学生的足球学习兴趣，引导学生把足球运动和日常生活有机融合，鼓励学生运用所学的足球技能来促进自己的健康发展。

第二节　中等职业学校足球课余训练与竞赛

一、职业学校足球课余训练体系的构建

（一）职业学校足球课余训练体系的目标和任务定位

（1）要把足球的育人功能放在首位。职业学校足球课余训练是学校体育的一部分，促进人的全面发展是学校教育的宗旨。作为学校教育的一部分，职业学校足球课余训练首先要把促进学生的全面发展放在首要的地位。课余训练不仅仅要提高学生的足球竞技水平，而且要为职业学校足球的课堂教学改革与实践提供新的思路，促进学生健康水平的提高。

（2）要为发现和培养高水平的竞技足球后备人才服务。职业学校足球课余训练在发挥促进学生全面发展的作用的同时，还要为培养特殊的竞技人才做好准备。

（3）要为培育优秀的足球文化消费群体服务。课余训练还要把学生培养成为对足球运动具有高度热情和拥有高质量足球素养的人，有了优秀的足球文

化消费社会群体，才能不断提高我国的足球文化水平，中国足球才有希望。为此，要培养学生的足球知识和技能，提高学生的足球运动竞技水平，使他们成为校园内足球活动普及与推广的体育骨干；把学生培养成为有足球运动素养的人，使他们能够理解和评价足球运动规则、运动礼仪与传统，成为今后有足够专业知识的理性的足球运动消费者。

（二）构建职业学校足球课余训练体系的总体原则

为了更好地服务于目标、任务的定位，需要从以下几个方面努力，构建具有职业学校特色的足球课余训练体系：

1. 要融入职业学校体育工作，充分利用职业学校体育工作的特点和优势

首先，要结合职业学校课程设置，借鉴国外青少年足球训练的经验，采用分级设计、结构完整、阶段性与整体性相结合的方式，在足球课余训练大纲、训练课的基本结构、训练水平和质量的评价等方面体现出职业学校自己的特色。其次，规范档案管理，建立职业学校足球课余训练档案记录和跟踪管理制度、学籍管理制度，保证运动员在参加足球训练的同时，能够完成学校的专业学习任务。最后，规范课余训练与比赛的管理，特别是在周末、节假日的训练与比赛管理方面急需出台职业学校足球竞赛管理制度。

2. 要吸收先进的理念和方法，有效提高训练的系统性和科学性

要把当今世界青少年足球训练先进的理念和方法作为职业学校足球教练员必须掌握的内容，结合学生的实际情况，规定学生各个阶段训练的目标、重点内容和方法，杜绝训练的随意性，确保训练的延续性和统一性。

3. 要促进足球课堂教学改革与实践的创新

足球教师要能够将先进的足球训练理念和方法引入足球课堂教学，提高课堂教学的有效性，为职业学校足球课程的开发提供新思路。

4. 要构建学校、家庭、社会三位一体的立体化培养模式

职业学校足球课余训练要为青少年足球后备人才的培养创设良好的社会环境，这也是职业学校足球课余训练体系的任务之一。

没有良好的足球社会环境，职业学校足球的发展将会阻力重重。职业学校需要处理好学生专业学习、实习、工作分配等职业技术培训与足球比赛和训练的关系，解决好职业技能培训与足球专项发展之间的关系，为职业学校足球课余训练的可持续发展创造良好环境。

5. 要杜绝急功近利的训练，以免给学生身心健康和未来发展带来危害

要根据学生身心发展规律和高水平足球竞技人才成长规律开展课余训练，严格限制每次课的训练时间和每周训练次数，避免出现为了追求比赛成绩过早

地进行专业化、成人化训练，以牺牲学生的文化学习时间来进行足球训练，提高比赛成绩，杜绝“只顾眼前，不思未来”的违背足球运动员成才规律的急功近利现象①，把学生的未来发展作为每次训练课的原则和起点，为学生的健康成长负责。

（三）设计科学可行的职业学校足球课余训练大纲

为了规范职业学校足球教练员开展的足球课余训练工作，有必要设计高质量的职业学校足球课余训练大纲，在借鉴《中国青少年儿童足球训练大纲》《国际足联草根足球培训手册》《意大利足球青训营训练教程》《美国足球青训大纲》《日本青少年足球训练大纲》《英足总国际教练员课程》等国外经验的基础上，设计出职业学校足球课余训练大纲（见表10-3）。

表10-3　职业学校足球课余训练大纲

训练发展的重点	训练大纲内容			
	身体	技术	战术	心理和社会交往
学生进入青春发育后期，各组织、器官、系统的机能接近于成人，运动能力也接近于成人，加强团队精神和集体意识的教育，保持踢球的乐趣，应用技战术和富有激情地投入比赛，态度严肃并希望能有好的表现；战术训练与小场地对抗不可少，比赛必须贯彻进攻与防守原则；战术训练包括攻防速度、快速进攻。与反击、接近禁区区域的进攻与紧逼防守；技术训练包括快速准确地传接球与射门，战术训练的一部分是位置专项训练；身体训练主要是耐力、力量和速度，每周都要练习，保持全面稳定的体能状态；球员必须完全投入，训练要认真而且具	速度、力量、无氧耐力、协调性、灵活性、耐力、柔韧性、敏捷性、不同位置的专项身体练习、身体感知与伤病预防。	传球与接球射门、头球、接球转身、1vs1 进攻、1vs1 防守、紧逼、抢断铲球、盯人掩护。	进攻、防守原则、攻守转换原则、快速和准确的传球、控球、个人突破、转移换边、撞墙式2过1（加入第三名球员的配合）、对持球队员的接应、个人和集体空间创造、为持球队员创造空间、创造局部人数优势区域防守、防守逼人、回防、压缩空间、语言交流；全队战术（边路进攻、中路进攻、定位球战术），	动机、专注力、创造力、理解力、竞争力、尊重与风纪、责任与忠诚、自我控制力、决定性与决心、团队协作、沟通与交流。

① 张廷安：《我国校园足球未来发展中应当确定的科学发展观》，《北京体育大学学报》，2015年第1期。

续表

训练发展的重点	训练大纲内容			
	身体	技术	战术	心理和社会交往
有很高的竞争性，在对手施压下、高速运动和时间紧迫时仍能做出精确的动作；比赛 11 vs 11，以 4∶4∶2 阵型为主，逐步形成校园足球的技、战术风格。			利用三条线之间的距离，保持攻守平衡；比赛：11 vs 11；阵型：4∶4∶2 或4∶3∶3	

（四）职业学校足球课余训练课的结构

课余训练课的结构就要考虑“训练措施整体环节”与“运动能力整体设置”之间的平衡关系，使得训练措施与专项需求的整体相对平衡，在借鉴国外先进青少年足球训练课结构的基础上，设计出职业学校足球课余训练课的结构（见表 10-4）。①

表 10-4　足球训练课的结构

训练阶段	训练内容	时间占比
准备部分	热身	10%
	身体训练（协调性、速度）	15%
基本部分	技术、战术练习	20%
	加入限制条件的技术、战术对抗比赛训练	15%
	兼具重点的赛场情景模拟比赛训练	15%
	比赛	15%
结束部分	放松性练习	10%

（五）加强职业学校足球教练员执教能力的培养

教练员人才队伍的竞争力是职业学校足球发展的根基，教练员队伍的综合素质与执教能力决定着足球后备人才竞技水平的整体发展层次，高水平教练员有助于青少年球员保持足球的兴趣，能有效提高足球相关体能和技战术能力，

① 徐兴国，余国兵，赵鹏：《青少年校园足球课余训练体系的研究》，《南京体育学院学报》，2018 年第 6 期。

有效减少足球训练中损伤的发生。① 为此，有必要对教练员在开展足球课余训练过程中应该具备的综合素质和执教原则提出明确要求，以提升职业学校足球课余训练的科学化水平。

从总体上看，职业学校足球教练员的综合素质应至少包括以下几个方面：

（1）对待青少年足球事业要有足够的耐心和热情，积极投入；（2）要具有开放性思维和钻研精神；（3）要有坚强的毅力；（4）要有持之以恒、久久为攻的精神，对校园足球可持续发展充满信心；（5）在平时的工作中要能善于鼓舞士气，保持积极心态，做到平易近人、注重仪表、具有时间观念，要让孩子们感觉亲切，能够保护孩子的训练安全；（6）要不断加强学习，努力让自己成为知识丰富的教练，要时刻反思自己是否真的理解球员们的需求，如球员在能力、独立性、情感等方面的需求。

职业学校足球教练员在执教能力方面至少要包括以下几点：

（1）教练员能时刻以积极饱满的态度和激情对待球员和训练；（2）能坚持"把球性和随之带来的创造力"的理念贯彻到平时训练中去，特别是校园足球课余训练的初级阶段，训练课能够围绕提高队员控球、带球、假动作等提高球性的练习来设计，当队员的球感真正建立起来之后，能帮助球员在比赛中以更具创意的方式展现这些技能；（3）能够将一个或几个复杂的技术或实战场景分级拆分到最小的可实现的技术动作和训练单元，让训练接近于实战，不断提高球员的比赛能力；（4）设计的训练课能让球员有足够进行自主决策的机会，为培养球员的创造性思维提供良好的氛围和环境；（5）训练前能与球员沟通，使球员明确训练目的及具体目标；（6）每节训练课之间要有相互联系，相互促进，具有连续性；（7）指导训练、制订计划和反馈的时间要均等；（8）所有训练尽可能包含攻防转换元素；（9）能使用递进的规划训练方式，使训练时间最大化；（10）能根据团队的需要，采用不同的执教风格；（11）每次训练课球员有球训练时间应不少于70%。②

（六）制定和规范运动员参赛的行为准则

运动员参赛的行为准则是运动员素养的核心内容之一，足球训练体系应该把这一部分内容纳入研究范围。该部分内容应包括如下几个方面：（1）有团队意识，尽自己所能踢好比赛，并能以球队的利益为重；（2）遵守公平竞赛

---

① 黎涌明：《德国足球训练科学研究现状与启示——基于 Web of Science 2010—2016 年期刊文献综述》，《上海体育学院学报》，2017 年第 5 期。

② 徐兴国，余国兵，赵鹏：《青少年校园足球课余训练体系的研究》，《南京体育学院学报》，2018 年第 6 期。

的原则，不作弊、假摔、抱怨和浪费时间；（3）尊重队友、对手、裁判和自己的教练、领队；（4）遵守比赛规则，服从裁判的管理；（5）能正确对待比赛结果，无论胜负，都能表现得有风度，在比赛结束后和对方球员与裁判握手，并能集体去对方替补席向教练和队员问好，表示感谢；（6）虚心接受教练的指导，并能做出回应；（7）理解教练所做的一切都是为了球队的整体利益，而不是照顾个别球员；（8）当自己对球队的一些安排不满时，告诉自己所信任的人。①

（七）完善职业学校足球课余训练的评价机制

职业学校足球课余训练的评价内容至少应该包括两个部分：一是教练员执教能力和水平的评价，二是运动员竞技水平和未来发展的评价。

教练员执教能力和水平的评价主要有两个方面：一方面是自身足球技能的水平和参加培训经历及获得的教练员证书级别，另一个方面是执教能力和取得的成绩。其中，执教能力体现为对现代青少年足球训练理念、方法、组织等理论知识的学习和掌握程度，能够从运动员未来发展的角度来设计训练计划和开展课余训练，其训练过程符合现代足球后备人才成长的规律。教练员的工作成绩则可以通过带队参赛的成绩和输送后备人才的级别与数量表现出来。

针对运动员的评价主要包括竞技水平和未来发展的评价。其中，竞技水平的评价主要考察运动技能的训练水平和测试成绩、比赛能力表现和比赛成绩；运动员未来发展的评价主要考察对足球运动的热爱程度，以及投入与执着的程度，同时考察是否有突出的个人踢球特长和风格。

（八）构建职业学校足球课余训练的保障机制

足球课余训练需要外在的保障，特别是制度建设的保障，有了切实可行并贯彻有力的外部保障才能使课余训练从理念转化为实际行动。外部保障机制的建设至少应包含以下几个方面：（1）完善运动员文化和专业学习保障制度；（2）完善职业学校足球课余训练过程管理与考核制度；（3）完善运动员保险制度，学校能够为参加课余训练的队员购买保险，保障学生和教练员的合法利益；（4）完善运动员家长委员会制度，让家长参与训练和比赛的部分工作，明确工作条例和工作职责，形成家校合力的良好教育环境。

特别值得一提的是，要把建立安全防范和法律维权的制度作为非常重要的任务。

---

① 王长琦：《论日本校园足球成功运作范式及其对中国的启示》，《南京体育学院学报》，2017 年第 5 期。

目前中国大部分家庭都是独生子女家庭，全社会都很关注孩子在学校内的安全问题，安全问题现已成为学校最重要的工作之一。足球课余训练与比赛难免会出现意外受伤的情况，如何降低意外伤害事故，维护教练员、运动员的合法权益也是校园足球课余训练面临的任务。为此，一方面，要明确课余训练中安全防范知识教育的要求，规范科学训练方面的行为，尽量降低意外受伤的风险；另一方面，要建立并完善保险、法律维权等社会保障体制，为校园足球课余训练健康发展创造良好的社会环境。①

第三节　中等职业学校班级足球联赛体制

班级足球联赛是学校普及足球运动最为重要的措施，职业学校的专业设置不同，各个专业的班级数也不相同，每个年级不同专业班级的存在给组织班级足球联赛带来了困难。因此，职业学校班级足球联赛的组织与普通高中班级足球联赛的组织有着很大区别，在职业学校班级足球联赛竞赛规程的制定上要根据职业学校的特点来设计，确保比赛的公平公正和组织有序。

一、职业学校班级足球联赛规程的制定

（一）足球联赛规程的内容

（1）主办单位、承办单位、协办单位。

（2）比赛时间。

（3）比赛地点。

（4）参赛单位。

（5）参赛办法：参赛资格、报名人数、比赛方式、报名程序、其他要求。

（6）比赛规则及相关规定。

（7）录取名次与奖励。

（8）竞赛规程解释权。

（二）足球联赛相关规定

1. 小组单循环赛决定名次的办法

（1）每胜一场得 3 分，负一场得 0 分，平得 1 分，积分多者名次列前。

---

① 徐兴国，余国兵，赵鹏：《青少年校园足球课余训练体系的研究》，《南京体育学院学报》，2018 年第 6 期。

（2）如果遇到两队或两队以上积分相等，依下列条件顺序排列名次。

① 积分相等队之间相互比赛积分多者，名次列前。

② 积分相等队之间相互比赛净胜球数多者，名次列前。

③ 积分相等队之间相互比赛进球总数多者，名次列前。

④ 积分相等队在同一阶段比赛中净胜球数多者，名次列前。

⑤ 积分相等队在同一阶段比赛中进球总数多者，名次列前。

⑥ 如相等，以同一阶段比赛中红牌少者，名次列前。

⑦ 如相等，以同一阶段比赛中黄牌少者，名次列前。

⑧ 如相等，以抽签决定名次。

（3）淘汰赛比赛中，如在规定时间内打平，可以通过加时赛或直接进行球点决胜（比赛采用 5 轮次，如再相等就 1 vs 1 决胜，直至决出胜负）。

（4）每次比赛场上换人次数不限，下场队员可以再次复入上场。

（5）每队必须备有深、浅两套不同颜色的比赛服，主队穿深色服装，客队穿浅色服装。

（6）运动员必须穿护袜、软底胶钉足球鞋，戴护腿板。场上队长必须自备 6 厘米宽与上衣颜色有明显区别的袖标。

2. 关于罢赛

有下列情形之一的球队属于比赛罢赛：

（1）并非不可抗拒的原因，且未获得组委会批准，未参加赛程规定的比赛。

（2）拒绝按照组委会的安排参加补赛或改期比赛。

（3）拒绝按照裁判员的要求在 5 分钟之内恢复中断的比赛。

对于罢赛的处理：

（1）一方球队比赛罢赛，另一方球队以 3∶0 获胜，如果比赛实际比分超过 3∶0，则以当时的实际结果为准。

（2）双方球队罢赛，双方本场比赛均无成绩，计 0 分，且进球数为 0。

（3）中途退出整个赛事，将取消该队比赛资格。与被取消比赛资格球队的比赛，其他球队均得 3 分，比赛结果为 3∶0。

（4）罢赛的球队，将取消今后两年参加学校足球比赛的资格，其间对该班级和所在的专业系的体育评先评优工作实行一票否决。

3. 关于违反纪律

经组委会裁定属于弄虚作假、违反纪律规定的，另一方球队以 3∶0 获胜，如果实际比赛超过 3∶0，则以当时的实际结果为准。

二、职业学校班级足球联赛赛制编排方法

（一）单循环赛的编排方法

1. 比赛场数和轮次的计算方法

（1）轮数：在循环制的比赛中，各队都参加完一场比赛即为一轮。

（参赛队数为单数）轮数 = 参赛队数

（参赛队数为双数）轮数 = 参赛队数 - 1

例如：7 支球队参赛，则轮数 =7 轮；

10 支球队参赛，则轮数 =10 - 1 =9 轮。

（2）比赛总场数：参赛队数 ×（参赛队数 - 1）/2。

例如：7 支球队参赛比赛总场数 =7 ×（7 - 1） =42 场

2. 比赛轮次排列方法

（1）逆时针方向排列

如以 6 支球队为例，如 1 号球队位置不变，其他球队每一轮逆时针循环一个位置（见表 10-5）。

表 10-5　球队逆时针方向排列示例

第一轮	第二轮	第三轮	第四轮	第五轮
1—6	1—5	1—4	1—3	1—2
2—5	6—4	5—3	4—2	3—6
3—4	2—3	6—2	5—6	4—5

（2）顺时针方向排列

如以 5 支球队为例，以 0 号球队为固定队，和 0 号球队相遇的球队为轮空（见表 10-6）。

表 10-6　球队顺时针方向排列示例

第一轮	第二轮	第三轮	第四轮	第五轮
1—0	2—0	3—0	4—0	5—0
2—5	3—1	4—2	5—3	1—4
3—4	4—5	5—1	1—2	2—3

3. 职业学校班级足球联赛单循环比赛的分组方法

按照同一年级不同专业进行分组，按专业班级的数量分配晋级第二阶段的名额，在采取的比赛赛制上要灵活，要确保比赛的公平公正。由于职业学校的

学习任务不重，通常下午两节课后就可以放学离校，因此学生的课余时间较充裕，在班级足球联赛的赛制上可以采用混合制。第一阶段可以采用小组单循环，决出小组前两名进入第二阶段比赛；第二阶段可以采用淘汰赛，排出名次。

（二）循环赛加淘汰赛

根据学校年级班级数，可以将参赛队伍分成若干组。各组在第一阶段进行小组单循环赛决出小组名次，然后进入第二阶段比赛，采用淘汰赛。

比赛分组根据上一届联赛的名次确定各小组的种子队，如没有种子队则抽签分组。

现以某职业学校二年级 8 个班进行年级班级足球联赛为例：8 个班级分为 A、B 两个组，将上一届联赛的前两名列为各组的种子队，其余班级抽签分组，比赛抽签分组图见图 10-3。

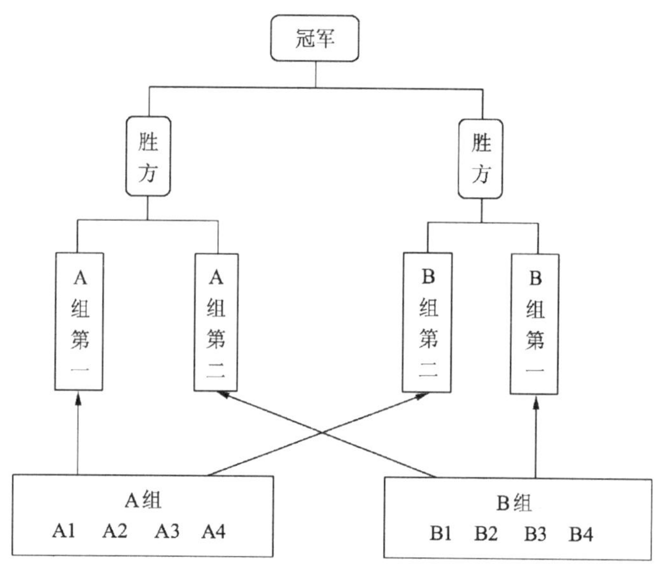

图 10-3　抽签分组示例

三、成立联赛组委会、办事机构、仲裁委员会、裁判组

（一）联赛组委会

（1）主任：校长。

（2）副主任：书记、副校长。

（3）委员：各个专业系主任。

（二）办事机构

（1）办公室。

（2）竞赛组。

（3）后勤安保组。

（4）场地器材组。

（三）仲裁委员会

（1）分管副校长。

（2）各系部主任。

（3）体育部部长。

（四）裁判组

（1）全体体育教师。

（2）本校有足球爱好的教师。

（3）学生。

（4）聘请的校外足球裁判员。

四、规范职业学校班级足球比赛过程管理

（一）比赛管理

（1）赛前准备：装备齐全；认真做好热身活动；赛前战术布置到位。

（2）比赛礼仪：比赛双方队员应列队入场，交换队旗，相互握手致意，尊重对手，加强班级间的交流，加深同学友谊。

（3）能正确对待比赛结果，无论胜负，都能表现得有风度；在比赛结束后，和对方球员与裁判握手，并能集体去对方替补席向教练和队员问好，表示感谢。

（4）虚心接受教练的指导，并能做出回应。

（5）比赛中要尊重裁判的判罚、尊重对手，胜不骄败不馁，体现当代职业学校学生的精神文明风貌。

（二）观赛礼仪

（1）文明观看班级足球比赛，不阻挡他人观看比赛。

（2）不辱骂、不攻击场上队员、裁判、教练和对方球员，不喝倒彩。

（3）为双方球员的精彩表现喝彩。

（4）遵守赛场秩序，行为文明，不乱抛杂物，比赛结束后能够带走垃圾并妥善处理。

五、职业学校班级足球联赛足球文化建设

（一）比赛录取名次与奖励

（1）按照学校各个年级的班级数可以录取前 4 名或前 6 ～ 8 名。

（2）每个年级要评选出最佳射手、最佳前锋、最佳门将、最具潜力运动员、最佳教练员等奖项，可以通过校园网进行投票，鼓励全校师生积极参与评选活动。

（3）各个年级评选出公平竞赛奖、精神文明奖、最佳组织奖奖项各一个。

（4）评选出年级最佳阵容奖。

（二）开展丰富的赛事文化活动

（1）联赛期间可以组织由全校师生参加的联赛摄影大赛、板报设计大赛、演讲比赛、征文比赛等文化活动，丰富校园足球文化，提高赛事的影响力。

（2）对各个队的队旗、队徽、比赛口号进行最佳设计奖评选。

（3）在联赛决赛期间组织全校性的足球嘉年华活动，让全校师生都能够参与到联赛活动中来，丰富学校足球联赛的文化内涵，提升办赛水平，促进职业学校足球文化活动的创新与发展。

第四节　中等职业学校足球社团建设

一、职业学校足球社团在中等职业教育中的作用

（一）提高职业学校学生的足球运动技能，树立正确的体育意识和观念

在中等职业学校教育中，不仅要对学生的职业技能进行培养，同时也要促进学生身体素质的提高，以适应未来工作对职业体能的需求，这两方面必须共同提高，才能为当今社会培养出具有出色综合素质的技能人才队伍。升入职业学校的学生经过义务教育阶段体育与健康课程的学习，大部分学生都具有体育锻炼的意识，有自己的体育兴趣和爱好；部分学生具有一定的较高的足球运动技能，对足球运动具有较高的运动兴趣，愿意积极参加课外足球活动，这一部分学生就是职业学校足球社团的主要成员群体。参加足球社团活动，不仅能够提高学生的足球运动技能和身体素质，而且能够为学生创造良好的运动氛围和运动环境，促进学生形成良好的运动习惯和正确的体育运动观。中职生的良好运动习惯和正确的运动观对他们未来的成长和发展具有积极的影响。

（二）有利于职业学校的体育文化建设，促进职业学校体育教育教学的发展

在职业学校的发展过程中，校园文化是学校特色和魅力的体现，直接体现出职业学校内部人文环境的建设水平，反映出学校的办学思想、办学水平和办学特色，良好的校园文化环境对学生的健康成长、成才有着重要的影响。体育文化是校园文化的重要组成部分，无论是出于教育的需要还是学生健康成长的需求，体育文化在职业教育中都发挥着极其重要的作用。职业学校足球社团建设是学校体育文化建设的重要组成部分，好的足球社团能够吸引更多的足球爱好者参与足球活动。足球社团所开展的活动有利于学生足球运动技能的提高，个人的体育素养在足球竞赛活动中能够得到有效提升，特别是足球运动所具有的团队协作、顽强拼搏、勇敢果断等品质精神的育人价值，对学生形成正确的体育观、人生观、价值观具有积极的影响，拓展足球社团的活动形式和教育理念，对促进职业学校德育教育的创新与发展具有积极的意义。因此，加强职业学校足球社团的建设对促进职业学校体育教育和德育的发展具有重要作用，要大力发展。

（三）促进学生的人际交往，提高学生的社会适应能力

职业学校的足球社团中，成员比较多，而且来自不同的班级、不同的专业，他们平时缺乏接触和沟通，却因一个共同的体育爱好——足球汇聚到一起。在参加社团组织的足球训练和竞赛中，成员要相互合作、交流沟通，特别是在足球比赛中，每一队都是一个整体，只有全队团结协作才能赢得比赛，在比赛中要面对不断出现的问题并及时做出调整，进而做出正确的决定和采取相应的行动，这对参赛学生的反应能力和决策能力有较高的要求。经常参加足球活动和比赛，可以不断提高学生解决问题的能力，培养他们的团队协作精神。足球比赛还能够培养学生遵守规则、尊重裁判、尊重对手、胜不骄败不馁和积极向上的运动品质，这些良好的运动品质和精神也是他们进入社会走上工作岗位必须具备的素质，对他们未来职业的发展具有积极的作用。

（四）提高学生的组织能力，增加学生社会实践的经验

足球社团为学生提供了足球文化交流和身体锻炼的平台，这一平台是共同爱好足球运动和足球文化的学生自觉、自发组成的。社团的正常运作主要是靠学生进行自主管理，学生在社团中发挥着主导作用，要团结大家共同参与足球社团的建设，通过足球社团的有效运作开展活动，更好地发展学生组织领导的能力和团结协作的能力。在职业学校足球社团组织对外重大展示活动中，需要对活动进行策划，对活动过程进行有效管理，扩大活动的影响，为学校带来品

牌效应，这就需要整个团队共同努力，对活动进行全面设计和统筹安排。在整个活动中，每一位社团成员都能得到锻炼和成长，社团骨干成员的组织管理能力也得到了极大的提高。在接待外来参观者的过程中，通过和他们的交流沟通，介绍本次活动的情况和学校的特色发展，组织带领他们参观校园，能够使学生的社会交往能力得到进一步提高，增加学生社会实践的经验。

（五）通过合作与竞争，提升学生的心理素质

当今社会，人们需要具备良好的心态和积极向上的生活态度来适应现代社会的发展与竞争，这也是人们职业发展中需要具备的素质之一。特别是对作为未来职业技术工人阶层的职业学校的学生来说，这种品质的培养对他们是极其重要的。随着社会科技水平的发展，技术革命日新月异，职校学生未来面对的社会竞争压力巨大，良好的心理素质是成为合格技术人才的必备条件。因此，在职业学校教育中，通过体育竞赛来培养学生不怕失败、顽强拼搏、乐观进取的精神是十分重要的，体育教育在职业教育中对人的培养方面具有重要的意义。良好的心理素质也是他们未来职业技能素质发展的一个重要部分，足球社团所开展的竞赛活动能够很好地培养学生的这些良好的心理品质，提高学生的心理素质水平，对他们职业技能的高速发展具有积极的影响。

二、职业学校足球社团建设与发展策略

（一）职业学校体育特色发展应该包括足球社团的发展，要为足球社团把握正确的发展方向

对于职业学校体育教育发展来说，体育特色的发展是极为重要的，一方面能够展现学校的体育特长；另一方面，还能够促进学体育教学的发展，通过体育特色发展来促进学校体育工作的开展，提高全体学生的身体素质和健康水平，为培养身体健康的合格社会人才奠定基础。足球社团的建设与发展能够为学校体育特色的发展做出贡献，学校在足球社团的建设与发展上要有明确的目标和发展规划，在社团活动开展、人才培养、运动竞赛、对外展示、社会实践等方面均要有明确要求，要为学生参与足球运动和比赛提供高水平服务，为提高学生的综合素质创造平台，为丰富校园足球文化、提升学校体育文化环境服务。足球社团工作的开展，能够帮助广大教师和学生形成正确的体育观，并积极参加足球活动，使足球运动在职业学校得到广泛普及，充分发挥足球运动的育人价值，为全面提升学生的健康水平做出贡献，从而体现出职业学校足球社团正确的发展方向。

（二）加强足球社团建设与发展，增加对足球社团发展的指导和支持

职业学校足球社团是由热爱踢球的学生组成的，学生是社团组织管理的重要力量。社团在发展上受到多方面的限制，鉴于足球社团对职业学校体育特色的发展具有积极的作用，学校应该重视足球社团的建设与发展，增加对足球社团的支持与指导。学校对足球社团发展的支持，首先是在物质方面要为社团开展活动提供场地器材和资金的支持，满足全校学生参与足球社团活动的需求；其次是师资队伍上的支持，要选派业务能力强、管理水平高的足球专业教师参加足球社团的工作，为社团开展足球训练与竞赛提供专业指导，不仅要能够为提高学生的足球技能提供指导，还要为足球比赛培养学生裁判员队伍，为社团开展足球活动储备人才。在保障足球普及的基础上，学校要重视社团骨干队伍的培养，选拔出学校的足球校队，并能够开展正常的课余训练，定期聘请校外的足球专家培训指导，提高队员的综合素质，为足球社团培养一支运动水平高、管理能力强的骨干队伍，提高足球社团活动开展的水平和影响力，促进学校的体育特色发展，为职业学校体育工作的创新提供新的思路。

（三）为足球社团搭建平台，拓宽社团与社区、企业的联系渠道，促进学生社会交往的发展

职业学校足球社团是校内的群众性团体，在开展结对联谊活动方面能力有限，必须要得到学校的大力支持。学校要利用自身职业教育的优势，为社团对外开展联谊活动搭建平台，增加学生与社区、企业的交流，为学生提供参与社会活动的机会，通过与相关的企业和社区等实习基地的联络，定期邀请他们的足球队到学校来进行友谊比赛，加深学校与对口单位的联系，为学生今后走上工作岗位提供对外联络的机会。学校要为活动的开展提供资金、场地和人员方面的支持，通过社团的对外联谊活动来发展学生的社会交往能力和适应能力，也可以为社区和企业培养组织开展本单位职工体育活动方面的人才，进一步拓宽人才培养渠道，为职业学校的职业教育发展拓展视野，丰富职业学校的人才培养路径。

三、职业学校足球社团发展对职业教育的意义

职业学校足球社团在中等职业教育中有一定的地位与作用，它不仅能够提高学生的足球运动技能和身体素质，同时对学生的综合素质的提高具有积极的影响，对为社会培养合格的技术人才具有积极的意义。因此，需要加强对职业学校足球社团发展和足球育人价值的研究，加快职业学校足球社团建设，为职业学校的体育教育教学的改革与创新提供新思路，为培养新时代的合格产业工人做出自己的贡献。

第五节　中等职业学校开展足球活动对中职学生核心素养发展影响的研究

一、中等职业学校学生的特点

与普通高中的学生相比，中等职业学校的学生具有鲜明的自身特点，深入分析这些特点对发展学生的核心素养具有积极意义。

（一）中等职业学校的学生在学科学习上是单一教育评价体系的“后进生”①

中等职业学校的生源主要来自初中毕业没有考取普通高中的学生，这些学生不仅在学科学习方面落后于整体水平，而且其中相当一部分人存在自卑的心理状态（往往认为自己比普通高中的学生差），这种心理极其强烈、深刻、持久地影响着职业学校学生的学习、精神状态和目标、动力。究其原因，除了社会上对职业教育的偏见，以及部分父母对子女的扭曲的期望之外，最重要的是由目前整个教育体系单一的教育评价体制所导致。当前的教育评价体制用考试分数评价学生，考试产生的主要影响更重要的是产生了评判方式和评价标准的单一性和聚焦性。在这种评价体系下，初中阶段学校工作往往会向应试教育方向靠拢，造成了学生两极分化的局面：一部分学生放弃全面发展，专注于题海战术，极力应付考试、适应考试，全面提高自己的应试能力，唯一目标就是考上重点高中或普通高中；另外一部分学生因为成绩较差，离考取高中的要求相差太远，因而产生了强烈的厌学情绪，逐步离开文化课学习的主流。后者中有相当一大部分学生就读于中等职业学校，他们中的一部分人的学习目标不明确，学习动机不充分，学习精神不饱满，使得中等职业学校学生的学科知识和学习能力素质普遍较低。面对这种状况，要从发展学生的核心素养来考虑，加强职业学校学生核心素养培养，改变现有的教育评价方式，以现代经济社会发展的要求对中职生进行综合性培养，通过核心素养的教育来激发学生的学习动力和热情，增强他们的职业技能学习能力，提高他们适应社会的能力。

---

① 李小鲁:《教育作为人的生存方式》,广东教育出版社,2007 年。

（二）中等职业学校的学生中有相当一部分是社会弱势群体的子女，具有“社会边缘者”的特点

这部分学生的父母在对社会的认识、对社会发展的理解和对社会发展的成果的分享状态等方面，往往具有自己的见解。他们往往缺乏自觉、自立和明确的社会发展的大局观和历史责任感，对经济发展成果的分享也往往认识不足，在这种情况下，他们容易采用批判性的眼光和情绪性的观点来看待整个社会，可能采取过激性的行为来对待社会。在父母的影响下，子女们也很容易自视为“边缘者”，使得自己在人格尊严上缺乏自信，在人生价值的选择上缺乏自立，在道德自我构建的过程中缺乏自觉，缺乏关爱和同情。面对这样的学生群体，学校更要加强对学生进行核心素养的教育，重建他们的人生自信，重立他们的个人尊严，重构他们的完善人格形象。

（三）中等职业学校的学生在学科学习的基础、能力和综合素质方面较为薄弱，他们是学科知识学习的不适应者

长期以来，对单一教育评价模式的内心抵触和反抗，加上个人尊严和自信的缺失，使中等职业学校的学生对学科学习产生了厌学情绪，大部分学生的学习基础差、底子薄，没有掌握正确的学习方法，也没有养成良好的思维素质和坚强的意志。因此，要想把他们培养成为当代合格的技术人才，最重要的是加强核心素养的教育，让他们懂得人的素质是多方面的，既要有学科知识学习的素质，也要有技能学习的素养，同时还要提高个人的社会适应能力，知道学科知识学习的不足可以通过技能素质的发展来弥补，特别是未来工作的岗位更需要动手能力强、技能水平高的劳动者，仅仅文化学科学习能力强是不够的，从而找到自己专业发展的动力，规划好自己的职业发展生涯。

二、中等职业教育的发展趋势

21 世纪的社会不同于农业社会和工业社会，是以知识经济、信息化、全球化为特征的新社会，其更加复杂、变化更快、不确定性更大，要求劳动力有更强的适应能力、解决复杂问题的能力、交流与合作的能力，以及使用现代信息技术的能力，这对人的核心素养发展的要求越来越高。职业教育应该把握社会经济发展的方向，加强中等职业学校学生的核心素养教育，这对当今职业教育的发展意义重大。

知识经济、信息化、全球化对劳动力市场产生了根本性的影响，全球范围内新兴产业的崛起和传统产业的衰落所带来的产业结构调整，必然会导致跨地区、跨行业的职业流动增加，21 世纪的劳动力只掌握一种专门职业技能将很难适应就业变化的形势。在此背景下，中等职业学校的教育必须重视学生核心素养的培养与发展，深化职业教育的内涵，为培养适应21世纪社会经济发展的合格技术人才做出自己的贡献。

三、中等职业学校学生核心素养框架的构建

中国一研究团队在梳理全球29个核心素养框架中的素养条目的基础上，列出9项超越特定领域的通用素养：一是高阶认知方面：批判性思维、创造性与问题解决能力、学会学习与终身学习；二是个人成长方面：自我认识与自我调控、人生规划与幸福生活；三是社会性发展方面：沟通与合作、领导力、跨文化与国际理解、公民责任与社会参与。①

结合中等职业学校学生的特点，课题组在构建职业学校学生核心素养框架研究上借鉴褚宏启教授的研究成果，把职业学校学生核心素养分为6种素质，即创新能力、批判性思维、公民素养、合作与交流能力、自主发展能力、信息素养（见表10-7）。② 初步形成中职教育自己的学生核心素养框架，以促进职业教育的改革与发展，这也是未来职业教育发展的方向。

表10-7　中等职业学校学生核心素养

核心素养	培养核心素养的具体要求
创新能力	1. 能够突破常规，提出与众不同的新想法、新方案。 2. 能与他人有效交流自己的新想法。 3. 能自己或与他人一起分析、评估、修正新想法。 4. 尝试以新的方法做事，把有创意的想法付诸行动，并对改进实践做出贡献。 5. 鼓励和支持创新，理解创新的长期性、艰巨性和复杂性，善于从失误和错误中自我学习，能够为他人创新提供支持条件。
批判性思维	1. 能在复杂、模糊的情境中，识别、界定问题，抓住问题的实质。 2. 有效辨识评估，比较与问题有关的各种已有知识和信息的合理性程度。 3. 提出解决问题的假设与方案，并通过调研获取证据和数据，在此基础上不断质疑和修正原有设想，审慎得出结论，做出决策，运用择优方案解决问题。 4. 适当运用归纳推理、演绎推理进行有效率的思考，能把握整体各部分进行系统思维。 5. 批判性地反思学习、工作流程，反思自己的思维过程，并持续改进。 6. 批判性思维是运用科学方法、理性思维，发现、分析、解决问题的素养，是科学精神的集中体现，是一种高级思维素养。

① 师曼，等：《21世纪核心素养的框架及要素研究》，《华东师范大学学报（教育科学版）》，2016年第3期。

② 褚宏启：《核心素养的国际视野与中国立场》，《教育研究》，2016年第11期。

续表

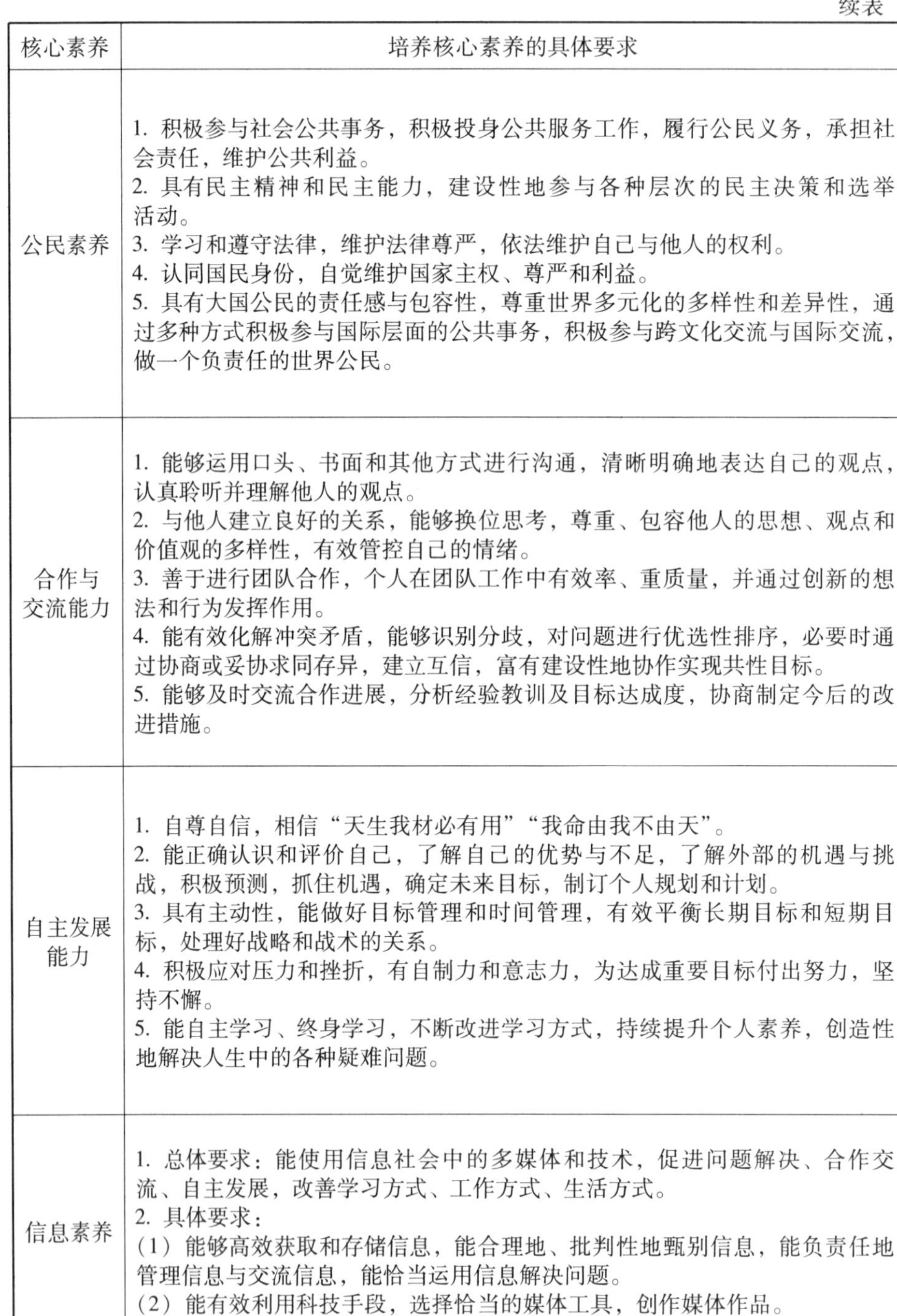

核心素养	培养核心素养的具体要求
公民素养	1. 积极参与社会公共事务，积极投身公共服务工作，履行公民义务，承担社会责任，维护公共利益。 2. 具有民主精神和民主能力，建设性地参与各种层次的民主决策和选举活动。 3. 学习和遵守法律，维护法律尊严，依法维护自己与他人的权利。 4. 认同国民身份，自觉维护国家主权、尊严和利益。 5. 具有大国公民的责任感与包容性，尊重世界多元化的多样性和差异性，通过多种方式积极参与国际层面的公共事务，积极参与跨文化交流与国际交流，做一个负责任的世界公民。
合作与交流能力	1. 能够运用口头、书面和其他方式进行沟通，清晰明确地表达自己的观点，认真聆听并理解他人的观点。 2. 与他人建立良好的关系，能够换位思考，尊重、包容他人的思想、观点和价值观的多样性，有效管控自己的情绪。 3. 善于进行团队合作，个人在团队工作中有效率、重质量，并通过创新的想法和行为发挥作用。 4. 能有效化解冲突矛盾，能够识别分歧，对问题进行优选性排序，必要时通过协商或妥协求同存异，建立互信，富有建设性地协作实现共性目标。 5. 能够及时交流合作进展，分析经验教训及目标达成度，协商制定今后的改进措施。
自主发展能力	1. 自尊自信，相信“天生我材必有用”“我命由我不由天”。 2. 能正确认识和评价自己，了解自己的优势与不足，了解外部的机遇与挑战，积极预测，抓住机遇，确定未来目标，制订个人规划和计划。 3. 具有主动性，能做好目标管理和时间管理，有效平衡长期目标和短期目标，处理好战略和战术的关系。 4. 积极应对压力和挫折，有自制力和意志力，为达成重要目标付出努力，坚持不懈。 5. 能自主学习、终身学习，不断改进学习方式，持续提升个人素养，创造性地解决人生中的各种疑难问题。
信息素养	1. 总体要求：能使用信息社会中的多媒体和技术，促进问题解决、合作交流、自主发展，改善学习方式、工作方式、生活方式。 2. 具体要求： （1）能够高效获取和存储信息，能合理地、批判性地甄别信息，能负责任地管理信息与交流信息，能恰当运用信息解决问题。 （2）能有效利用科技手段，选择恰当的媒体工具，创作媒体作品。

四、职业学校大力开展足球运动能够有效促进在校学生核心素养的发展

（一）经常参加足球活动与竞赛能够促进学生创新能力的发展

在足球比赛中，球员对场上出现的瞬息万变的情况要做出合理的应对，特别是在个人技术和集体战术配合上，需要队员有自己的想法，关键时候要做出有悖于常理的动作和战术配合，但又能够取得好的比赛效果。这对运动员的创新思维提出了挑战，好教练员往往会抓住机会给有创新思维和做出决策的队员以鼓励，鼓励他们敢于创新和做决策的拼搏精神，同时队友也要为同伴做出的创造性的决策给予支持，即使出错也要相互鼓励。经常参加足球比赛，对运动员的创新精神和能力的发展具有积极的作用。

（二）经常参加足球活动与竞赛能够促进学生批判性思维的形成

足球是一项对人的综合运动素质要求较高的运动项目，一方面，足球技术是除了手和手臂以外身体任何部位都能够接触球、控制球的技术，要掌握精湛的足球技术，必须要进行大量的重复练习，不断思考，体会脚和身体对球的运行轨迹的感觉，好的技术技能是在不断纠错的过程中形成的；另一方面，足球比赛中对战术的运用也需要球员不断思考，通过对失败的战术配合进行分析，找出原因，不断改进，直至很好地完成战术配合，这对学生分析问题、解决问题的能力有很好的锻炼。可以说对学生足球技战术的培养过程中就是自然而然地培养学生批判性思维和解决问题能力的过程。

（三）经常参加足球活动与竞赛能够促进学生公民素养的形成

学校组织的班级足球联赛、对外足球友谊赛、大型足球对外展示活动需要学生的广泛参与，准备场地器材、服务、裁判、宣传等都是公益行动，学生参与其中，能够很好地促进学生参与社会公共事务，积极投身公共服务工作，履行公民义务，承担社会责任，维护公共利益的公民素养；在比赛中，相互团结协作、遵守比赛规则、尊重对手、尊重裁判、胜不骄败不馁、正确对待比赛结果等方面都会对学生的公民素养教育产生积极影响，特别是对一些处于“社会边缘化”的学生来说，参与全校性的足球活动能够有效改变自身的观念，培养其参与公共事务的意识和觉悟。

（四）经常参加足球活动与竞赛能够促进学生合作与交流能力的发展

在足球活动与竞赛活动中，队员之间、队员和教练之间的相互交流是不可或缺的重要元素，队员要能够运用口头、书面和其他方式进行沟通，能够清晰明确地表达自己的观点，认真聆听并理解他人的观点。在团队建设上，一方

面，要重视培养球员与他人建立良好的关系，能够换位思考，尊重、包容他人的思想、观点和价值观的多样性，有效管控自己的情绪等，促进和谐团队环境的形成，为促进队员的合作与交流创造良好的环境。在面对激烈的比赛时，要善于进行团队合作，个人在比赛中的行动要能够有效率、重质量，并通过创新的想法和行为发挥作用，赢得比赛。另一方面，比赛中如果出现战术配合不畅或队员之间存在矛盾，要能够及时有效化解冲突矛盾，识别分歧，对问题进行优选性排序，必要时通过协商或妥协求同存异，建立互信，富有建设性地协作实现共性目标。因此，经常参加足球比赛对促进学生合作与交流能力的发展具有积极的作用。

（五）经常参加足球活动与竞赛能够促进学生自主发展素养的形成

足球运动技能的形成有其自身的规律，必须要通过个人的不懈努力和刻苦练习，逐渐形成具有个人特色的运动技能。高水平技能的习得是个人自信自强的结果和体现，广大中职生在参与足球活动中，随着自身足球运动技能水平的提高，个人自信心和自豪感也会不断增强，对未来个人的人生发展也就有了信心，相信“天生我材必有用”“我命由我不由天”，这种自尊自信的素养对他们未来职业生涯的发展具有积极影响。

队员们在平时的训练和比赛中，会遇到各种各样的困难，要能够让学生正确认识和评价自己，了解自己的优势与不足，了解外部的机遇与挑战，积极预测，抓住机遇，确定未来目标，制订个人规划和计划，克服困难达成目标。

在准备学校组织的班级足球联赛前，参与组织活动的学生们要具有主动性，要做好目标管理和时间管理，有效平衡阶段性比赛和最后总决赛，处理整体和局部的关系，突出比赛活动的育人价值，彰显学校的足球特色。

在足球比赛中，队员们要积极应对压力和挫折，有自制力和意志力，为达成取胜的目标付出努力，坚持不懈，终场哨声不响就绝不放弃比赛，这种意志品德的形成对人生的意义重大。

经常参加足球竞赛活动能够培养中职学生自主学习、终身学习、不断改进学习方式和提高个人素养，以及创造性地解决人生中的各种疑难问题的能力和素养，这也是对中职学生进行素质教育的有效方式，目前中职学生缺乏的就是这种运动教育和体验，足球的育人功能应该得到职业教育的重视。

（六）经常参加足球活动与竞赛能够促进学生信息素养的形成

在足球活动和竞赛活动中，提高个人技术和全队战术配合的水平，仅仅靠足球教练员的指导是远远不够的，队员们要会通过互联网去查找并下载世界上优秀足球运动员技术训练的视频资料，作为自己自主学习的教材，在模仿和对照学习中不断提高自己的技术；在全队战术训练上，队员们也要会通过互联网下载世界足球强国的青训战术训练视频资料，集体学习，并能够根据自己球队的特点加以改造，制定适合自己球队的战术；在重要足球比赛时要对比赛进行录像，并对录像资料进行处理，把一些需要改进和提高的地方展现出来让大家学习，通过比赛提高全体队员的比赛能力。信息技术的使用对提升学生球员的信息素养是最好的实践体验方式，对培养学生使用信息社会中的多媒体技术，促进问题解决、合作交流、自主发展，改善学习方式、工作方式、生活方式等都具有积极作用。

总之，中等职业学校开展足球活动对学生的教育影响是多方面的。当前职业学校的学生整体素质水平不高，由于初中阶段文化学习能力和成绩不理想，在进入职业学校后，他们缺乏自信，对人生发展没有明确规划，学习目标不明确，学习动机不充分，学习精神不饱满，学习能力素质普遍较低。面对职业学校学生的整体状况，如何改变他们的思想，重拾他们的信心，职业学校德育教育责任重大，而体育是德育教育的重要载体，特别是足球运动，它的育人功能和价值对广大职业学校学生的人生发展具有积极的影响。要把德育与足球育人价值相结合，充分利用足球这种载体加强德育教育，不仅通过开展足球活动来提高职业学校学生的身心健康水平，而且要与职业技术教育对劳动者素养的培养要求相结合，充分挖掘职业学校开展足球活动的作用和意义，在培养中等职业学校学生核心素养研究上有所创新，探索职业学校职业道德教育新路径，为职业教育改革与创新提供新思路，从而实现中等职业学校为国家培养适应21世纪经济发展的合格技能人才队伍的任务，为国家经济发展做出自己应有的贡献。

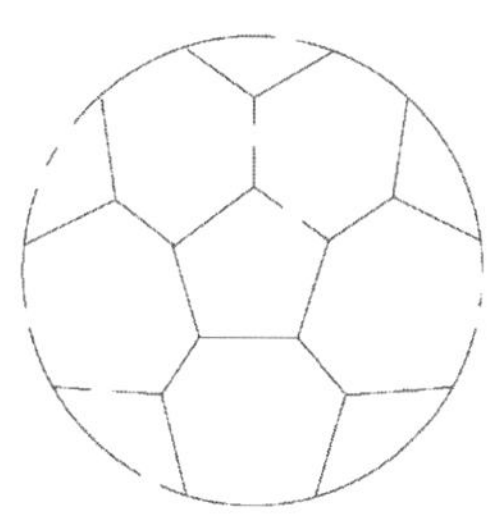

附　录

教育部关于成立全国青少年校园足球工作领导小组的通知

教体艺厅函〔2015〕1号

国家发展改革委、财政部、新闻出版广电总局、体育总局、共青团中央：

根据党中央、国务院工作部署要求，为推进全国青少年校园足球工作，经国务院同意，由教育部牵头成立全国青少年校园足球工作领导小组（以下简称领导小组）。领导小组成员名单如下：

组　长：袁贵仁　教育部部长

副组长：郝　平　教育部副部长

　　　　蔡振华　体育总局副局长

成　员：王登峰　教育部体育卫生与艺术教育司司长

　　　　郝福庆　国家发展改革委社会发展司副巡视员

　　　　赵　路　财政部教科文司司长

　　　　田玉红　新闻出版广电总局宣传管理司巡视员、副司长

　　　　张　剑　体育总局足球运动管理中心主任

　　　　杜汇良　共青团中央学校部部长

领导小组依据《全国青少年校园足球工作领导小组工作职责及议事规则》（附后），领导全国青少年校园足球工作的开展，履行校园足球工作的宏观指导、统筹协调、综合管理等职责和任务。在教育部设立办公室，负责日常工作，由教育部体育卫生与艺术教育司司长王登峰兼任办公室主任。办公室成员由教育部、体育总局有关司局（单位）负责同志，以及各成员单位联络员担任。

附件：全国青少年校园足球工作领导小组工作职责及议事规则

教育部

2015年1月8日

附件

全国青少年校园足球工作领导小组工作职责及议事规则

第一条　为加强全国青少年校园足球工作的领导、规划与管理，经国务院同意，教育部会同国家发展改革委、财政部、新闻出版广电总局、体育总局、共青团中央等五部门，共同成立全国青少年校园足球工作领导小组（以下简称领导小组）。

第二条　领导小组是全国青少年校园足球工作协调、议事和决策机构。领导小组成员为职务兼职，教育部部长担任组长，教育部、体育总局分管负责同志担任副组长，教育部、国家发展改革委、财政部、新闻出版广电总局、体育总局、共青团中央等部门一名相关司局负责同志任成员。各成员单位应确定一名处级干部担任联络员。

第三条　领导小组的主要职责：

一、贯彻落实国家有关学校体育和校园足球的法律法规、方针政策和重要文件精神；

二、审议全国青少年校园足球的规章制度和管理办法；

三、研究决定全国青少年校园足球的重大政策和发展事项；

四、部署全国青少年校园足球年度工作计划；

五、负责全国青少年校园足球的规划和指导，检查督促校园足球开展情况；

六、审议全国青少年校园足球经费预算和决算。

第四条　领导小组定期召开年度全体会议，遇重大决策事项不定期召开领导小组工作会议。会议由领导小组组长或组长委托的副组长主持，会议议题由领导小组组长确定，必要时领导小组可召开有关成员单位参加的专题会议。

第五条　领导小组全体会议、工作会议和专题会议决定的事项应形成会议纪要，并印发领导小组各成员单位。

第六条　领导小组下设办公室，设在教育部体育卫生与艺术教育司，负责校园足球日常工作。教育部体卫艺司主要负责同志任办公室主任、分管负责同志任常务副主任，教育部监察局、体育总局青少年体育司、体育总局足球运动管理中心、教育部大中学生体育协会联合秘书处相关负责同志任副主任。教育部、体育总局有关司局（单位）负责同志，以及各成员单位联络员任办公室成员。

第七条　领导小组办公室主要职责：

一、提出全国青少年校园足球工作目标、任务和实施方案的建议；

二、组织协调各成员单位共同促进全国青少年校园足球工作；

三、组织开展全国青少年校园足球的全面推广工作；

四、建立与各成员单位日常联络、问题反馈机制；

五、检查督促领导小组决定事项的贯彻落实；

六、承办领导小组召开的会议和重要活动；

七、承办领导小组交办的其他事项。

第八条　领导小组办公室实行办公室主任负责制，人员实行专兼职结合。

第九条　本规则自印发之日起施行。

教育部等6部门关于加快发展青少年校园足球的实施意见

教体艺〔2015〕6号

各省、自治区、直辖市教育厅（教委）、发展改革委、财政厅（局）、新闻出版广电局、体育局、团委：

加快发展青少年校园足球是贯彻党的教育方针、促进青少年身心健康的重要举措，是夯实足球人才根基、提高足球发展水平和成就中国足球梦想的基础工程。近年来，校园足球事业取得了积极进展，体制机制不断完善，发展模式不断创新，校园足球定点学校达到5000多所，举办各种比赛10万多次，青少年足球人口不断扩大。但总体上看，校园足球发展还比较缓慢，发展不平衡，存在普及面不广、竞赛体系不健全、保障能力不足等问题。为进一步落实深化教育领域综合改革总体要求和《中国足球改革发展总体方案》，现就加快发展青少年校园足球提出以下意见：

一、总体要求

（一）指导思想

把发展青少年校园足球作为落实立德树人根本任务、培育和践行社会主义核心价值观的重要举措，作为推进素质教育、引领学校体育改革创新的重要突破口，充分发挥足球育人功能，遵循人才培养和足球发展规律，理顺管理体制，完善激励机制，优化发展环境，大力普及足球运动，培育健康足球文化，弘扬阳光向上的体育精神，促进青少年身心健康、体魄强健、全面发展，为提升人口素质、推动足球事业发展、振奋民族精神提供有力支撑。

（二）基本原则

坚持改革创新。深化体制机制改革，加强顶层设计，强化政策、标准和项目引导，在重点领域和关键环节取得突破，增强青少年校园足球发展活力。

坚持问题导向。树立科学发展理念，破解发展难题，转变发展方式，加强基础条件和基础工程建设，持久用力、久久为功，促进青少年校园足球健康发展。

坚持统筹协调。以政府为主导，学校为主体，鼓励社会参与，整合多种资源，完善支持政策，形成青少年校园足球发展合力。

坚持因地制宜。立足当前实际，着眼长远发展，充分利用现有基础，不断创造良好条件，鼓励探索多样化的青少年校园足球发展模式。

（三）工作目标

到2020年，基本建成符合人才成长规律、青少年广泛参与、运动水平持续提升、体制机制充满活力、基础条件保障有力、文化氛围蓬勃向上的中国特色青少年校园足球发展体系。

普及程度大幅提升。学校普遍开展足球运动，学生广泛参与足球活动，校园足球人口显著增加，学生身体素质、技术能力和意志品质明显提高，形成有利于大批品学兼优的青少年足球人才脱颖而出的培养体系。支持建设2万所左右青少年校园足球特色学校，2025年达到5万所。重点建设200个左右高等学校高水平足球运动队。

教学改革更加深入。形成内容丰富、形式多样、因材施教的青少年校园足球教学体系，课程设置、教学标准、教材教法和教学资源等教学要素更加衔接配套，校园足球教学质量明显提升。

竞赛体系更加完善。形成赛事丰富、赛制稳定和赛纪严明的青少年校园足球竞赛体系，球队建设、课余训练、赛事运行等更加规范高效，校园足球运动水平稳步提高。

条件保障更加有力。师资配备补充、培养培训、评价机制和激励措施等更加多样有效，完成5万名青少年校园足球专兼职教师的一轮培训；鼓励学生习练足球的综合评价体系更加健全；场地设施和运动安全管理更加完善，财政资金和社会资本多元投入，形成青少年校园足球持续发展保障体系。

二、重点任务

（一）提高校园足球普及水平

加强统筹推进普及。统筹城乡区域布局，统筹各级各类学校，统筹各类社会资源，鼓励有基础的地方和学校探索实践，加大对农村学校帮扶力度，着力扩大校园足球覆盖面。鼓励支持各年龄段学生广泛参与，积极开展青少年女子足球运动，让更多青少年体验足球生活、热爱足球运动、享受足球快乐。以普及校园足球示范带动校园田径、篮球、排球等其他体育运动项目发展。

扶持特色引领普及。遴选一批全国青少年校园足球特色学校，重点建设一批普通高等学校高水平足球运动队，支持其加强建设、深化改革、提高水平和办出特色，发挥其在发展青少年校园足球中的骨干、示范和带动作用。鼓励有条件的地方创建全国青少年校园足球试点县和足球综合改革试验区，先行先试，积累经验，整体推进青少年校园足球发展。

培育文化巩固普及。把开展竞赛、游戏等形式多样的足球活动作为校园文化建设的重要内容，让足球运动融入学生生活、扎根校园。大力发展学生足球社团。鼓励学校充分利用互联网和新媒体搭建信息平台，报道足球活动、交流工作经验、展示特色成果，营造有利于青少年校园足球发展的良好文化氛围。

（二）深化足球教学改革

各级各类学校要把足球列入体育课教学内容，积极推进足球教学模式的多样化。鼓励有条件的学校开展以足球为特色的“一校一品”体育教学改革。足球特色学校可适当加大学时比重，每周至少安排一节足球课，不断提高教学质量。要科学统筹足球教学与其他学科教学，在课时分配、教师配备、教学管理、绩效评价等方面为足球教学改革创造良好条件。发布青少年校园足球教学指南、学生足球运动技能等级标准，规范指导校园足球教学。建设全国青少年校园足球教学资源库，鼓励各地各校因地制宜采取多种方式开发共享高质量的足球教学资源，逐步实现优质足球教学资源全覆盖。依托有条件的单位建立校园足球运动研究基地，加强理论与与实践研究，提升校园足球运动发展的科学化水平。

（三）加强足球课外锻炼训练

要把足球运动作为学校大课间和课外活动内容，鼓励引导广大学生“走下网络、走出宿舍、走向操场”，积极参加校外足球运动。有条件的学校要建立班级、年级和校级足球队。鼓励组建女子足球队。妥善处理好学生足球训练和文化学习之间的关系。教育部门会同体育等部门指导学校制定科学的校园足球训练计划，合理组织校园足球课余训练，为喜欢足球和有足球潜能的学生提供学习和训练机会。

（四）完善校园足球竞赛体系

开展丰富多样的赛事。各地各校要广泛开展多样化的足球竞赛活动，形成“校校参与、层层选拔、全国联赛”的足球竞赛格局。要组织小学低年级学生参加趣味性足球活动。从小学 3 年级以上到初、高中学校，要组织班级、年级联赛，开展校际邀请赛、对抗赛等竞赛交流活动。高等学校组织开展院系学生足球联赛和校际交流活动等。鼓励学校参加社会组织举办的足球赛事和公益活动，加强与国际组织和专业机构的交流合作，组织或参与国际青少年足球赛事活动。

形成稳定规范的赛制。规范竞赛管理，构建包括校内竞赛、校际联赛、区域选拔在内的青少年校园足球竞赛体系。建成纵向贯通、横向衔接和规范有序的高校、高中、初中、小学四级青少年校园足球联赛机制。实行赛事分级管理，建立县级、地市级、省级和国家级青少年校园足球竞赛制度。小学阶段联赛范围原则上不超出地市，初中阶段联赛范围原则上不超出省（区、市）。高校足球竞赛成绩要纳入高校体育工作考核评价体系。从 2015 年起，各地教育部门要按照全国青少年校园足球竞赛方案，依托行业组织、专业机构或社团等分级组织实施本地竞赛活动。注重校园足球赛事与职业联赛、区域等级赛事、青少年等级赛事的有机衔接。

维护公正严明的赛纪。完善竞赛监督制度，使足球成为青少年学生体验、适应社会规则和道德规范的有效途径。提倡公平竞赛，安全竞赛，文明竞赛，完善裁判员公正执法、教练员和运动员严守赛风赛纪的约束机制。规范青少年观赛行为，引导他们遵纪守法、文明观赛，形成良好的青少年校园足球竞赛风气。

（五）畅通优秀足球苗子的成长通道

各地要注重发现、选拔和重点培养学生足球运动苗子，认真组建本地学生足球代表队，开展多种形式的集训、比赛和交流活动。有条件地方的体育、教育部门联合创建青少年足球训练中心，为提高学生足球运动水平提供综合服务。组织全国性校园足球夏（冬）令营，聘请国内外高水平教练集中培训各地选送的优秀学生足球运动员。建立教育、体育和社会相互衔接的人才输送渠道，拓宽校园足球学生运动员进入国家足球后备人才梯队、有关足球职业俱乐部和选派到国外著名足球职业俱乐部的通道。依托全国学生学籍管理系统，建立全国青少年校园足球工作管理信息系统，动态监测学生学习、升学和流动情况，并提供相应支持服务。研究制定学生足球运动员注册管理办法。

三、保障措施

（一）加强师资队伍建设

多渠道配备师资。各地要采取多种方式，配足补齐校园足球教师。制订校园足球兼职教师管理办法，鼓励专业能力强、思想作风好的足球教练员、裁判员，有足球特长的其他学科教师和志愿人员担任兼职足球教师。完善政策措施，创新用人机制，为退役运动员转岗为足球教师或兼职足球教学创造条件。

建立教师长期从事足球教学的激励机制。

多方式培养培训师资。加强体育教育专业建设，鼓励学生主修、辅修足球专项，培养更多的合格足球教师。制定校园足球教师培训计划，开发相关培训资源，组织开展足球教师教学竞赛、经验交流和教研活动，着力提升足球教师教学实践能力和综合职业素养。2015 年起，组织开展国家级青少年校园足球骨干师资专项培训。各地要结合实际开展多种方式的教师培训。联合行业组织，聘请国内外高水平足球专家培训校园足球教师、教练员、裁判员。选派部分优秀青少年校园足球工作管理人员、教师、教练员、裁判员到国外参加专业培训和交流活动。

（二）改善场地设施条件

加快场地设施改造建设。各地要把校园足球活动的场地建设纳入本行政区域足球场地建设规划，纳入城镇化和新农村建设总体规划，按照因地制宜、逐步改善的原则，加大场地设施建设力度，创造条件满足校园足球活动要求。鼓励建设小型多样化足球场地设施。在现有青少年培养、实践基地建设中，规划和建设好足球场地设施。

推动场地设施共建共享。各地要统筹体育场地设施资源的投入、建设、管理和使用，鼓励各地依托学区建立青少年足球活动中心，同步推进学校足球场地向社会开放和社会体育场地设施向学校开放，形成教育与体育、学校与社会、学区与社区共建共享场地设施的有效机制。

（三）健全学生参与足球激励机制

把足球学习情况纳入学生档案，作为学生综合素质评价的参考。加强足球特长生文化课教学管理，完善考试招生政策，激励学生长期积极参加足球学习和训练。允许足球特长生在升学录取时合理流动，获得良好的特长发展环境。研究完善高校高水平足球队管理办法和招生政策，增加高校高水平足球运动队数量，适度扩大招生规模。拓展青少年出国交流机会，经过选拔推荐可以参加国际校园足球赛事和交流活动。

（四）加大经费支持力度

各地应当加大对青少年校园足球的投入，统筹相关经费渠道对校园足球改革发展给予倾斜。探索建立政府支持、市场参与、多方筹措支持校园足球发展的经费投入机制。各地要优化教育投入结构，积极创造条件，因地制宜逐步提高校园足球特色学校经费保障水平，支持学校开展足球教学、训练和比赛。

（五）完善安全保险制度

各地要加强校园足球运动伤害风险管理，制定安全防范规章制度，加强运动安全教育、检查和管理，增强学生的运动安全和自我保护意识。完善保险机制，推进政府购买服务，提升校园足球安全保障水平，解除学生、家长和学校的后顾之忧。

（六）鼓励社会力量参与

各地要加大规划、政策、标准引导力度，多渠道调动社会力量支持校园足球发展的积极性。充分发挥职业足球俱乐部、足球学校、体育运动学校在人才培养方面的积极作用，鼓励有条件的体育俱乐部、企业及其他社会组织联合开展有利于校园足球发展的公益活动。完善相关政策，引导社会资本进入校园足球领域。在中国教育发展基金会设立青少年校园足球发展基金，多渠道吸收社会资金。创新校园足球利用外资方式，有效利用境外直接投资、国际组织、外国政府以及其他组织的支持。

四、组织领导

（一）充分发挥全国青少年校园足球工作领导小组作用

教育部门应履行好青少年校园足球主管责任，负责校园足球的统筹规划、宏观指导和综合管理。体育部门发挥人才和资源优势，加强技术指导、行业支持和相关服务。发展改革部门负责统筹场地设施规划与实施。财政部门负责制定推动校园足球工作的相关支持政策。宣传部门加大宣传支持力度，统筹营造社会舆论氛围。共青团系统负责组织或者参与开展校园足球文化活动。教育督导部门要将校园足球纳入教育督导指标体系，制定校园足球专项督导办法，定期开展专项督导。领导小组办公室要配齐配强工作人员，做好日常管理工作，执行领导小组决策、协调成员单位积极推动各项任务落实。成立全国青少年校园足球专家委员会，加强对校园足球的指导。

（二）把发展青少年校园足球纳入重要工作日程

各地要高度重视青少年校园足球工作，加强领导，精心组织，参照全国青少年校园足球工作领导小组组织模式，建立相应工作机制，制定本地区青少年校园足球发展规划，实施青少年校园足球发展项目，明确支持政策，增强管理能力，提升服务水平。鼓励各地成立青少年校园足球协会，承担本地校园足球的具体工作。加强青少年校园足球工作质量监测，定期发布全国和各地区青少年校园足球发展水平报告。

（三）优化发展青少年校园足球舆论环境

大力宣传发展青少年校园足球发展理念、育人功能，校园足球文化和先进经验做法，及时报道和播出学生足球赛事，鼓励影视行业和企业拍摄有关校园足球题材影视作品，在广大青少年中掀起爱足球、看足球、踢足球的热潮，在全社会营造关心、支持校园足球发展的良好氛围。

教育部　国家发展改革委　财政部
新闻出版广电总局　体育总局　共青团中央
2015 年 7 月 22 日

信息名称：教育部办公厅关于印发《全国青少年校园足球教学指南（试行）》和《学生足球运动技能等级评定标准（试行）》的通知

信息索引：360A17－08－2016－0020－1　生成日期：2016—06—30

发文机构：教育部办公厅　发文字号：教体艺厅〔2016〕4号

信息类别：体育卫生与艺术教育

内容概述：教育部办公厅印发《全国青少年校园足球教学指南（试行）》和《学生足球运动技能等级评定标准（试行）》的通知。

教育部办公厅关于印发《全国青少年校园足球教学指南（试行）》和《学生足球运动技能等级评定标准（试行）》的通知

教体艺厅〔2016〕4号

各省、自治区、直辖市教育厅（教委），新疆生产建设兵团教育局：

为贯彻落实《中国足球改革发展总体方案》和《教育部等6部门关于加快发展青少年校园足球的实施意见》，进一步深化校园足球教学改革，形成内容丰富、形式多样、因材施教的校园足球教学体系，规范和指导中小学积极开展教学活动，大力提升校园足球教学质量，培养德智体全面发展的足球人才，教育部组织专家研制了《全国青少年校园足球教学指南（试行）》和《学生足球运动技能等级评定标准（试行）》，并经全国青少年校园足球专家委员会审议通过。现印发给你们，请结合本地实际认真贯彻执行。

附件：

1. 全国青少年校园足球教学指南（试行）
2. 学生足球运动技能等级评定标准（试行）

教育部办公厅

2016年6月27日

附件 1

全国青少年校园足球教学指南（试行）

引 言

一、为贯彻落实《中国足球改革发展总体方案》和《中国足球中长期发展规划（2016—2050 年）》对发展校园足球的总体要求，指导各地中小学深化足球教学改革，积极推进校园足球普及，制定《全国青少年校园足球教学指南（试行）》（以下简称《指南》）。

二、《指南》坚持立德树人，以普及校园足球，培养学生综合素质和促进青少年健康成长为目标，是指导和规范校园足球教学活动开展的基础性文件，是《体育与健康课程标准》在足球运动项目上的具体落实。主要适用于全国青少年校园足球特色学校。

三、《指南》以目标引领内容，注重学生足球意识、观察能力、交流能力和协作能力的培养。学生在小学阶段主要是了解足球的基本知识，具备足球比赛的基本能力。初中阶段主要是掌握足球比赛的基本要素和竞赛规则，提高控球能力，能够在对抗条件下展现足球基本技战术能力。高中阶段主要是进一步发展对抗条件下的足球技战术能力，培养特长技术和位置意识。

四、《指南》分为两个部分，第一部分是校园足球教学的基本要求，包括小学至高中每一年级的学习目标、学习内容、课时比例和教学要点。第二部分是小学至高中每一年级的课次教学内容示例，在课次内容示例安排中，强调了主要内容，但并不是唯一内容，在教学过程中要注意各课次内容的衔接，注意足球教学的完整性。《指南》按照每一学年 40 课时设计，略超实际课时，供教师制定教学计划时参考和选择使用。

五、在校园足球教学过程中，教师应注重游戏教学法和比赛教学法的运用。在此基础上倡导教师以《指南》为依据，充分发挥主观能动性，不断丰富完善校园足球课堂教学方法和手段，增强足球教学的吸引力，培养学生的足球兴趣，促进校园足球教学质量的提高。

六、针对当前中小学足球水平起点不一，且相当一部分学生足球水平“零起点”的现状，各地可因地制宜、因校制宜选择《指南》中的教学内容。教师应在教学实施前充分了解学生足球技能基本情况，选择难度适宜的学习内容进行教学，做到因材施教。例如选择《指南》中的低一至两个年级的教学内容或仅挑选《指南》中部分规定内容进行教学，降低学习难度，循序渐进，通过3～5年的规范教学，逐步过渡到能够完成《指南》规定的学习内容，实现规定的学习目标。《指南》所列出的守门员技术、位置技术以及整体攻防战术等内容具有一定实施难度，可以作为教学过程中的介绍内容。

七、各地要依据《指南》精神，制订符合地方和学校实际情况的足球课程实施方案，注重校园足球教学方法和组织形式的改革，做好学生学习评价、教师教学评价以及课程建设评价，因地制宜地开发利用各种课程资源，体现课程弹性和地方特色。各地中小学可根据《指南》编写供教师使用的学校教学指导手册等，不断丰富教学资源。

一、校园足球教学基本要求

（一）小学阶段

表1　小学一年级校园足球教学基本要求（以40课时为例）

学习目标	学习内容		课时（%）	教学要点
	类别	内容		
1. 参与足球游戏和比赛，培养球感。 2. 体验足球活动的乐趣。	游戏比赛	足球游戏、足球比赛	16（40）	1. 以游戏法为主要教学方法。 2. 以比赛培养学生对足球的兴趣。
	球感	踩球、拉球、拨球、跨球	8（20）	
	技术	脚背外侧运球	4（10）	
		脚内侧踢球、接球	8（20）	
	知识	足球故事	4（10）	
	身体素质	柔韧性、灵敏性、协调性、反应能力	—	

表2　小学二年级校园足球教学基本要求（以40课时为例）

学习目标	学习内容		课时（%）	教学要点
	类别	内容		
1. 学习运球、踢球、接球等基本技术动作，培养球感。 2. 体验足球活动的乐趣。	游戏比赛	足球游戏、足球比赛	16（40）	1. 以游戏法为主要教学方法。 2. 以比赛培养学生对足球的兴趣。
	球感	踩球、拉球、拨球、扣球、跨球	8（20）	
	技术	脚内侧、脚背正面运球	6（15）	
		脚内侧踢球、接球、脚底接球	6（15）	
	知识	足球基础知识	4（10）	
	身体素质	柔韧性、灵敏性、协调性、反应能力	—	

表 3　小学三年级校园足球教学基本要求（以 40 课时为例）

<table>
<tr><th rowspan="2">学习目标</th><th colspan="2">学习内容</th><th rowspan="2">课时
（%）</th><th rowspan="2">教学要点</th></tr>
<tr><th>类别</th><th>内容</th></tr>
<tr><td rowspan="8">1. 乐于学习和展示简单的足球动作。
2. 初步掌握简单的足球组合技术。
3. 培养相互配合的合作意识。</td><td>游戏比赛</td><td>足球游戏、足球比赛</td><td>12（30）</td><td rowspan="8">1. 游戏法与比赛法相结合。
2. 注重学生球感的培养。
3. 注重学生技术运用的合理性。</td></tr>
<tr><td>球感</td><td>踩球、拉球、拨球、扣球、跨球、挑球、颠球</td><td>4（10）</td></tr>
<tr><td rowspan="2">技术</td><td>脚内侧、脚背正面、脚背外侧运球</td><td>4（10）</td></tr>
<tr><td>脚背内侧踢球</td><td>6（15）</td></tr>
<tr><td>战术</td><td>2 过 1</td><td>4（10）</td></tr>
<tr><td>知识</td><td>足球比赛方法</td><td>4（10）</td></tr>
<tr><td>身体素质</td><td>柔韧性、灵敏性、协调性、平衡能力</td><td>—</td></tr>
</table>

表 4　小学四年级校园足球教学基本要求（以 40 课时为例）

<table>
<tr><th rowspan="2">学习目标</th><th colspan="2">学习内容</th><th rowspan="2">课时
（%）</th><th rowspan="2">教学要点</th></tr>
<tr><th>类别</th><th>内容</th></tr>
<tr><td rowspan="9">1. 乐于学习和展示简单的足球动作。
2. 发展运球、踢球、接球等基本组合技术能力以及基础战术意识。
3. 培养合作意识和规则意识。</td><td>游戏比赛</td><td>足球游戏、足球比赛</td><td>12（30）</td><td rowspan="9">—1. 游戏法与比赛法相结合。
2. 注重学生技术运用的合理性。
3. 注重学生基础战术意识的培养。</td></tr>
<tr><td>球感</td><td>踩球、拉球、拨球、扣球、跨球、挑球、颠球</td><td>4（10）</td></tr>
<tr><td rowspan="4">技术</td><td>运球过人</td><td>4（10）</td></tr>
<tr><td>脚背正面射门</td><td>6（15）</td></tr>
<tr><td>正面、侧面抢截球</td><td>2（5）</td></tr>
<tr><td>传、接、运球以及射门组合</td><td>4（10）</td></tr>
<tr><td>战术</td><td>2 过 1</td><td>4（10）</td></tr>
<tr><td>知识</td><td>足球竞赛规则</td><td>4（10）</td></tr>
<tr><td>身体素质</td><td>柔韧性、灵敏性、协调性、平衡能力</td><td></td></tr>
</table>

表5 小学五年级校园足球教学基本要求（以40课时为例）

<table>
<tr><th rowspan="2">学习目标</th><th colspan="2">学习内容</th><th rowspan="2">课时（%）</th><th rowspan="2">教学要点</th></tr>
<tr><th>类别</th><th>内容</th></tr>
<tr><td rowspan="9">1. 主动参与足球学习。
2. 逐步提高组合技术能力以及与同伴的协作能力。
3. 强化规则意识，学会调节情绪的方法。</td><td>球感</td><td>踩球、拉球、拨球、扣球、跨球、挑球、颠球</td><td>4（10）</td><td rowspan="9">1. 注重学生左右脚的协调发展。
2. 注重学生局部攻防意识的培养。
3. 注重小场地比赛的运用。</td></tr>
<tr><td rowspan="3">技术</td><td>脚背内侧踢空中球</td><td>4（10）</td></tr>
<tr><td>脚底、脚内侧接反弹球、大腿接球</td><td>4（10）</td></tr>
<tr><td>传球、接球、运球、射门组合</td><td>4（10）</td></tr>
<tr><td>战术</td><td>2vs1、3vs1 等攻防</td><td>8（20）</td></tr>
<tr><td>比赛</td><td>小场地比赛</td><td>12（30）</td></tr>
<tr><td>知识</td><td>运动饮食、营养与卫生</td><td>4（10）</td></tr>
<tr><td>身体素质</td><td>灵敏性、协调性、平衡能力、速度素质</td><td>—</td></tr>
</table>

表6 小学六年级校园足球教学基本要求（以40课时为例）

<table>
<tr><th rowspan="2">学习目标</th><th colspan="2">学习内容</th><th rowspan="2">课时（%）</th><th rowspan="2">教学要点</th></tr>
<tr><th>类别</th><th>内容</th></tr>
<tr><td rowspan="8">1. 主动参与足球学习。
2. 进一步提高学生在比赛中技战术的运用能力。
3. 强化规则意识，学会调节情绪的方法。</td><td>球感</td><td>踩球、拉球、拨球、扣球、跨球、挑球、颠球</td><td>4（10）</td><td rowspan="8">1. 注重学生左右脚的协调发展。
2. 注重学生攻防意识的培养。
3. 注重小场地比赛的运用。</td></tr>
<tr><td rowspan="3">技术</td><td>脚背接空中球、胸部接球</td><td>4（10）</td></tr>
<tr><td>前额正面头顶球</td><td>4（10）</td></tr>
<tr><td>传球、接球、运球、射门组合</td><td>4（10）</td></tr>
<tr><td>战术</td><td>3vs2、3vs3 等攻防</td><td>8（20）</td></tr>
<tr><td>比赛</td><td>小场地比赛</td><td>12（30）</td></tr>
<tr><td>知识</td><td>伤害预防、自我保护</td><td>4（10）</td></tr>
<tr><td>身体素质</td><td>灵敏性、协调性、平衡能力、速度素质</td><td>—</td></tr>
</table>

（二）初中阶段

表 7 初中一年级校园足球教学基本要求（以 40 课时为例）

<table>
<tr><th rowspan="2">学习目标</th><th colspan="2">学习内容</th><th rowspan="2">课时（%）</th><th rowspan="2">教学要点</th></tr>
<tr><th>类别</th><th>内容</th></tr>
<tr><td rowspan="10">1. 积极参与足球活动。
2. 发展组合技术能力，掌握基础战术方法。
3. 通过足球活动树立自尊和自信。</td><td>球感</td><td>活动中的综合球感</td><td>2（5）</td><td rowspan="10">1. 注重培养学生在活动中的技术能力。
2. 注重培养学生的战术协作能力。</td></tr>
<tr><td rowspan="3">技术</td><td>运球及运球过人</td><td>4（10）</td></tr>
<tr><td>活动中的踢、接地滚球、空中球、反弹球</td><td>4（10）</td></tr>
<tr><td>结合射门的组合技术</td><td>6（15）</td></tr>
<tr><td rowspan="2">战术</td><td>1vs1、2vs2、3vs3 等攻防</td><td>6（15）</td></tr>
<tr><td>角球、任意球攻防</td><td>2（5）</td></tr>
<tr><td>比赛</td><td>小场地比赛</td><td>12（30）</td></tr>
<tr><td>理论知识</td><td>足球理论概述</td><td>4（10）</td></tr>
<tr><td>身体素质</td><td>速度素质、耐力素质</td><td>—</td></tr>
</table>

表 8 初中二年级校园足球教学基本要求（以 40 课时为例）

<table>
<tr><th rowspan="2">学习目标</th><th colspan="2">学习内容</th><th rowspan="2">课时（%）</th><th rowspan="2">教学要点</th></tr>
<tr><th>类别</th><th>内容</th></tr>
<tr><td rowspan="10">1. 积极参与足球活动。
2. 提高组合技术能力和战术运用能力。
3. 培养顽强拼搏的精神，树立自尊和自信。</td><td>球感</td><td>活动中的综合球感</td><td>2（5）</td><td rowspan="10">1. 注重培养学生在活动中的技术能力。
2. 注重培养学生的战术协作能力。</td></tr>
<tr><td rowspan="3">技术</td><td>运球及运球过人</td><td>4（10）</td></tr>
<tr><td>活动中的踢、接地滚球、空中球、反弹球</td><td>4（10）</td></tr>
<tr><td>结合射门的组合技术</td><td>6（15）</td></tr>
<tr><td rowspan="2">战术</td><td>1vs1、2vs2、3vs3 等攻防</td><td>6（15）</td></tr>
<tr><td>角球、任意球攻防</td><td>2（5）</td></tr>
<tr><td>比赛</td><td>小场地比赛</td><td>12（30）</td></tr>
<tr><td>理论知识</td><td>足球文化及足球规则介绍</td><td>4（10）</td></tr>
<tr><td>身体素质</td><td>速度素质、耐力素质</td><td>—</td></tr>
</table>

表 9　初中三年级校园足球教学基本要求（以 40 课时为例）

<table>
<tr><th rowspan="2">学习目标</th><th colspan="2">学习内容</th><th rowspan="2">课时（%）</th><th rowspan="2">教学要点</th></tr>
<tr><th>类别</th><th>内容</th></tr>
<tr><td rowspan="9">1. 积极参与足球活动。
2. 强化在对抗中技术组合和战术配合的灵活运用能力。
3. 培养顽强拼搏的精神，树立自尊和自信。</td><td>球感</td><td>活动中的综合球感</td><td>2（5）</td><td rowspan="9">1. 注重培养学生在活动中的技术能力。
2. 注重培养学生的战术协作能力。</td></tr>
<tr><td rowspan="3">技术</td><td>对抗中的运球过人技术综合运用</td><td>4（10）</td></tr>
<tr><td>对抗中多部位踢接球的灵活运用</td><td>4（10）</td></tr>
<tr><td>结合射门的组合技术</td><td>6（15）</td></tr>
<tr><td rowspan="2">战术</td><td>1vs1、2vs2、3vs3 等攻防</td><td>6（15）</td></tr>
<tr><td>角球、任意球攻防</td><td>2（5）</td></tr>
<tr><td>比赛</td><td>小场地或全场比赛</td><td>12（30）</td></tr>
<tr><td>理论知识</td><td>技、战术原理及足球裁判法</td><td>4（10）</td></tr>
<tr><td>身体素质</td><td>速度素质、耐力素质</td><td>—</td></tr>
</table>

（三）高中阶段

表 10　高中一年级校园足球教学基本要求（以 40 课时为例）

<table>
<tr><th rowspan="2">学习目标</th><th colspan="2">学习内容</th><th rowspan="2">课时（%）</th><th rowspan="2">教学要点</th></tr>
<tr><th>类别</th><th>内容</th></tr>
<tr><td rowspan="7">1. 通过足球养成良好的体育锻炼的习惯。
2. 发展学生对抗中技战术的综合运用能力。
3. 在足球活动中表现出良好的体育道德和合作精神。</td><td rowspan="2">技术</td><td>对抗中的综合运控球</td><td>6（15）</td><td rowspan="7">1. 注重培养学生的位置技术。
2. 注重培养学生的团队合作意识。
3. 注重培养学生对抗中技战术的综合运用能力。</td></tr>
<tr><td>对对抗中的综合踢球、接球及射门等</td><td>8（20）</td></tr>
<tr><td rowspan="2">战术</td><td>定位球攻防</td><td>2（5）</td></tr>
<tr><td>局部攻防</td><td>6（15）</td></tr>
<tr><td>比赛</td><td>小场地或全场比赛</td><td>14（35）</td></tr>
<tr><td>理论与实践</td><td>整体攻防战术、比赛分析</td><td>4（10）</td></tr>
<tr><td>身体素质</td><td>力量素质、耐力素质</td><td>—</td></tr>
</table>

表 11 高中二年级校园足球教学基本要求（以 40 课时为例）

<table>
<tr><th rowspan="2">学习目标</th><th colspan="2">学习内容</th><th rowspan="2">课时（%）</th><th rowspan="2">教学要点</th></tr>
<tr><th>类别</th><th>内容</th></tr>
<tr><td rowspan="7">1. 通过足球养成良好的体育锻炼的习惯。
2. 提高学生对抗中技战术的综合运用能力。
3. 在足球活动中表现出良好的进取和合作精神。</td><td rowspan="2">技术</td><td>对抗中的综合运控球</td><td>6（15）</td><td rowspan="7">1. 注重培养学生的位置技术与技能。
2. 注重培养学生的团队合作意识。
3. 注重培养学生对抗中技战术的综合运用能力。</td></tr>
<tr><td>对抗中的综合踢球、接球及射门等</td><td>8（20）</td></tr>
<tr><td rowspan="2">战术</td><td>定位球攻防</td><td>2（5）</td></tr>
<tr><td>局部攻防</td><td>6（15）</td></tr>
<tr><td>比赛</td><td>小场地或全场比赛</td><td>14（35）</td></tr>
<tr><td>理论与实践</td><td>整体攻防战术、比赛分析</td><td>4（10）</td></tr>
<tr><td>身体素质</td><td>力量素质、耐力素质</td><td>—</td></tr>
</table>

表 12 高中三年级校园足球教学基本要求（以 40 课时为例）

<table>
<tr><th rowspan="2">学习目标</th><th colspan="2">学习内容</th><th rowspan="2">课时（%）</th><th rowspan="2">教学要点</th></tr>
<tr><th>类别</th><th>内容</th></tr>
<tr><td rowspan="7">1. 通过足球养成良好的体育锻炼的习惯。
2. 强化学生对抗中技战术的综合运用能力。
3. 在足球活动中表现出良好的进取和合作精神。</td><td rowspan="2">技术</td><td>对抗中的综合运控球</td><td>6（15）</td><td rowspan="7">1. 注重培养学生的位置技能与个人特长。
2. 注重培养学生的团队合作意识。
3. 注重以各种形式的对抗强化学生技战术综合运用能力。</td></tr>
<tr><td>对抗中的综合踢球、接球及射门等</td><td>8（20）</td></tr>
<tr><td rowspan="2">战术</td><td>定位球攻防</td><td>2（5）</td></tr>
<tr><td>局部攻防</td><td>6（15）</td></tr>
<tr><td>比赛</td><td>小场地或全场比赛</td><td>14（35）</td></tr>
<tr><td>理论与实践</td><td>整体攻防战术、比赛分析</td><td>4（10）</td></tr>
<tr><td>身体素质</td><td>力量素质、耐力素质</td><td>—</td></tr>
</table>

二、校园足球教学课次内容示例

（一）小学阶段

表 13　小学一年级教学课次内容示例

一年级—上学期		一年级—下学期	
课次	主要内容	课次	主要内容
第 1 课	持球接力游戏；踩球	第 1 课	足球搬家游戏；踩球
第 2 课	拨地滚球接力游戏；拉球	第 2 课	“橄榄球”游戏；拉球
第 3 课	喊号抛接球游戏；拨球	第 3 课	带球跑接力游戏；拨球
第 4 课	拨地滚球比准游戏；跨球	第 4 课	头顶夹球合作游戏；跨球
第 5 课	踢球比准游戏；踩球	第 5 课	抢球游戏；踩球
第 6 课	两人合作背夹球游戏；拉球	第 6 课	三人围圈拉手运球游戏；拉球
第 7 课	“保龄球”游戏；拨球	第 7 课	“保龄球”游戏；拨球
第 8 课	脚内侧夹球跳比快游戏；跨球	第 8 课	前后搭肩夹球跳比快游戏；跨球
第 9 课	脚内侧踢球；接球	第 9 课	脚内侧踢球；接球
第 10 课	脚内侧踢球；接球	第 10 课	脚内侧踢球；接球
第 11 课	脚内侧踢球、接球；小场地比赛	第 11 课	脚内侧踢球、接球；小场地比赛
第 12 课	脚内侧踢球、接球；小场地比赛	第 12 课	脚内侧踢球、接球；小场地比赛
第 13 课	脚背外侧运球；小场地比赛	第 13 课	脚背外侧运球；小场地比赛
第 14 课	脚背外侧运球；小场地比赛	第 14 课	脚背外侧运球；小场地比赛
第 15 课	脚内侧踢球、接球；小场地比赛	第 15 课	脚内侧踢球、接球；小场地比赛
第 16 课	脚内侧踢球、接球；小场地比赛	第 16 课	脚内侧踢球、接球；小场地比赛
第 17 课	脚背外侧运球；小场地比赛	第 17 课	脚背外侧运球；小场地比赛
第 18 课	脚背外侧运球；小场地比赛	第 18 课	脚背外侧运球；小场地比赛
第 19 课	知识课：足球运动小故事	第 19 课	知识课：足球运动小故事
第 20 课	知识课：足球运动小故事	第 20 课	知识课：足球运动小故事

表 14 小学二年级教学课次内容示例

二年级—上学期		二年级—下学期	
课次	主要内容	课次	主要内容
第 1 课	持球接力游戏；踩球	第 1 课	运球接力游戏；脚底踩拉球
第 2 课	“橄榄球”游戏；拉球	第 2 课	传抢球游戏；扣球、跨球
第 3 课	运球接力游戏；拨球	第 3 课	运球绕杆接力游戏；球感组合练习
第 4 课	抢球游戏；跨球	第 4 课	计时传球接力游戏；球感组合练习
第 5 课	踩球、拉球；小场地比赛	第 5 课	球感组合练习；小场地比赛
第 6 课	拨球、跨球；小场地比赛	第 6 课	球感组合练习；小场地比赛
第 7 课	脚背正面运球；小场地比赛	第 7 课	脚内侧运球、拨球变向运球；小场地比赛
第 8 课	脚背正面运球；小场地比赛	第 8 课	脚内侧运球、扣球变向运球；小场地比赛
第 9 课	脚背正面运球；小场地比赛	第 9 课	脚内侧运球、换脚扣球变向运球；小场地比赛
第 10 课	脚内侧绕圈运球；小场地比赛	第 10 课	脚背正面运球、脚背外侧扣球转身；小场地比赛
第 11 课	脚内侧变向运球；小场地比赛	第 11 课	脚背内侧、脚背外侧交替运球；小场地比赛
第 12 课	脚背正面运球、踩球转身；小场地比赛	第 12 课	脚背内侧、脚背外侧运球绕障碍物；小场地比赛
第 13 课	原地脚内侧踢球、脚内侧接球；小场地比赛	第 13 课	脚内侧连续踢球；小场地比赛
第 14 课	原地脚内侧踢球、脚底接球；小场地比赛	第 14 课	脚内侧连续踢球；小场地比赛
第 15 课	活动中脚内侧踢球、脚内侧接球；小场地比赛	第 15 课	脚内侧踢准；小场地比赛
第 16 课	活动中脚内侧踢球、脚底接球；小场地比赛	第 16 课	脚内侧踢准；小场地比赛
第 17 课	活动中脚内侧踢球、脚内侧接球；小场地比赛	第 17 课	脚内侧踢球、脚底接球；小场地比赛

续表

二年级—上学期		二年级—下学期	
课次	主要内容	课次	主要内容
第 18 课	活动中脚内侧踢球、脚底接球；小场地比赛	第 18 课	脚内侧踢球、脚内侧接球；小场地比赛
第 19 课	知识课：足球运动基础知识	第 19 课	知识课：足球运动基础知识
第 20 课	知识课：足球运动基础知识	第 20 课	知识课：足球运动基础知识

表 15　小学三年级教学课次内容示例

三年级—上学期		三年级—下学期	
课次	主要内容	课次	主要内容
第 1 课	足球游戏；球感练习	第 1 课	足球游戏；球感练习
第 2 课	足球游戏；球感练习	第 2 课	足球游戏；球感练习
第 3 课	球感练习；小场地比赛	第 3 课	球感练习；小场地比赛
第 4 课	球感练习；小场地比赛	第 4 课	球感练习；小场地比赛
第 5 课	脚背内侧踢球；小场地比赛	第 5 课	脚背外侧直线运球、拉球转身组合；小场地比赛
第 6 课	脚背内侧踢球；小场地比赛	第 6 课	运球、左脚右跨球、右脚扣球转身；小场地比赛
第 7 课	脚内侧运球、脚背内侧踢地滚球；小场地比赛	第 7 课	运球、右脚左跨球、左脚扣球转身；小场地比赛
第 8 课	脚背正面运球、脚背内侧踢地滚球；小场地比赛	第 8 课	直线运球、脚底踩球、跳步转身；小场地比赛
第 9 课	脚背外侧运球、脚背内侧踢地滚球；小场地比赛	第 9 课	脚背内侧射门比赛；小场地比赛
第 10 课	脚背外侧运球、脚背内侧扣球转身；小场地比赛	第 10 课	脚背内侧踢空中球；小场地比赛
第 11 课	脚背内侧踢地滚球、脚底接球组合；小场地比赛	第 11 课	脚背内侧踢远；小场地比赛
第 12 课	脚背内侧踢地滚球、脚内侧接球组合；小场地比赛	第 12 课	脚背外侧拨球、脚背内侧踢空中球；小场地比赛
第 13 课	脚背内侧踢球、脚内侧接球组合；小场地比赛	第 13 课	接球、脚背内侧踢空中球；小场地比赛

续表

三年级—上学期		三年级—下学期	
课次	主要内容	课次	主要内容
第 14 课	脚内侧接球转身、脚背内侧射门组合；小场地比赛	第 14 课	脚背内侧运球、传接球组合；小场地比赛
第 15 课	脚内侧接球转身、运球绕杆、射门组合；二过一	第 15 课	脚背内侧、外侧运球变向运球组合；二过一
第 16 课	区域内运球变向转身运球组合；二过一	第 16 课	脚背内侧、外侧运球变速运球组合；二过一
第 17 课	二过一；小场地比赛	第 17 课	二过一；小场地比赛
第 18 课	二过一；小场地比赛	第 18 课	二过一；小场地比赛
第 19 课	知识课：足球比赛基本方法	第 19 课	知识课：足球比赛基本方法
第 20 课	知识课：足球比赛基本方法	第 20 课	知识课：足球比赛基本方法

表 16　小学四年级教学课次内容示例

四年级—上学期		四年级—下学期	
课次	主要内容	课次	主要内容
第 1 课	足球游戏；综合球感	第 1 课	足球游戏；综合球感
第 2 课	足球游戏；综合球感	第 2 课	足球游戏；综合球感
第 3 课	综合球感；小场地比赛	第 3 课	综合球感；小场地比赛
第 4 课	综合球感；小场地比赛	第 4 课	综合球感；小场地比赛
第 5 课	运球变向假动作；脚背正面射门	第 5 课	对抗下运球变速过人；脚背正面射门
第 6 课	运球变速假动作；脚背正面射门	第 6 课	对抗下假动作过人；脚背正面射门
第 7 课	运球假动作过人；小场地比赛	第 7 课	接控球、运球假动作；小场地比赛
第 8 课	运球过人组合；小场地比赛	第 8 课	运球过人；小场地比赛
第 9 课	脚背正面射门比赛；正面抢截球	第 9 课	运球绕杆射门比赛；正面抢截球
第 10 课	活动中脚背正面射门；侧面抢截球	第 10 课	运球绕杆射门比赛；侧面抢截球

续表

四年级—上学期		四年级—下学期	
课次	主要内容	课次	主要内容
第 11 课	活动中脚背正面射门；小场地比赛	第 11 课	活动中脚背正面射门；小场地比赛
第 12 课	活动中绕障碍物脚背正面射门；小场地比赛	第 12 课	活动中过障碍脚背正面射门；小场地比赛
第 13 课	传接球、射门组合；二过一	第 13 课	曲线运球绕障碍物、射门组合；二过一
第 14 课	运球过人、射门组合；二过一	第 14 课	运球变向过人、脚背正面射门组合；二过一
第 15 课	运球变向假动作过人、射门组合；小场地比赛	第 15 课	运球变向假动作过人、射门组合；小场地比赛
第 16 课	运球变速假动作过人、射门组合；小场地比赛	第 16 课	运球变速假动作过人、射门组合；小场地比赛
第 17 课	二过一；小场地比赛	第 17 课	二过一；小场地比赛
第 18 课	二过一；小场地比赛	第 18 课	二过一；小场地比赛
第 19 课	知识课：足球竞赛基本规则	第 19 课	知识课：足球竞赛基本规则
第 20 课	知识课：足球竞赛基本规则	第 20 课	知识课：足球竞赛基本规则

表 17　小学五年级教学课次内容示例

五年级—上学期		五年级—下学期	
课次	主要内容	课次	主要内容
第 1 课	综合球感；脚背内侧踢空中球	第 1 课	综合球感；脚背内侧空中球踢准
第 2 课	综合球感；脚背内侧踢空中球	第 2 课	综合球感；脚背内侧空中球踢远
第 3 课	综合球感；脚底接控反弹球	第 3 课	综合球感；大腿接控球
第 4 课	综合球感；脚底接控反弹球	第 4 课	综合球感；大腿接控球
第 5 课	脚背内侧踢空中球；小场地比赛	第 5 课	脚背内侧踢角球；小场地比赛
第 6 课	脚背内侧踢空中球；小场地比赛	第 6 课	脚背内侧踢任意球；小场地比赛

续表

五年级—上学期		五年级—下学期	
课次	主要内容	课次	主要内容
第 7 课	脚内侧接控反弹球；小场地比赛	第 7 课	脚内侧接控反弹球；小场地比赛
第 8 课	脚内侧接控反弹球；小场地比赛	第 8 课	脚内侧接控反弹球；小场地比赛
第 9 课	脚内侧接控反弹球、运球绕杆、射门组合；2vs1	第 9 课	大腿接控球、脚背内侧射门组合；2vs1
第 10 课	接控反弹球、运球过人、射门组合；3vs2	第 10 课	脚内侧接控反弹球、脚背正面射门组合；3vs2
第 11 课	脚背内侧传空中球、接控反弹球组合；小场地比赛	第 11 课	脚背内侧传空中球、接控反弹球组合；小场地比赛
第 12 课	脚背内侧传空中球、接控反弹球组合；小场地比赛	第 12 课	脚背内侧传空中球、接控反弹球组合；小场地比赛
第 13 课	2vs1；小场地比赛	第 13 课	2vs1；小场地比赛
第 14 课	2vs1；小场地比赛	第 14 课	2vs1；小场地比赛
第 15 课	2vs1；小场地比赛	第 15 课	2vs1；小场地比赛
第 16 课	3vs1；小场地比赛	第 16 课	3vs1；小场地比赛
第 17 课	3vs1；小场地比赛	第 17 课	3vs1；小场地比赛
第 18 课	3vs1；小场地比赛	第 18 课	3vs1；小场地比赛
第 19 课	知识课：运动饮食；营养与卫生知识	第 19 课	知识课：运动饮食；营养与卫生知识
第 20 课	知识课：运动饮食；营养与卫生知识	第 20 课	知识课：运动饮食；营养与卫生知识

表 18　小学六年级教学课次内容示例

六年级—上学期		六年级—下学期	
课次	主要内容	课次	主要内容
第 1 课	综合球感；脚背外侧接空中球	第 1 课	综合球感；脚背正面接空中球
第 2 课	综合球感；脚背外侧接空中球	第 2 课	综合球感；脚背外侧接空中球
第 3 课	综合球感；脚背正面接空中球	第 3 课	综合球感；胸部接球

续表

六年级—上学期		六年级—下学期	
课次	主要内容	课次	主要内容
第 4 课	综合球感；脚背正面接空中球	第 4 课	综合球感；胸部接球
第 5 课	前额正面头顶球；脚背接空中球、反弹球、运球射门组合	第 5 课	前额正面头顶球；胸部接球、射门组合
第 6 课	前额正面头顶球；运球绕杆、脚内侧传球、头球冲顶射门组合	第 6 课	前额正面头顶球；胸部接反弹球、射门组合
第 7 课	前额正面头顶球；小场地比赛	第 7 课	前额正面头顶球射门；小场地比赛
第 8 课	前额正面头顶球；小场地比赛	第 8 课	前额正面头顶球射门；小场地比赛
第 9 课	传接球、运球过人、射门组合；3vs2	第 9 课	脚内侧传球接球、运球射门组合；3vs2
第 10 课	传接球、运球过人、射门组合；3vs3	第 10 课	脚背外侧接空中球、运球过杆射门组合；3vs3
第 11 课	3vs2；小场地比赛	第 11 课	3vs2；小场地比赛
第 12 课	3vs2；小场地比赛	第 12 课	3vs2；小场地比赛
第 13 课	3vs2；小场地比赛	第 13 课	3vs2；小场地比赛
第 14 课	3vs3；小场地比赛	第 14 课	3vs3；小场地比赛
第 15 课	3vs3；小场地比赛	第 15 课	3vs3；小场地比赛
第 16 课	3vs3；小场地比赛	第 16 课	3vs3；小场地比赛
第 17 课	小场地比赛	第 17 课	小场地比赛
第 18 课	小场地比赛	第 18 课	小场地比赛
第 19 课	知识课：足球运动损伤与自我保护	第 19 课	知识课：足球运动损伤与自我保护
第 20 课	知识课：足球运动损伤与自我保护	第 20 课	知识课：足球运动损伤与自我保护

（二）初中阶段

表19　初中一年级教学课次内容示例

初中一年级—上学期		初中一年级—下学期	
课次	主要内容	课次	主要内容
第1课	球感练习；脚内侧踢、接地滚球	第1课	球感练习；活动中脚背内侧踢球、脚内侧接球
第2课	球感练习；活动中脚内侧踢、接地滚球、空中球、反弹球	第2课	球感练习；脚背外侧踢、接地滚球、空中球、反弹球
第3课	变速运球过人；脚背正面踢定位球、活动球、脚内侧、脚背外侧接球	第3课	活动中脚背内侧踢定位球；脚内侧、脚背外侧接球
第4课	变速运球过人；脚背内侧踢球	第4课	运球过人；对抗中利用假动作抢截球；小场地比赛
第5课	假动作运球过人；活动中跳起正面头顶球射门；小场地比赛	第5课	正面、侧面防守；运球过人；小场地比赛
第6课	假动作运球过人；掷界外球；小场地比赛	第6课	运球过人后射门；小场地比赛
第7课	角球传中；活动中跳起头顶球射门；小场地比赛	第7课	接地滚球；运球过人后射门；小场地比赛
第8课	脚背正面接空中球射门；小场地比赛	第8课	接空中球；运球过人后射门；小场地比赛
第9课	脚背内侧、脚背外侧接地滚球、反弹球后运球射门；小场地比赛	第9课	接反弹球；运球过人后射门（限制区域）；小场地比赛
第10课	介绍守门员基本技术；小场地比赛	第10课	介绍守门员基本技术；小场地比赛
第11课	角球、界外球攻防；小场地比赛	第11课	任意球、界外球攻防；小场地比赛
第12课	1vs1攻防的护球、摆脱；小场地比赛	第12课	1vs1攻防的护球、摆脱；小场地比赛
第13课	二人进攻配合；小场地比赛	第13课	1防2、2防3、3防4等局部以少防多；小场地比赛
第14课	二人防守配合；小场地比赛	第14课	3防2、4防3、5防4等局部以多防少；小场地比赛

续表

初中一年级—上学期		初中一年级—下学期	
课次	主要内容	课次	主要内容
第 15 课	跑位与接应、墙式配合；小场地比赛	第 15 课	2 攻 1、3 攻 2、4 攻 3、5 攻 4 等局部以多攻少；小场地比赛
第 16 课	局部 5 人攻防配合；小场地比赛	第 16 课	局部 5 人攻防配合；小场地比赛
第 17 课	比赛原则介绍；7vs7 整体攻防比赛；	第 17 课	比赛原则介绍；8vs8 整体攻防比赛
第 18 课	比赛原则介绍；7vs7 整体攻防比赛；	第 18 课	比赛原则介绍；8vs8 整体攻防比赛
第 19 课	知识课：足球战术知识；竞赛规则；比赛观摩	第 19 课	知识课：足球战术知识；竞赛规则；比赛观摩
第 20 课	知识课：足球战术知识；竞赛规则；比赛观摩	第 20 课	知识课：足球战术知识；竞赛规则；比赛观摩

表 20　初中二年级教学课次内容示例

初中二年级—上学期		初中二年级—下学期	
课次	主要内容	课次	主要内容
第 1 课	球感练习；活动及对抗中脚内侧踢、接地滚球	第 1 课	球感练习；较快速及对抗中脚内侧踢；接地滚球
第 2 课	球感练习；活动及对抗中脚内侧踢、接反弹球	第 2 课	球感练习；较快速及对抗下脚内侧踢；接反弹球
第 3 课	活动及对抗中脚内侧踢、接空中球；变向运球过人	第 3 课	左右脚背内侧踢反弹球、空中球、地滚球；脚背外侧、脚内侧接球
第 4 课	左右脚背正面踢、接地滚球、反弹球、空中球；变速运球过人	第 4 课	左右脚背外侧踢地滚球、反弹球、空中球；脚背外侧、脚内侧接球
第 5 课	接地滚球；假动作运球过人；小场地比赛	第 5 课	接空中球、地滚球、拨球；运球过人；小场地比赛
第 6 课	接空中球、反弹球、拉球；运球过人；小场地比赛	第 6 课	接空中球、地滚球、扣球；运球过人；小场地比赛

续表

初中二年级—上学期		初中二年级—下学期	
课次	主要内容	课次	主要内容
第 7 课	活动中跳起正面顶球射门；小场地比赛	第 7 课	接地滚球；运球转身过人后射门；小场地比赛
第 8 课	活动中跳起侧面顶球射门；小场地比赛	第 8 课	多部位接空中球射门；小场地比赛
第 9 课	接反弹球；运球过人后射门；小场地比赛	第 9 课	区域盯人防守；小场地比赛
第 10 课	接球；运球过人后射门；小场地比赛	第 10 课	局部 3vs3 攻防；小场地比赛
第 11 课	连续 2 过 1 的 3vs2；小场地比赛	第 11 课	局部 4vs4 攻防；小场地比赛
第 12 课	第 2 空当的 3vs2；小场地比赛	第 12 课	局部 5vs4 攻防；小场地比赛
第 13 课	局部 3vs3 攻防；小场地比赛	第 13 课	局部 5vs5 攻防；小场地比赛
第 14 课	罚球区附近正面直接任意球攻防；小场地比赛	第 14 课	罚球区附近侧面直接任意球攻防；小场地比赛
第 15 课	短传角球攻防；小场地比赛	第 15 课	长传角球攻防；小场地比赛
第 16 课	介绍守门员基本技术；小场地比赛	第 16 课	介绍守门员基本技术；小场地比赛
第 17 课	比赛原则介绍；8vs8 整体攻防比赛	第 17 课	比赛原则介绍；8vs8 整体攻防比赛
第 18 课	比赛原则介绍；8vs8 整体攻防比赛	第 18 课	比赛原则介绍；8vs8 整体攻防比赛
第 19 课	比赛原则介绍；11vs11 整体攻防比赛	第 19 课	比赛原则介绍；11vs11 整体攻防比赛
第 20 课	知识课：足球文化介绍	第 20 课	知识课：足球规则介绍

表 21　初中三年级教学课次内容示例

初中三年级—上学期		初中三年级—下学期	
课次	主要内容	课次	主要内容
第 1 课	快速活动中的球感练习；脚内侧踢接地滚球、反弹球、空中球	第 1 课	快速活动中的球感练习；脚内侧踢接地滚球、反弹球、空中球
第 2 课	快速活动及对抗中脚内侧踢接地滚球、反弹球、空中球	第 2 课	快速活动及对抗中脚背正面踢接反弹球、空中球、地滚球
第 3 课	快速活动及对抗中脚背内侧踢接地滚球、反弹球、空中球	第 3 课	快速活动及对抗中脚背外侧踢接反弹球、空中球、地滚球
第 4 课	运球过人；抢截球技术练习	第 4 课	运球过人；抢截球技术练习
第 5 课	运球过人；抢截球技术练习	第 5 课	运球过人；抢截球技术练习
第 6 课	接球转身后射门；小场地比赛	第 6 课	三人配合中射门；小场地比赛
第 7 课	接空中球凌空射门；小场地比赛	第 7 课	组合传接球结合射门；小场地比赛
第 8 课	接反弹球；运球过人后射门；小场地比赛	第 8 课	快速射门；小场地比赛
第 9 课	介绍守门员基本技术；小场地比赛	第 9 课	介绍守门员基本技术；小场地比赛
第 10 课	任意球攻防；小场地比赛	第 10 课	角球、掷界外球攻防；小场地比赛
第 11 课	活动中争顶球；边路传中球防守；小场地比赛	第 11 课	快攻中边路转移攻防；小场地比赛
第 12 课	快攻中的边路传中攻防；小场地比赛	第 12 课	快攻中的中路突破攻防；小场地比赛
第 13 课	4vs4 前场快速进攻；小场地比赛	第 13 课	4vs4、5vs5 协同防守；小场地比赛
第 14 课	中路渗透进攻；小场地比赛	第 14 课	转移进攻；小场地比赛
第 15 课	边路传中进攻；小场地比赛	第 15 课	边路防守；小场地比赛
第 16 课	11vs11 整体进攻；比赛	第 16 课	11vs11 整体进攻；比赛
第 17 课	11vs11 整体进攻；比赛	第 17 课	11vs11 整体进攻；比赛
第 18 课	11vs11 整体防守；比赛	第 18 课	11vs11 整体防守；比赛
第 19 课	知识课：个人、小组攻防战术	第 19 课	知识课：个人、小组攻防战术
第 20 课	知识课：足球裁判法	第 20 课	知识课：足球裁判法

（三）高中阶段

表22 高中一年级教学课次内容示例

高中一年级—上学期		高中一年级—下学期	
课次	主要内容	课次	主要内容
第1课	比赛情景下运球变向、变速、转身	第1课	比赛情景下运球变向；变速；转身
第2课	比赛情景下踢地滚球、空中球、反弹球	第2课	比赛情景下踢地滚球；空中球；反弹球
第3课	比赛情境下的综合传接球	第3课	比赛情境下的综合传接球
第4课	比赛情境下的综合传接球	第4课	比赛情境下的综合传接球
第5课	前锋位置技术的抢点射门；小场地比赛	第5课	前锋位置技术组合；小场地比赛
第6课	前锋、前卫进攻位置技术配合；小场地比赛	第6课	前锋、前卫防守位置技术配合；小场地比赛
第7课	定位球攻防；小场地比赛	第7课	定位球攻防；小场地比赛
第8课	1vs2个人进攻；小场地比赛	第8课	1vs2个人进攻；小场地比赛
第9课	1vs2个人防守；小场地比赛	第9课	1vs2个人防守；小场地比赛
第10课	2vs3小组进攻；小场地比赛	第10课	2vs3小组进攻；小场地比赛
第11课	2vs3小组防守；小场地比赛	第11课	2vs3小组防守；小场地比赛
第12课	边路进攻；小场地比赛	第12课	边路进攻；小场地比赛
第13课	边路防守；小场地比赛	第13课	边路防守；小场地比赛
第14课	中路进攻；小场地比赛	第14课	中路进攻；小场地比赛
第15课	中路防守；小场地比赛	第15课	中路防守；小场地比赛
第16课	433基本阵型的11人制比赛	第16课	433基本阵型的11人制比赛
第17课	433基本阵型的11人制比赛	第17课	433基本阵型的11人制比赛
第18课	442基本阵型的11人制比赛	第18课	442基本阵型的11人制比赛
第19课	知识课：整体攻防战术；比赛分析	第19课	知识课：整体攻防战术；比赛分析
第20课	知识课：整体攻防战术；比赛分析	第20课	知识课：整体攻防战术；比赛分析

表 23　高中二年级教学课次内容示例

高中二年级—上学期		高中二年级—下学期	
课次	主要内容	课次	主要内容
第 1 课	比赛情景下运球变向、变速、转身	第 1 课	比赛情景下运球变向、变速、转身
第 2 课	比赛情景下传接地滚球、空中球、反弹球	第 2 课	比赛情景下传接地滚球、空中球、反弹球
第 3 课	比赛情景下接球后射门；运球后射门	第 3 课	比赛情景下接球后射门；运球后射门
第 4 课	比赛情景下接球、运球过人后射门	第 4 课	比赛情景下接球、运球过人后射门
第 5 课	后卫防守位置技术；小场地比赛	第 5 课	后卫进攻位置技术；小场地比赛
第 6 课	前卫、后卫防守位置技术配合；小场地比赛	第 6 课	前卫、后卫进攻位置技术配合；小场地比赛
第 7 课	守门员接球、踢球和手抛球体验；小场地比赛	第 7 课	守门员接球、踢球和手抛球体验；小场地比赛
第 8 课	前锋、前卫边路协同进攻；小场地比赛	第 8 课	前锋、前卫边路协同进攻；小场地比赛
第 9 课	前锋、前卫边路协同防守；小场地比赛	第 9 课	前锋、前卫边路协同防守；小场地比赛
第 10 课	前锋、前卫中路协同进攻；小场地比赛	第 10 课	前锋、前卫中路协同进攻；小场地比赛
第 11 课	前卫、后卫协同防守；小场地比赛	第 11 课	前卫、后卫协同防守；小场地比赛
第 12 课	前卫、后卫协同进攻；小场地比赛	第 12 课	前卫、后卫协同进攻；小场地比赛
第 13 课	前卫、后卫协同防守；小场地比赛	第 13 课	前卫、后卫协同防守；小场地比赛
第 14 课	442 基本阵型的 11 人制比赛	第 14 课	442 基本阵型的 11 人制比赛
第 15 课	433 基本阵型的 11 人制比赛	第 15 课	433 基本阵型的 11 人制比赛
第 16 课	433 基本阵型的 11 人制比赛	第 16 课	433 基本阵型的 11 人制比赛
第 17 课	352 基本阵型的 11 人制比赛	第 17 课	451 基本阵型的 11 人制比赛

续表

高中二年级—上学期		高中二年级—下学期	
课次	主要内容	课次	主要内容
第 18 课	352 基本阵型的 11 人制比赛	第 18 课	451 基本阵型的 11 人制比赛
第 19 课	知识课：整体攻防战术；比赛分析	第 19 课	知识课：整体攻防战术；比赛分析
第 20 课	知识课：整体攻防战术；比赛分析	第 20 课	知识课：整体攻防战术；比赛分析

表 24　高中三年级教学课次内容示例

高中三年级—上学期		高中三年级—下学期	
课次	主要内容	课次	主要内容
第 1 课	比赛情景下运球变向、变速、转身	第 1 课	比赛情景下运球变向、变速、转身
第 2 课	比赛情景下运球变向、变速、转身及运球过人	第 2 课	比赛情景下运球变向、变速、转身及运球过人
第 3 课	比赛情景下传接球组合	第 3 课	比赛情景下传接球组合
第 4 课	1vs1 快速运球过人后射门	第 4 课	1vs1 快速运球过人后射门
第 5 课	1vs1 接地滚球、快速运球过人后射门；小场地比赛	第 5 课	1vs1 接空中球；快速运球过人后射门；小场地比赛
第 6 课	后卫位置技术的抢点解围；小场地比赛	第 6 课	前卫、后卫位置技术组合；小场地比赛
第 7 课	后卫位置技术组合；小场地比赛	第 7 课	前卫位置技术的转移球；后卫防守队形；小场地比赛
第 8 课	前锋、前卫前场协同进攻；小场地比赛	第 8 课	前锋、前卫前场协同进攻；小场地比赛
第 9 课	前锋、前卫前场协同防守；小场地比赛	第 9 课	前锋、前卫前场协同防守；小场地比赛
第 10 课	前卫、后卫后场协同控制球；小场地比赛	第 10 课	前卫、后卫后场协同控制球；小场地比赛
第 11 课	前卫、后卫后场协同防守；小场地比赛	第 11 课	前卫、后卫后场协同防守；小场地比赛
第 12 课	角球攻防组合；小场地比赛	第 12 课	角球攻防组合；小场地比赛

续表

高中三年级—上学期		高中三年级—下学期	
课次	主要内容	课次	主要内容
第 13 课	任意球攻防组合；小场地比赛	第 13 课	任意球攻防组合；小场地比赛
第 14 课	11 人制比赛	第 14 课	11 人制比赛
第 15 课	11 人制比赛	第 15 课	11 人制比赛
第 16 课	11 人制比赛	第 16 课	11 人制比赛
第 17 课	11 人制比赛	第 17 课	11 人制比赛
第 18 课	11 人制比赛	第 18 课	11 人制比赛
第 19 课	知识课：整体攻防战术；比赛分析	第 19 课	知识课：整体攻防战术；比赛分析
第 20 课	知识课：整体攻防战术；比赛分析	第 20 课	知识课：整体攻防战术；比赛分析

附件 2

学生足球运动技能等级评定标准（试行）

一、说明

1.《学生足球运动技能等级评定标准（试行）》（以下简称《标准》）是校园足球教育工作的基础性指导文件和教育质量基本标准，是评价学生足球运动技能和评估校园足球及衡量各地校园足球发展的重要依据，是引导学生提升足球运动技能水平的重要手段，主要适用于全日制普通小学、初中、普通高中、中等职业学校的学生。

2.《标准》从球感、运球、踢球、身体素质和比赛能力五个方面综合评价学生足球技能水平。根据学生掌握足球运动技能的规律，《标准》将学生足球运动技能划分为五个等级，每个等级的测评内容体系不同，每个等级都具有相对独立的评分标准。

3.《标准》每个等级的各单项指标满分为 10 分，综合得分为各单项指标得分与权重乘积之和，达到标准的得分为 7.5 分。

4. 学生可根据本《标准》的要求，定期对所掌握的足球运动技能进行自评，以便了解和掌握学习足球的情况。校园足球特色学校要结合有关活动，组织学生进行测试，对达到《标准》的学生给予认定，并进行公布。学生达到《标准》的情况可纳入学生综合素质评价体系。

5. 各地在《标准》在实施过程中，要根据实际情况，因地制宜，逐步推进，把“达标升级”转化为学生学练足球的自觉行动。

6. 本《标准》由教育部负责解释。

二、单项指标和权重

等级	单项指标	权重（%）
一级	颠球、踩拨球	10
	往返运球	25
	踢准	25
	冲刺跑	15
	小场地比赛	25
二级	脚背正面颠球	10
	绕杆运球	25
	踢准	20
	折线跑	15
	小场地比赛	30
三级	行进颠球	10
	绕杆运球	20
	运球踢准	20
	绕杆跑	15
	小场地比赛	35
四级	头颠球	10
	折线运球	20
	定位球踢准	20
	多向绕杆跑	10
	比赛	40
五级	多部位颠球	10
	折线运球	20
	运球射门	20
	折返跑	10
	比赛	40

三、评分表

表 1 一级评分表

测评内容	单位	单项得分									
		10	9	8	7	6	5	4	3	2	1
颠球、踩拨球	（分）	10	9	8	7	6	5	4	3	2	1
往返运球	（秒）	≤7.2	7.3—8.0	8.1—9.2	9.3—10.0	10.1—11.1	11.2—11.9	12—12.7	12.8—13.3	13.4—14.3	14.4—15.1
踢准	（分）	10	9	8	7	6	5	4	3	2	1
冲刺跑	（秒）	≤4.0	4.1—4.2	4.3—4.4	4.5—4.6	4.7—4.8	4.9—5.0	5.1—5.2	5.3—5.4	5.5—5.6	5.7—5.8
小场地比赛	（分）	10	9	8	7	6	5	4	3	2	1

技能综合评分：颠球或踩拨球得分 ×0.1 +10 米往返运球得分 ×0.25 +8 米踢准得分 ×0.25 +20 米跑得分 ×0.15 + 小场地比赛得分 ×0.25。

一级达标分值：综合得分达到 7.5 分及以上认定达到一级标准。

表 2　二级评分表

测评内容	单位	单项得分									
		10	9	8	7	6	5	4	3	2	1
脚背正面颠球	（个）	≥35	29—34	24—28	19—23	15—18	11—14	7—10	5—6	4	3
绕杆运球	（秒）	≤9. 3	9. 40—10. 0	10. 1—10. 2	10. 3—11. 6	11. 7—12. 8	12. 9—13. 9	14. 0—14. 7	14. 8—15. 8	15. 9—16. 9	17. 0—18. 0
踢准	（分）	10	9	8	7	6	5	4	3	2	1
折线跑	（秒）	≤8. 8	8. 9—9. 1	9. 2—9. 3	9. 4—9. 6	9. 7—9. 9	10. 0—10. 2	10. 3—10. 5	10. 6—10. 9	11. 0—11. 7	11. 8—12. 5
小场地比赛	（分）	10	9	8	7	6	5	4	3	2	1

技能综合评分：脚背正面颠球得分 ×0. 1 +20 米绕杆运球得分 ×0. 25 + 10 米踢准得分 ×0. 2 + 折线跑得分 ×0. 15 + 小场地比赛得分 × 0. 3。

二级达标分值：综合得分达到 7. 5 分及以上认定达到二级标准。

表 3　三级评分表

测评内容	性别	单位	单项得分									
			10	9	8	7	6	5	4	3	2	1
行进颠球	—	（次）	0	1	2	3	4	5	6	7	8	9
绕杆运球	女	（秒）	≤9.0	9.1—10.2	10.3—11.1	11.2—12.3	12.4—13.1	13.2—13.9	14.0—14.9	15.0—16.3	16.4—17.6	17.7—18.6
	男		≤8.5	8.6—9.3	9.4—9.8	9.9—10.7	10.8—11.4	11.5—12.4	12.5—13.1	13.2—14.0	14.1—14.8	14.9—15.6
运球踢准	—	（分）	10	9	8	7	6	5	4	3	2	1
绕杆跑	女	（秒）	≤5.8	5.9—6.2	6.3—6.4	6.5—6.6	6.7—6.8	6.9—7.0	7.1—7.2	7.3—7.4	7.5—7.7	7.8—8.5
	男		≤4.9	5.0—5.5	5.6—6.0	6.1—6.3	6.4—6.5	6.6—6.7	6.8—6.9	7.0—7.1	7.2—7.4	7.5—7.9
小场地比赛	—	（分）	10	9	8	7	6	5	4	3	2	1

技能综合评分：行进颠球得分 ×0.1 +20 米不等距绕杆运球得分 ×0.2 + 运球踢准得分 ×0.2 +20 米绕杆跑得分 ×0.15 + 小场地比赛得分 ×0.35。

三级达标分值：综合得分达到 7.5 分及以上认定达到三级标准。

表 4　四级评分表

测评内容	性别	单位	单项得分									
			10	9	8	7	6	5	4	3	2	1
头颠球	—	（个）	≥50	45—49	40—44	35—39	30—34	25—29	20—24	15—19	10—14	5—9
折线运球	女	（秒）	≤11. 1	11. 2—12	12. 1—12. 8	12. 9—13. 6	13. 7—14. 2	14. 23—14. 7	14. 8—15. 3	15. 4—15. 9	16. 0—16. 5	16. 6—17
	男		≤10. 4	10. 5—11. 0	11. 1—11. 8	11. 9—12. 2	12. 3—12. 4	12. 5—12. 9	13. 0—13. 2	13. 3—14. 2	14. 3—15. 3	15. 4—16
定位球踢准	—	（分）	≥15	12—14	11	10	9	8	7	6	5	4
多向绕杆跑	女	（秒）	≤16. 4	16. 5—16. 8	16. 9—17. 3	17. 4—17. 8	17. 9—18. 5	18. 6—19. 2	19. 3—20. 0	20. 1—20. 8	20. 9—21. 7	21. 8—22. 5
	男		≤15. 4	15. 5—15. 8	15. 9—16. 2	16. 3—16. 4	16. 5—16. 8	16. 9—17. 2	17. 3—17. 8	17. 9—18. 4	18. 5—19. 3	19. 4—20
比赛	—	（分）	10	9	8	7	6	5	4	3	2	1

技能综合评分：头颠球得分 ×0. 1 + 折线运球得分 ×0. 2 + 定位球踢准得分 ×0. 2 + 多向绕杆跑得分 ×0. 1 + 比赛得分 ×0. 4。

四级达标分值：综合得分达到 7. 5 分及以上认定达到四级标准。

表 5 五级评分表

测评内容	性别	单位	单项得分									
			10	9	8	7	6	5	4	3	2	1
多部位颠球	—	（个）	10	9	8	7	6	5	4	3	2	1
折线运球	女	（秒）	≤10. 6	10. 7—11. 5	11. 6—11. 8	11. 9—12. 3	12. 4—12. 8	12. 9—13. 8	13. 9—14. 4	14. 5—15. 1	15. 2—15. 9	16. 0—16. 8
	男		≤9. 8	9. 9—10. 5	10. 6—11. 3	11. 4—11. 7	11. 8—11. 9	12. 0—12. 4	12. 5—13. 0	13. 1—13. 6	13. 7—14. 8	14. 9—15. 5
运球射门	—	（分）	10	9	8	7	6	5	4	3	2	1
折返跑	女	（秒）	≤36	36. 1—36. 6	36. 7—37. 2	37. 3—37. 8	37. 9—38. 4	38. 5—39	39. 1—39. 6	39. 7—40. 2	40. 3—40. 8	40. 9—41. 5
	男		≤33	33. 1—33. 3	33. 4—33. 6	33. 7—33. 8	33. 9—34. 2	34. 3—34. 6	34. 7—35. 5	35. 6—36. 6	36. 7—37. 7	37. 8—38. 5
比赛	—	（分）	10	9	8	7	6	5	4	3	2	1

技能综合评分：多部位颠球得分 ×0. 1 + 折线运球得分 ×0. 2 + 运球射门得分 ×0. 2 + 折返跑得分 ×0. 1 + 比赛得分 ×0. 4。

五级达标分值：综合得分达到 7. 5 分及以上认定达到五级标准。

四、测试方法与要求

（一）一级测试方法

1. 脚背颠球、双脚交替踩球和脚内侧拨球

测试场地：平整的人工草或天然草足球场，5 米 ×5 米区域。

测试方法：脚背颠球：听测评员口令后，把放在原地的足球，用脚踢起或用手抛起，单脚或双脚脚背进行颠球，球落地可重新开始，球颠出规定区域则停止测试，测评时间不超过 1 分钟。

双脚交替踩球：听测评员口令后，用双脚前脚掌连续交替做踩球动作，球保持原地或移动状态皆可。球失去控制可重新开始，球出规定区域则停止测试，测评时间不超过 1 分钟。

双脚脚内侧拨球：听测评员口令后，用双脚脚内侧连续进行横向拨球动作，运动员原地拨球或移动状态皆可。球失去控制可重新开始，球出规定区域则停止测试，测评时间不超过 1 分钟。

评分方法：测评员根据学生的控球能力表现进行评分，评分为整数分，满分为 10 分。

2. 往返运球

测试场地：平整的人工草或天然草足球场，10 米 ×5 米区域（图 1）。

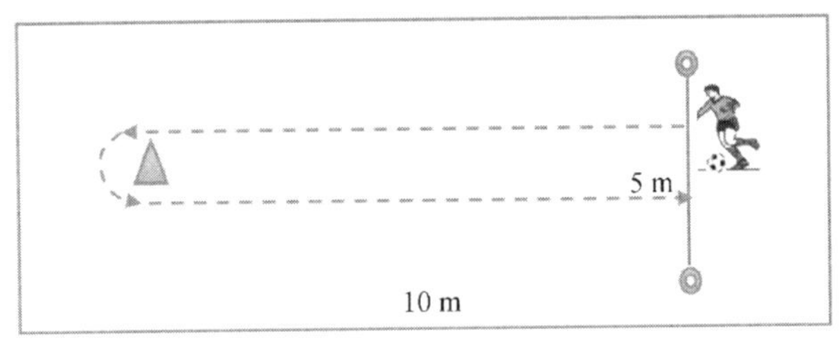

图 1

测试方法：听测评员口令后，从起始线开始快速运球，绕过距离起始线 10 米处的标志桶后运球返回，以脚踩球于起始线上结束。

评分方法：测评员计时，球动开表，球踩到线上停表。根据评分标准打分，测试两次，记录其最佳成绩。

3. 踢准

测试场地：平整的人工草或天然草足球场，10 米 ×6 米区域。球门距起始线 8 米，球门尺寸 1.5 米 ×1 米，球门和球门之间相距 0.5 米（图 2）。

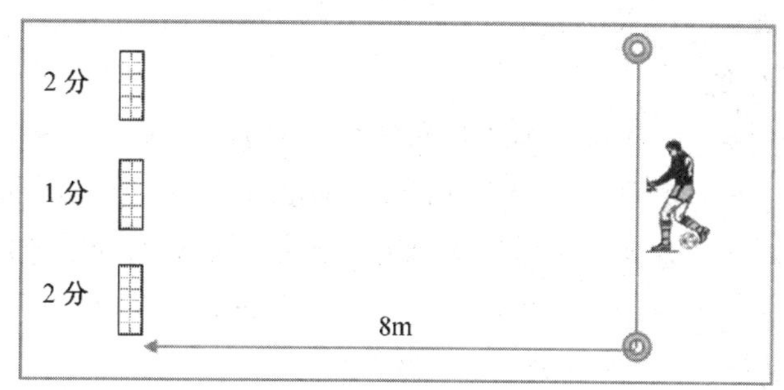

图 2

测试方法：听测评员口令后，在起始线上用脚内侧踢地滚球的方式将球踢进距起始线 8 米处的三个足球门，每人 5 球。

评分方法：测评员计分，踢进中间球门得 1 分，踢进两侧球门得 2 分，按照每个球踢进球门的分数累计相加得出最后分数。测试两次，记录其最佳成绩。

4. 冲刺跑

测试场地：平整的人工草或天然草足球场，20 米 ×5 米区域（图 3）。

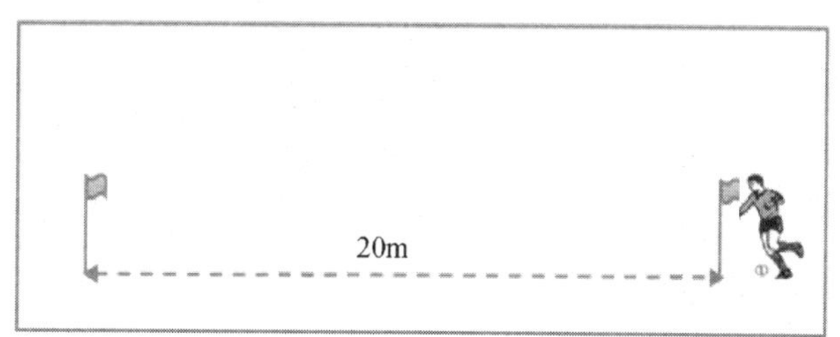

图 3

测试方法：测试学生采用站立式起跑，听测评员口令后，加速跑冲过终点线。

评分方法：测评员计时，测试两次，记录其最佳成绩。

5. 小场地比赛

比赛形式：5 人制，4 号球，比赛时间 15 分钟，比赛场地和竞赛规则参照国际足联最新审定的《五人制足球竞赛规则》。

比赛评分：三名测评员对测试学生进行比赛评分，满分为 10 分，以三人的平均分作为该学生的最终比赛评分。评分标准参照表 6。

（二）二级测试方法

1. 脚背正面颠球

测试场地：平整的人工草或天然草足球场，划定 5 米 ×5 米区域。

测试方法：听测评员口令后，把足球用脚踢起或用手抛起，运用脚背正面进行颠球，球落地或球颠出规定区域则停止测试，测评时间不超过 1 分钟。

评分方法：测评员记录学生颠球次数，并根据评分标准进行评分，评分为整数分，满分为 10 分。测试两次，记录最佳成绩。

2. 绕杆运球

测试场地：平整的人工草或天然草足球场，划定 25 米 ×5 米区域。起点距第一个杆距离 4 米，其余杆距 2 米，起点距终点 20 米（图 4）。

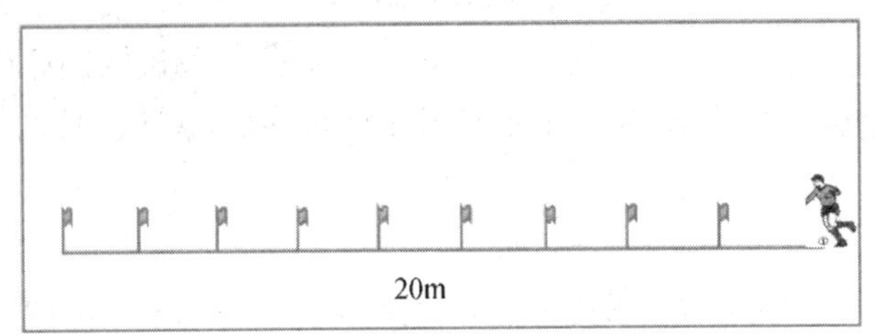

图 4

测试方法：听测评员口令后，从起始线开始运球出发，依次绕过间隔 2 米的 8 个标志杆，以运球过终点线结束。

评分方法：测评员计时，对照评分标准给予相应成绩，测试两次，记录最佳成绩，漏杆则成绩无效。

3. 踢准

测试场地：平整的人工草或天然草足球场，12 米 ×6 米区域。球门距起始线 10 米，球门尺寸 1.5 米 ×1 米，球门和球门之间相距 0.5 米（图 5）。

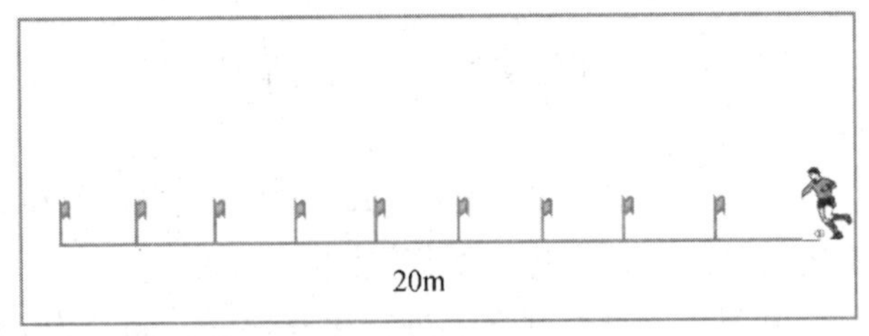

图 5

测试方法：听测评员口令后，在起始线上用脚内侧踢地滚球的方式将球踢进距起始线 10 米处的三个足球门，每人 5 球。

评分方法：测评员计分，踢进中间球门得 1 分，踢进两侧球门得 2 分，按照每个球踢进球门的分数累计相加得出最后分数。测试两次，记录其最佳成绩。

4. 折线跑

测试场地：平整的人工草或天然草足球场，22 米 ×5 米区域。起点终点距离 20 米，标志杆宽间距 4 米，长间距 8 米（图 6）。

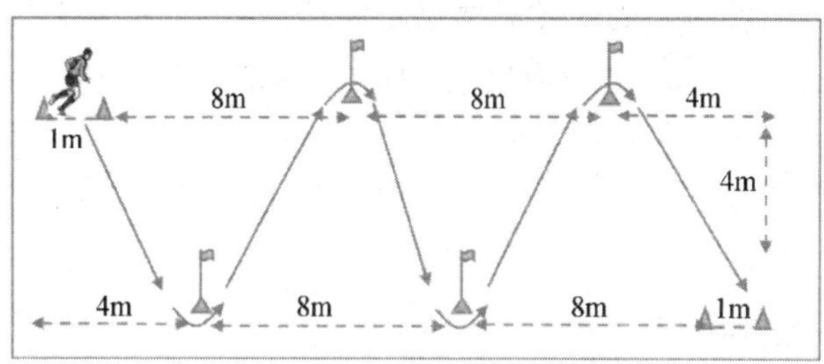

图 6

测试方法：听测评员口令后，从起始线站立式起跑，按顺序依次绕过标志杆外侧，冲过终点线。运球启动开表，冲过终点停表。

评分方法：测评员计时，对照评分标准给予相应成绩，测试两次，记录最佳成绩，碰倒杆或漏杆则成绩无效。

5. 小场地比赛

比赛形式：5 人制，4 号球，比赛时间 15 分钟，比赛场地和竞赛规则参照国际足联最新审定的《五人制足球竞赛规则》。

比赛评分：三名测评员对测试学生进行比赛评分，满分为 10 分，以三人的平均分作为该学生的最终比赛评分。评分标准参照表 6。

（三）三级测试方法

1. 行进颠球

测试场地：平整的人工草或天然草足球场，划定 10 米 ×5 米区域（图 7）。

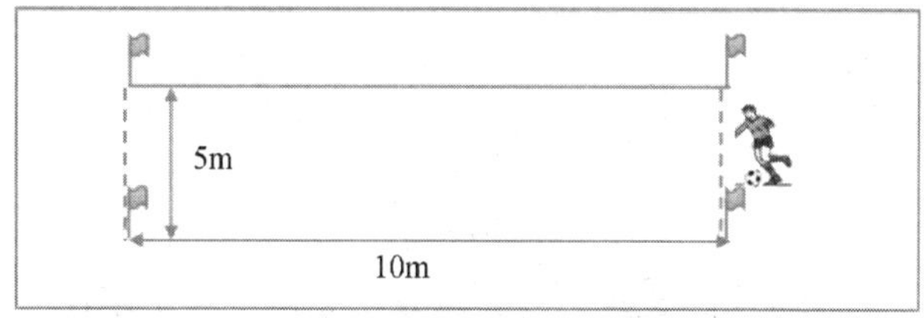

图 7

测试方法：听测评员口令后，把足球用脚踢起或用手抛起，用身体的有效部位行进间走颠球，从起始线出发，到达10米线后折返回到起始线结束。球落地则在最后触球地点重新开始颠球，球颠出规定区域则停止测试。

评分方法：测评员记录学生掉球次数，并根据评分标准进行评分，测试两次，记录最佳成绩。

2. 绕杆运球

测试场地：平整的人工草或天然草足球场，划定25米×5米区域。起点距第一个杆距离4米，其余杆距依次为1米、3米，起点距终点20米（图8）。

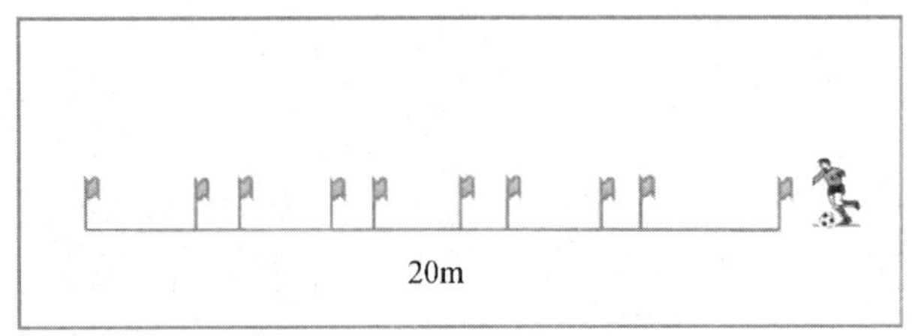

图8

测试方法：听测评员口令后，从起始线开始运球出发，依次绕过间隔不等的8个标志杆，以球踩终点线为结束。

评分方法：测评员计时，对照评分标准给予相应成绩，测试两次，记录最佳成绩，漏杆则成绩无效。

3. 运球踢准

测试场地：平整的人工草或天然草足球场，20米×6米区域。球门距起始线15米，传球区3米×2米，距起始线2米。球门1.5米×1米，球门和球门之间相距0.5米（图9）。

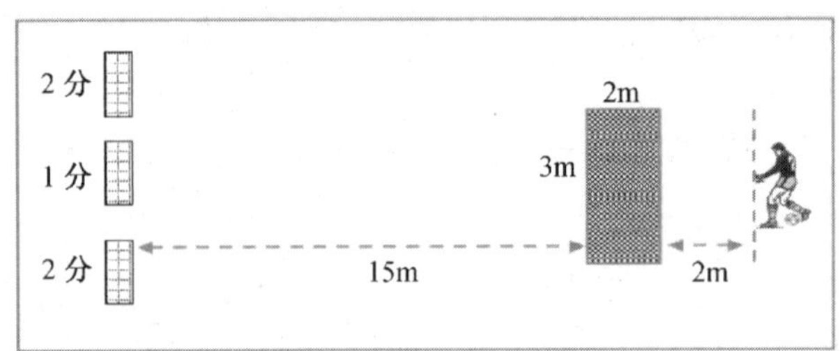

图9

测试方法：听测评员口令后，在起始线上运球，进入传球区内，用脚内侧踢地滚球的方式将球踢进距起始线15米处的三个足球门，每人5球。

评分方法：测评员计分，在传球区内进行传球得分有效，踢进中间球门得1分，踢进两侧球门得2分，累计相加得出最后分数。测试两次，记录其最佳成绩。

4. 绕杆跑

测试场地：平整的人工草或天然草足球场，划定20米×5米区域。起点距第一个杆距离4米，其余杆距2米，起点距终点20米（图10）。

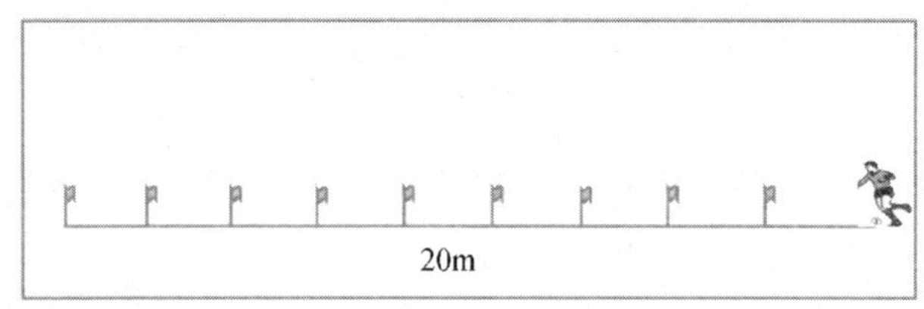

图10

测试方法：听测评员口令后，以站立式起跑姿势从起始线开始加速跑，依次绕过间隔2米的8个标志杆，冲过终点线为结束。

评分方法：测评员计时，对照评分标准给予相应成绩，测试两次，记录最佳成绩，漏杆则成绩无效。

5. 小场地比赛

比赛形式：8人制，4号球，比赛时间15分钟，比赛场地和竞赛规则参照国际足联最新审定的《足球竞赛规则》。

比赛评分：三名测评员对测试学生进行比赛评分，满分为10分，以三人的平均分作为该学生的最终比赛评分。评分标准参照表6。

（四）四级测试方法

1. 头颠球

测试场地：平整的人工草或天然草足球场，划定5米×5米区域。

测试方法：在5×5米的场区内，将球抛起用头部进行颠球，记录其连续头颠球个数。

评分方法：测评员计算连续头颠球个数，球落地、颠出区域或用其他部位调整则结束。对照评分标准给予相应成绩，测试两次，记录最佳成绩。

2. 折线运球

测试场地：平整的人工草或天然草足球场，22米×5米区域。起点终点距离20米，标志杆宽间距4米，长间距8米（图11）。

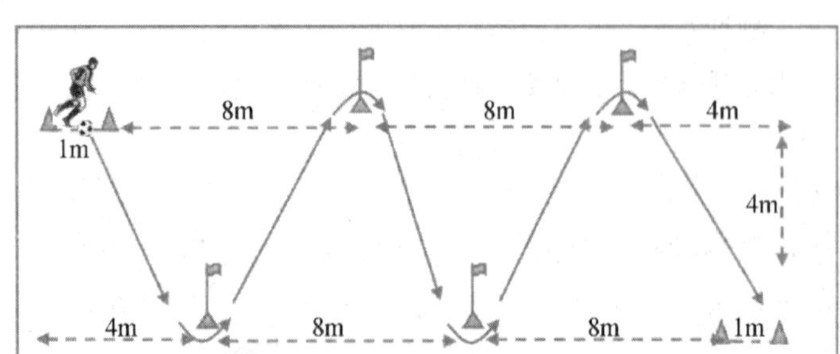

图 11

测试方法：听测评员口令后，从起始线开始运球，分别绕过标志杆外侧，冲过终点线。运球启动开表，运球冲过终点停表。

评分方法：测评员计时，对照评分标准给予相应成绩，测试两次，记录最佳成绩，碰倒杆或漏杆则成绩无效。

3. 定位球踢准

测试场地：足球墙（可用球门拉线代替），射门位置距球门或足球墙 16.8 米（图 12）。

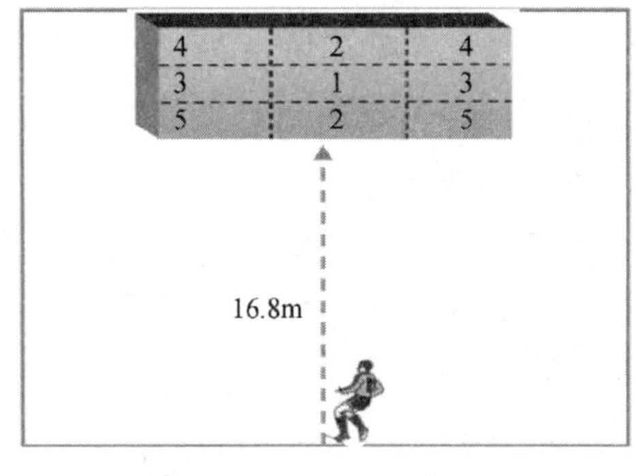

图 12

测试方法：听测评员口令后，将摆在罚球区线上的足球踢向球门，每人踢五个球。

评分方法：测评员按球射中各区域的分值记录得分，如球打在两个或多个区域交界线或点上，记录分值较高分值。最后五个分值累加，对照评分标准给予相应成绩，测试两次，记录最佳成绩。

4. 多向绕杆跑

测试场地：平整的人工草或天然草足球场，划定 15 米 ×5 米区域。中间标志杆间距 2 米（图 13）。

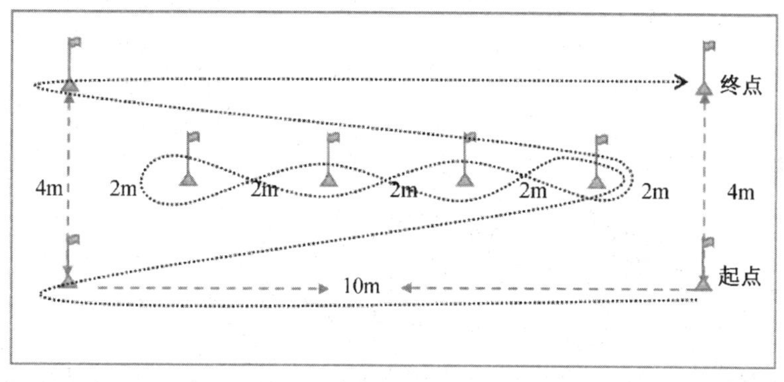

图 13

测试方法：听测评员口令后，从起始点采用站立式起跑，按照规定路线，依次越过各标志杆后冲过终点。

评分方法：测评员记录其所用时间。漏杆或者没有按照既定路线则没有成绩，测试两次，记录最佳成绩。

5. 场地比赛

比赛形式：11 人制，5 号球，比赛时间 20 分钟，比赛场地和竞赛规则参照国际足联最新审定的《足球竞赛规则》。

比赛评分：三名测评员对测试学生进行比赛评分，满分为 10 分，以三人的平均分作为该学生的最终比赛评分。评分标准参照表 6。

（五）五级测试方法

1. 多部位颠球

测试场地：平整的人工草或天然草足球场，划定 5 米 ×5 米区域。

测试方法：用身体 7 个有效部位（左右脚背正面、左右脚内侧、左右大腿正面、头部）依次完成连续颠球动作。

评分方法：测评员计算完整使用 7 部位连续颠球的次数，球落地、颠出区域或用其他部位调整则结束。对照评分标准给予相应成绩，测试两次，记录最佳成绩。

2. 折线运球

测试场地：平整的人工草或天然草足球场，22 米 ×5 米区域。起点终点距离 20 米，标志杆间宽 4 米，长间距 8 米（图 14）。

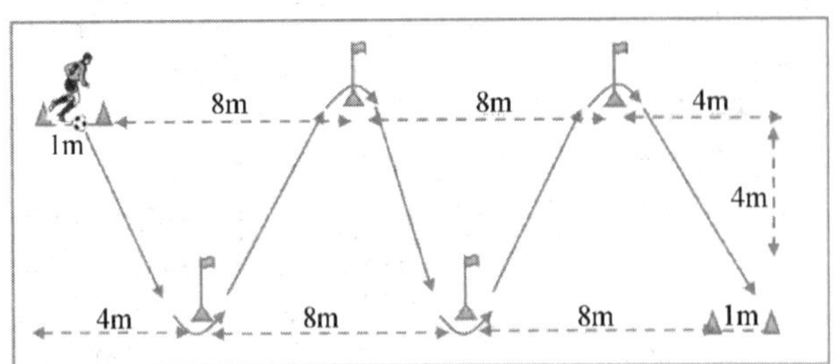

图 14

测试方法：听测评员口令后，从起始线开始运球，按照顺序依次绕过标志杆外侧，冲过终点线。运球启动开表，运球冲过终点停表。

评分方法：测评员计时，对照评分标准给予相应成绩，测试两次，记录最佳成绩，碰倒杆或漏杆则成绩无效。

3. 运球射门

测试场地：平整的人工草或天然草足球场罚球区或足球墙，射门区距球门或足球墙 16. 8 米，起点距射门区域 2 米，射门区 3 米 ×2 米（图 15）。

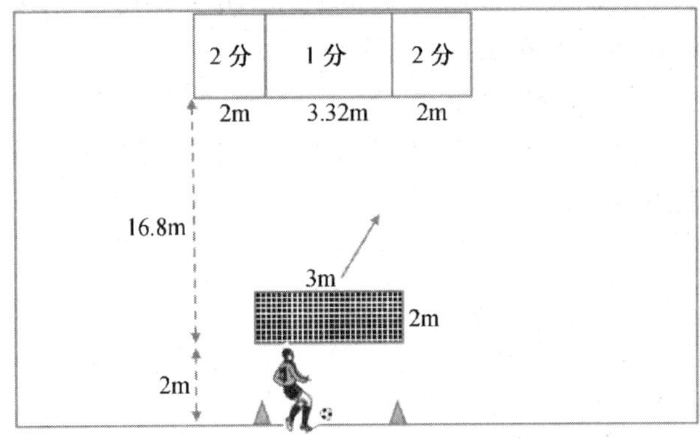

图 15

测试方法：听测评员口令后，从起始线运球进入射门区域后，进行正脚背射门。每人踢五个球。

评分方法：测评员按球射中各区域的分值记录得分，射入球门中间区域一球得 1 分；射入球门两侧区域一球得 2 分，其余情况均不得分，五个成绩相加为射门最后成绩，对照评分标准给予相应成绩。测试两次，记录最佳成绩。

4. 折返跑

测试场地：平整的人工草或天然草足球场，划定 25 米 ×5 米区域。中间标志桶间距5米（图16）。

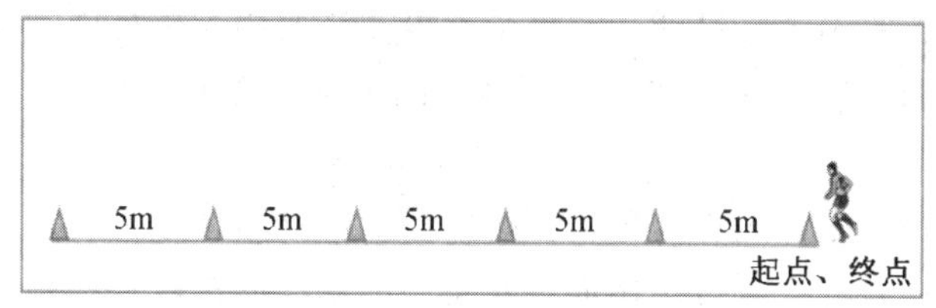

图16

测试方法：听测评员口令后，从起始点采用站立式起跑，按照规定路线，进行折返跑，必须按由近及远依次用手触碰每个标志桶，最终跑回终点。

评分方法：测评员记录其所用时间。漏桶或者没有按照既定路线则没有成绩，测试两次，记录最佳成绩。

5. 比赛

比赛形式：11人制，5号球，比赛时间20分钟，比赛场地和竞赛规则参照国际足联最新审定的《足球竞赛规则》。

比赛评分：三名测评员对测试学生进行比赛评分，满分为10分，以三人的平均分作为该学生的最终比赛评分。评分标准参照表6。

表6 比赛评分标准

分值	10～9分	8～7分	6～5分	5分以下
参考标准	比赛中技术动作运用合理规范；攻防意识突出，善于和同伴配合；跑动积极，比赛作风优良，心理状态稳定，充满比赛热情。	比赛中技术动作运用较为合理；攻防意识表现较好，能够和同伴队友配合；跑动较为积极，比赛作风良好、心理状态稳定。	比赛中技术动作运用基本合理；攻防意识一般，和同伴协作较少；比赛作风一般、心理状态较为稳定。	比赛中技术动作运用不合理、完成动作不规范；攻防意识较差，协作能力较差；跑动不积极，比赛作风较差、心理状态不稳定。

（六）测评要求

1. 测试场地

运用《标准》对学生进行足球技能等级进行测试时，要求在天然草或人工草场地进行。测试场地平整、软硬度适中，场地的大小以可容纳五项不同测试内容同时进行为基本条件。

2. 测试器材

运用《标准》对学生进行足球技能等级进行测试时，需要运用的测试器材包括：皮尺、足球、标志杆（桶、盘）、秒表、口哨、成绩记录表等。其中一级至三级测试使用4号足球、四级至五级测试使用5号足球，标志桶不高于20厘米，标志杆不高为1.2米，小型球门高1米，宽1.5米。

3. 队员装备

学生进行测试时，应穿着较为宽松轻便的运动服，夏天可穿运动短袖和短裤，胶底碎钉足球鞋。进行小场地比赛时应严格按照足球竞赛规则的要求检查装备，除去禁止佩戴和其他随身物品，并佩戴护腿板。

4. 测试程序

学生在测试前应进行不低于15分钟的热身活动，并熟悉测试内容。在此基础上，按照编号依次进行单项内容的测试，比赛为最后一项测试内容。全部测试内容完成后，由测试人员记录最终测试成绩并上报主管部门。

5. 其他要求

参加测评的学生必须具有不少于一年的足球课教学或课余训练经历。测试应在较为适宜的天气条件下进行，避免在恶劣天气条件下进行测评。

信息名称：教育部办公厅关于做好全国青少年校园足球特色学校复核的通知
信息索引：360A17－08－2017－0018－1　生成日期：2017—05—16
发文机构：教育部办公厅　发文字号：教体艺厅函〔2017〕27 号
信息类别：体育卫生与艺术教育
内容概述：教育部办公厅做好全国青少年校园足球特色学校复核。

教育部办公厅关于做好全国青少年校园足球特色学校复核的通知

教体艺厅函〔2017〕27 号

各省、自治区、直辖市教育厅（教委），新疆生产建设兵团教育局：

为深入贯彻落实《国务院办公厅关于印发中国足球改革发展总体方案的通知》（国办发〔2015〕11 号）、《教育部等 6 部门关于加快发展青少年校园足球的实施意见》（教体艺〔2015〕6 号）（以下简称《实施意见》）精神，加快推进校园足球的普及，不断提高校园足球特色学校建设的质量。经研究，在 2015 年、2016 年两批全国青少年校园足球特色学校遴选工作的基础上，决定组织开展全国青少年校园足球特色学校复核工作。现将有关要求通知如下：

一、工作目标

校园足球特色学校建设是推进校园足球改革和发展的重点工作，各地要切实贯彻《实施意见》精神，增强特色学校建设工作的责任感和使命感，把提高校园足球特色学校足球建设工作的质量作为深化教育教学和学校体育改革发展的重要任务来抓。各地要高度重视此次复核工作，以此次复核工作为契机，全面总结成果、深化改革创新，真正树立一批校园足球教育教学工作典型，使之在加快推进校园足球的改革发展中切实发挥示范引领作用。

二、复核范围

2015、2016 年被认定的全国青少年校园足球特色学校。

三、复核程序

1. 组织开展复核。各地以省级为单位组建专家团队严格按照《全国青少年校园足球特色学校复核指标体系》（见附件1）开展区域内的复核工作。重点复核组织领导、条件保障、教育教学、训练与竞赛等重点指标，并填报《全国青少年校园足球特色学校复核汇总表》（见附件2）。

2. 复核材料报送。请各省（区、市）于2017年7月1日前将省级复核验收报告发送至以下指定邮箱，纸质报告加盖公章后邮寄至北京市西城区大木仓胡同37号教育部体育卫生与艺术教育司体卫处。

四、有关要求

各地在复核过程中，不能随意降低标准，杜绝出现“重创建轻建设”现象，对复核中存在的问题，要限期整改，跟踪督查，不断完善准入退出机制。我部将在适宜的时间对省级部门的复核结果进行抽查和调研，对于达不到特色学校标准，整改不到位的学校，我部将予以取缔命名。

联系人：赵江（教育部体卫艺司），电话：010－66097180，电子信箱：zhaojiang2000@163.com。

附件：

1. 全国青少年校园足球特色学校复核指标体系
2. 全国青少年校园足球特色学校复核汇总表（略）

教育部办公厅

2017年5月15日

附件 1

全国青少年校园足球特色学校复核指标体系

评审指标	主要观测点	评审内容与分值	分值分配	得分
组织领导（10 分）	落实国家政策，将校园足球纳入学校发展规划（4 分）	学校体育指导思想明确，重视学校体育和学生体质健康工作，把校园足球作为增强学生体质健康的重要举措（1 分），将校园足球纳入学校发展规划和年度工作计划（1 分），有校园足球发展目标及规划并符合学校实际（2 分）。	4	
	健全工作机制（2 分）	成立校园足球工作领导小组，由校长专人负责，学校其他机构共同参与（1 分），领导小组成员分工明确（1 分）。	2	
	完善规章制度（4 分）	制定有校园足球工作招生、教学管理规章制度（1 分）、课余训练和竞赛规章制度（1 分）、运动安全防范措施与保障（1 分）、师资培训规章制度（1 分）。	4	
条件保障（27 分）	体育师资队伍（7 分）	体育教师配备达到国家标准（2 分），足球专项教师大于 3、2、1 人（含）以上（分别给 4、3、2 分），每年有一次以上培训机会（1 分）。	7	
	体育教师待遇（4 分）	体育教师开展体育教学和足球训练及活动计入工作量（2 分），并保证在评优评比与工资待遇（1 分）、职务评聘（1 分）等方面享受同等待遇。	4	
	场地设施建设（10 分）	场地设施、器械配备达到国家标准（3 分），并建设有 11、7、5 人制的足球场地（分别给 5、4、3 分），能满足教学和课余足球训练需要，足球器材数量齐备、并有明确的补充机制（2 分）。	10	
	体育经费投入（6 分）	设立有体育工作专项经费，每年生均体育经费不低于生均公用经费的 10%（3 分），能为学生购买有校方责任险（1 分），并为学生新增购买运动意外伤害险（2 分）。	6	

续表

评审指标	主要观测点	评审内容与分值	分值分配	得分
教育教学（30 分）	教学理念（5 分）	深化学校体育改革，坚持健康第一，每学年《国家学生体质健康标准》测试率达到 100%（2 分），把足球作为立德树人的载体，积极推进素质教育（1 分），促进学生全面发展，健康成长，《国家学生体质健康标准》测试率优良率达到 30%（2 分）。	5	
	体育课时（10 分）	开足开齐体育课（1—4 年级每周 4 学时，3—6 年级每周 3 学时，7—9 年级每周 3 学时，9—12 年级每周 2 学时）（3 分），义务教育阶段把足球作为体育课必修内容（2 分），每周每班不少于一节足球教学课（3 分），高中阶段学校开设足球选修课（1 分），每天安排有体育大课间活动（1 分）。	10	
	足球课程资源（8 分）	开发和编制有足球校本教材（3 分），有详细的足球教学教案（2 分），每周实施适合学生年龄特点的足球教学和课外活动 3、2、1 次（分别给 3、2、1 分）。	8	
	校园足球文化（7 分）	每学年有 4、3、2、1 次足球主题校园文化活动（如摄影、绘画、征文、演讲等）（分别给 4、3、2、1 分），建立有校园足球信息平台（1 分），动态报道足球活动、交流工作经验、展示特色成果（2 分）。	7	
训练与竞赛（30 分）	足球社团组织（8 分）	学校成立足球俱乐部或兴趣小组（2 分），小学三年级以上建有班级代表队（1 分）、年级代表队（1 分），学校建有校级男足球代表队（1 分）、女队（1 分），学生基本达到全员参与足球（2 分）。	8	
	开展训练（10 分）	学校足球代表队和课外足球俱乐部制定有系统、科学的训练计划（2 分），每周开展课余足球训练 4、3 次（分别给 3、2 分），并配备有安全、医疗等应急方案（1 分），每学期邀请校外专业教练员提供技术指导不少于 5、4、3、2 次（分别给 4、3、2、1 分）。	10	

续表

评审指标	主要观测点	评审内容与分值	分值分配	得分
训练与竞赛（30分）	组织竞赛（8分）	制订有足球竞赛制度（1分）；每年组织校内足球班级联赛（2分），每个班级参与比赛场次每年不少于10、5场（分别给2、1分），积极参加区域内校园足球联赛（2分）；承办本地足球比赛次（1分）。	8	
	文化学习（4分）	对学校足球代表队运动员参加训练、比赛，制定有具体的文化学习计划和要求（2分），其文化学习成绩达到同年级平均水平（2分）。	4	
后备人才培养（3分）	输送优秀学生运动员（3分）	近年向上一级学校足球运动队输送优秀人才不少于3、2、1名（分别给3、2、1分）。	3	
总得分				
一票否决	1. 未能确保每周一节足球课 2.《国家学生体质健康标准》优良率连续两年下降 3. 未开展校内班级联赛活动			

教育部办公厅关于做好全国青少年校园足球特色学校、试点县（区）创建（2018—2025）和2018年“满天星”训练营遴选工作的通知

教体艺厅函〔2018〕17号

正文略。

教育部办公厅
2018年3月20日

附件 3

全国青少年校园足球特色学校创建指标体系

评审指标	主要观测点	评审内容与分值	分值分配	得分
组织领导（10 分）	落实国家政策，将校园足球纳入学校发展规划（4 分）	学校体育指导思想明确，重视学校体育和学生体质健康工作，把校园足球作为增强学生体质健康的重要举措（1 分），将校园足球纳入学校发展规划和年度工作计划（1 分），有校园足球发展目标及规划并符合学校实际（2 分）。	4	
	健全工作机制（2 分）	成立校园足球工作领导小组，由校长专人负责，学校其他机构共同参与（1 分），领导小组成员分工明确（1 分）。	2	
	完善规章制度（4 分）	制定有校园足球工作招生、教学管理规章制度（1 分）、课余训练和竞赛规章制度（1 分）、运动安全防范措施与保障（1 分）、师资培训规章制度（1 分）。	4	
条件保障（27 分）	体育师资队伍（7 分）	体育教师配备达到国家标准（2 分），足球专项教师大于 4、3、2、1 人（含）以上（分别给 4、3、2 分），每年有一次以上培训机会（1 分）。	7	
	体育教师待遇（4 分）	体育教师开展体育教学和足球训练及活动计入工作量（2 分），并保证在评优评比与工资待遇（1 分）、职务评聘（1 分）等方面享受同等待遇。	4	
	场地设施建设（10 分）	场地设施、器械配备达到国家标准（3 分），并建设有 11、7、5 人制的足球场地（分别给 5、4、3 分），能满足教学和课余足球训练需要，足球器材数量齐备、并有明确的补充机制（2 分）。	10	
	体育经费投入（6 分）	设立有体育工作专项经费，每年生均体育经费不低于生均公用经费的 10%（3 分），能为学生购买有校方责任险（1 分），并为学生新增购买运动意外伤害险（2 分）。	6	

续表

评审指标	主要观测点	评审内容与分值	分值分配	得分
教育教学（27分）	教学理念（4分）	深化学校体育改革，坚持健康第一，每学年《国家学生体质健康标准》测试率达到100%（2分），把足球作为立德树人的载体，积极推进素质教育，促进学生全面发展，健康成长，《国家学生体质健康标准》测试率优良率达到30%（2分）。	4	
	体育课时（9分）	开足开齐体育课（1—4年级每周4学时，3—6年级每周3学时，7—9年级每周3学时，9—12年级每周2学时）（3分），义务教育阶段把足球作为体育课必修内容（1分），每周每班不少于一节足球教学课（3分），高中阶段学校开设足球选修课（1分），每天安排有体育大课间活动（1分）。	9	
	足球课程资源（8分）	开发和编制有足球校本教材（3分），有详细的足球教学教案（2分），每周实施适合学生年龄特点的足球教学和课外活动3、2、1次（分别给3、2、1分）。	8	
	校园足球文化（6分）	每学年有4、3、2、1次足球主题校园文化活动（如摄影、绘画、征文、演讲等）（分别给4、3、2、1分），建立有校园足球信息平台（1分），动态报道足球活动、交流工作经验、展示特色成果（1分）。	6	
训练与竞赛（30分）	足球社团组织（9分）	学校成立足球俱乐部或兴趣小组（3分），小学三年级以上建有班级代表队（1分）、年级代表队（1分），学校建有校级男足球代表队（1分）、女队（1分），学生基本达到全员参与足球（2分）。	9	
	开展训练（12分）	学校足球代表队和课外足球俱乐部制定有系统、科学的训练计划（2分），每周开展课余足球训练5、4、3、2次（分别给5、4、3、2分），并配备有安全、医疗等应急方案（1分），每学期邀请校外专业教练员提供技术指导不少于5、4、3、2次（分别给4、3、2、1分）。	12	

续表

评审指标	主要观测点	评审内容与分值	分值分配	得分
训练与竞赛（30分）	组织竞赛（8分）	制订有足球竞赛制度（1分）；每年组织校内足球班级联赛（2分），每个班级参与比赛场次每年不少于10、5场（分别给2、1分），积极参加区域内校园足球联赛（2分）；承办本地足球比赛次（1分）。	8	
	文化学习（4分）	对学校足球代表队运动员参加训练、比赛，制定有具体的文化学习计划和要求（2分），其文化学习成绩达到同年级平均水平（2分）。	4	
后备人才培养（3分）	输送优秀学生运动员（3分）	近年向上一级学校足球运动队输送优秀人才不少于3、2、1名（分别给3、2、1分）。	3	
总得分				
一票否决	1. 未能确保每周一节足球课 2.《国家学生体质健康标准》优良率连续两年下降 3. 未开展校内班级联赛活动			

信息名称：教育部办公厅关于开展足球特色幼儿园试点工作的通知
信息索引：360A17－08－2019－0015－1　生成日期：2019—03—26
发文机构：教育部办公厅　发文字号：教体艺厅函〔2019〕24 号
信息类别：体育卫生与艺术教育
内容概述：教育部办公厅发布《关于开展足球特色幼儿园试点工作的通知》。

教育部办公厅关于开展足球特色幼儿园试点工作的通知

教体艺厅函〔2019〕24 号

各省、自治区、直辖市教育厅（教委），新疆生产建设兵团教育局：

为深入贯彻习近平新时代中国特色社会主义思想和党的十九大精神，全面贯彻落实全国教育大会精神，落实《国务院办公厅关于印发〈中国足球改革发展总体方案〉的通知》《教育部等 6 部门关于加快发展青少年校园足球的实施意见》，加快推进校园足球普及，夯实校园足球发展根基。经研究，决定从 2019 年起开展足球特色幼儿园试点工作（以下简称试点工作），现将有关要求通知如下。

一、试点工作的指导思想与工作目标

（一）指导思想。全面贯彻落实全国教育大会精神，牢固树立健康第一的教育理念，帮助幼儿在体育锻炼中享受乐趣、增强体质、健全人格、锤炼意志。

（二）工作目标。将试点工作作为各地校园足球推广普及体系的重要内容，引导各级各类幼儿园广泛开展幼儿足球活动，促进幼儿身心健康全面发展，培养德智体美劳全面发展的社会主义建设者和接班人。

二、试点工作的原则与范围

（一）试点原则。1. 足球特色，全面发展。以普及性的幼儿足球游戏培养广大幼儿浓郁的足球兴趣，营造良好的足球文化氛围。同时开展丰富多样、适合幼儿年龄特点的各种身体活动，鼓励幼儿进行跑跳、钻爬、攀登、投掷、拍球等活动，促进幼儿基本运动能力的全面发展。

2. 公益普惠，立足长远。要着眼于中长期发展，牢牢把握公益普惠基本方向，从实际出发，量力而行，注重引导，鼓励多元化发展，根据幼儿年龄段特征开发幼儿足球等游戏项目，制定幼儿足球实施计划，坚决克服和纠正“小学化”倾向。

3. 尊重规律，兴趣为主。要遵循幼儿身心发展特点和教育规律，把握幼儿足球发展规律和特点，转变发展思路，创新发展方式，让幼儿享受足球乐趣，培养足球兴趣。坚持以游戏为基本活动，珍视幼儿游戏活动的独特价值，保护幼儿的好奇心和学习兴趣，尊重个体差异，灵活运用集体、小组和个人活动等多种形式，合理安排和组织幼儿一日生活，保证幼儿有足够的户外活动时间，促进幼儿在活动中通过亲身体验、直接感知、实践操作进行足球游戏。

（二）试点范围。各省级教育行政部门要根据本地校园足球发展实际情况，优先在全国青少年校园足球改革试验区、试点县（区）和“满天星”训练营所在地稳步推进试点工作。

三、试点工作的任务要求

（一）幼儿园必须把保护幼儿生命安全和健康放在首位，落实园长安全主体责任，健全各项安全管理制度，并通过足球等各类游戏活动提高幼儿感知、体悟、躲避危险和伤害的能力。

（二）幼儿园要创建激发幼儿探究足球兴趣、强健体魄、自主游戏的教育环境，调整幼儿园活动区域设置，合理利用室内外环境，创设开放的、多样的区域活动空间，为幼儿提供有利于激发学习探索、安全、丰富、适宜的足球游戏材料和玩教具，防止盲目攀比、不切实际。

（三）幼儿园要充分利用本地足球资源，遴选、开发、设计一批符合幼儿身心特点的足球游戏活动，丰富游戏资源，满足幼儿开展足球游戏活动的基本需要。充分发挥幼儿园家长委员会作用，鼓励家长共同参与足球等多种游戏活动。

四、试点工作的组织实施

（一）全国校足办将尽快出台“足球特色幼儿园足球活动指南”，组织开展园长和教师培训，指导相关工作开展。

（二）各省级教育行政部门要高度重视，统筹协调，稳步推进试点工作，因地制宜开展足球特色幼儿园遴选创建工作，于 2019 年 7 月 1 日前足球特色幼儿园申报表电子版材料（附件 1）和足球特色幼儿园申报汇总表纸质版材料

（附件 2）报送至全国校足办，每省份推荐指标范围为 50—200 个。推荐指标可结合各地工作实际情况作适当调整，确保成熟一个发展一个。

（三）各省级教育行政部门要加强分类指导，遵循幼儿年龄特点和身心发展规律，坚持以游戏为基本活动，带动校园足球更加广泛地普及和深入发展。

（四）各省级教育行政部门要将有关试点工作进展情况及时反馈全国校足办。全国校足办将把各地试点工作开展情况作为全国青少年校园足球改革试验区、试点县（区）和“满天星”训练营遴选创建的重要依据，并在全国青少年校园足球工作年度总结活动中积极宣传推广优秀足球特色幼儿园、园长及教师典型工作经验。

联系人：朱红松　蒙延荣，联系电话：010－66097180，电子邮箱：zhuhongsong@ moe. edu. cn。

附件：

1. 足球特色幼儿园申报表（略）
2. 足球特色幼儿园申报汇总表（略）

教育部办公厅

2019 年 3 月 22 日